dtv

Die Vereinigten Staaten von Amerika sind heute die einzige Supermacht, ihr Präsident ist politisch der mächtigste Mann der Welt. Er ist zugleich Staatsoberhaupt und Regierungschef. Udo Sautter zeichnet die Porträts aller Präsidenten, von dem ersten, George Washington, über Abraham Lincoln, den Gegner der Sklaverei, John F. Kennedy, bis heute einer der beliebtesten US-Politiker, bis zu George W. Bush. Der Autor erläutert das komplexe amerikanische Wahlsystem, beschreibt den Werdegang und die Amtszeit des jeweiligen Präsidenten und bewertet die Verdienste im politischen und historischen Kontext. Entstanden ist so auch eine kurze Geschichte der Vereinigten Staaten seit ihrer Gründung vor rund zweihundert Jahren.

Udo Sautter ist Professor für nordamerikanische Geschichte an der Universität Tübingen. Zahlreiche Veröffentlichungen, u. a. die Standardwerke ›Geschichte der Vereinigten Staaten von Amerika‹ und ›Lexikon der amerikanischen Geschichte‹.

Udo Sautter

Die Präsidenten der Vereinigten Staaten von Amerika

1789 bis heute

Deutscher Taschenbuch Verlag

Mit 42 Abbildungen
Abb. 1–39: W. A. DeGregorio, The Complete Book of U. S. Presidents
Abb. 40–42: Süddeutscher Verlag, München

Originalausgabe
Dezember 2005

www.dtv.de

Umschlagkonzept: Balk & Brumshagen
Umschlagfoto: © akg-images/Günter Lachmuth
Satz: Greiner & Reichel, Köln
Gesetzt aus der Adobe Caslon 9,75/12' und der Bell Gothic
Druck und Bindung: Druckerei C. H. Beck, Nördlingen
Gedruckt auf säurefreiem, chlorfrei gebleichtem Papier
Printed in Germany · ISBN 3-423-34265-X

Inhalt

Vorwort

Die Vereinigten Staaten von Amerika sind heute die einzige Supermacht in der Welt. Ihr wirtschaftliches und militärisches Potential übertrifft dasjenige konkurrierender Staaten um ein Mehrfaches; ihr kultureller Einfluß ist allenthalben auf der Erde spürbar. Während der sieben oder acht Generationen, in deren Verlauf das Land diese Position erwarb, wurde es von seinen Präsidenten geführt. In ihrer Reihe ist George W. Bush gegenwärtig der dreiundvierzigste. Dieses Buch stellt die Männer vor, die nacheinander das Präsidentenamt bekleideten.

Frau Dr. Andrea Wörle, Cheflektorin des Verlags, hat das Vorhaben von Anfang an wohlwollend gefördert. Frau Brigitte Hellmann hat das Manuskript gelesen und mit viel Einfühlungsvermögen stilistische und inhaltliche Verbesserungsvorschläge gemacht, von denen ich die meisten gern übernommen habe. Beiden gebührt mein herzlicher Dank.

Tübingen, im Juni 2005 Udo Sautter

Einleitung

Der amerikanische Präsident gilt allgemein als der mächtigste Mann der Welt. Das war nicht immer so. Erst im 20. Jahrhundert sind die Vereinigten Staaten zu der Wirtschafts- und Militärmacht aufgestiegen, die ihre heutige dominante Stellung begründet. Aber innerhalb ihres eigenen Staatswesens war der Präsident als Haupt der Exekutive von Anbeginn, also vom Inkrafttreten der Verfassung von 1787 an, zumindest potentiell die stärkste politische Kraft im Land. Zwar haben manche Inhaber des Amtes die ihm innewohnenden Möglichkeiten nicht oder nur wenig genutzt. Mangel an politischen Zielsetzungen mochte hierbei eine Rolle spielen, manchmal fehlte es auch an persönlichem Durchsetzungswillen oder entsprechenden Fähigkeiten, oder vorhandene Gegenbewegungen waren zu stark. Aber im Grunde läßt sich doch ein stetiger Trend zur Ausweitung des Einflusses der Exekutive feststellen, dem natürlich das Anwachsen der staatlichen Aufgaben, vor allem im sozialen, aber auch etwa im wirtschaftlichen oder im kulturellen Bereich, nicht nur parallel ging, sondern vielfach nachgerade Vorschub leistete.

Die Verfassungsväter hatten gegen Ende des 18. Jahrhunderts kein direktes historisches Vorbild für das zu definierende höchste Amt. Ihnen schwebte ein handlungsfähiger Leiter der Exekutive vor, der aber im Gegensatz zu einem Monarchen zur Rechenschaft gezogen werden konnte. Entsprechend beschrieben sie im zweiten Teil der Verfassung – der erste handelt vom Kongreß als der Vertretung des Souveräns, das heißt des Volkes – dessen Stellung recht ausführlich. Auch baute man ein System von Gegengewichten ein, die sogenannten »checks and balances«, die jeglicher Machtwillkür nach Möglichkeit vorbeugen sollten.

Um seine Unabhängigkeit sicherzustellen, wird der Präsident, der ja Staatsoberhaupt und Regierungschef zugleich ist, nicht von der Legislative gewählt, sondern von dem sogenannten Electoral College. Jeder Staat entsendet so viele Wahlmänner – die heute auch Frauen sein können –, wie der Summe seiner Abgeordneten und Senatoren im Kongreß entspricht. Die Wahlmänner eines Staates geben ihre Stimme geschlossen für das Kandidatenpaar – Anwärter auf Präsident- und Vizepräsidentschaft – ab, das in dem Staat am Wahltag des Volkes die meisten Stimmen erhielt. (Diese Regelung gilt seit 1804, als der 12. Verfassungszusatz in Kraft trat.) Hierdurch erklärt sich, daß ein Präsident auch mit einer Stimmenminderheit gewählt werden kann, wie das etwa bei Benjamin Harrison 1889 oder George W. Bush im Jahr 2000 der Fall war. Ausschlaggebend ist die Mehrheit im Wahlmännerkollegium, nicht die der Volksstimmen.

Ursprünglich konnte der Präsident, dessen Regierungszeit auf vier Jahre festgesetzt wurde, beliebig oft wiedergewählt werden. Der erste Inhaber des Amts, George Washington, verzichtete aber auf eine dritte Wahl. Damit entzog er Befürchtungen die Basis, er strebe eine monarchische Stellung an. Fast alle folgenden Präsidenten orientierten sich an diesem Beispiel, wenn mancher von ihnen auch, von der eigenen Unentbehrlichkeit überzeugt, einer dritten Bewerbung nur zögernd entsagte. Lediglich Franklin D. Roosevelt mochte der Versuchung nicht widerstehen. Diese Erfahrung führte 1951 zur Annahme des 22. Verfassungszusatzes, der endgültig nur zwei Amtsperioden zuläßt.

Im Grunde wäre es natürlich wünschenswert, daß sich nur die besten Köpfe der Nation um die Position bewürben, und daß sich dann der allerbeste durchsetzen würde. Ob dies jemals der Fall war, ist schwer zu entscheiden. Vielleicht war es bei Washington so; daß er zweimal ohne Gegenstimme gewählt wurde, mag darauf hindeuten. Aber je größer das Land wurde – und es wuchs rasch –, desto langwieriger und strapaziöser wurde der Prozeß der Kandidatenkür und der sich anschließende Wahlkampf. Heute nimmt beides zusammen oft mehr als ein Jahr der vollen Hinwendung möglicher Kandidaten in Anspruch, erlegt ihnen größte Opfer an

Zeit und Familienbindung auf und erfordert die clevere Erschließung gut strömender finanzieller Quellen. Nur wer solches auf sich zu nehmen willens ist, hat eine Chance, ins Weiße Haus einzuziehen. Die Mühsal der Prozedur schreckt viele Persönlichkeiten ab, die ansonsten vielleicht zur Erledigung der Aufgabe hervorragend geeignet wären. Dies heißt nicht, daß zumeist nur zweit- oder gar drittrangige Männer – Frauen waren bisher nicht darunter – die Nation leiteten. Denjenigen, die in den oft veranstalteten Bewertungen (»rankings«) der Historiker in aller Regel die Liste anführen, also Lincoln, Washington, F. D. Roosevelt, aber auch Jefferson, Jackson, T. Roosevelt oder Wilson, eignete gewiß historische Größe. Aber die Irrationalität des Verfahrens bringt es mit sich, daß gelegentlich auch Inkompetente, wie Harding oder Grant oder Pierce, ins Amt geschwemmt werden, oder auch charakterlich Defiziente wie Nixon oder Clinton.

Vielleicht ist es möglich, bei intensiver – und mit viel Intuition verbundener – Betrachtung der Lebensläufe der amerikanischen Präsidenten Merkmale und Wesenszüge zu erkennen, die allen oder doch den meisten gemeinsam sind. Solches muß den Prosopographen überlassen bleiben. Gewiß ist es auch sehr verdienstvoll, ins einzelne gehende Vergleiche über die je verschiedenen Formen des Verständnisses und der Führung des Amtes anzustellen, und was dergleichen Erörterungen mehr sind. Die politikwissenschaftliche Fachwelt ist sich entsprechender Aufgaben bestens bewußt und widmet sich ihrer Erledigung auf beiden Seiten des Atlantiks mit Hingabe. Die Absicht der hier vorgelegten Zusammenstellung ist bescheidener. Sie möchte in verständlicher Weise diejenigen Persönlichkeiten vorstellen, die – der deutschsprachigen Leserschaft in der Mehrzahl kaum bekannt – während der vergangenen über zweihundert Jahre die Geschicke der inzwischen mächtigsten Nation der Erde lenkten. Die einzelnen Viten sind notgedrungenerweise knapp gehalten. Trotzdem wurde versucht, nicht nur das präsidentielle Wirken zu betrachten, sondern auch Blicke auf den jeweiligen Werdegang, auf Lebensgefährten und Umfeld zu werfen. Sollte hierdurch Interesse geweckt werden, so können die in den Literaturangaben genannten Werke dann weiterhelfen.

George Washington
1. Präsident (1789–1797)

Geboren	22.2.1732 Westmoreland County, Virginia
Konfession	Episkopalkirche (anglikanisch)
Heirat	6.1.1759 mit Martha Dandridge Custis (1731–1802)
Kinder	Keine
Partei	Föderalist
Amtszeit	30.4.1789–4.3.1797
Gestorben	14.12.1799 Mount Vernon, Virginia
Grab	Mount Vernon, Virginia

Am 30. April 1789 wurde George Washington in seinem New Yorker Nachtquartier durch 13 Salutschüsse geweckt. Kurz danach ließ er sich das Haar pudern und kleidete sich in einen braunen, aus amerikanischem Tuch gefertigten Anzug, auf dessen silbrigen Knöpfen der amerikanische Adler seine Flügel ausbreitete. Kaum hatte er gefrühstückt, hoben bereits die Glocken der ganzen Stadt zu läuten an. Aber er mußte noch bis kurz nach Mittag warten, denn die Aufstellung der Miliz zur Parade brauchte ihre Zeit. Dann aber kündigte Pferdegetrappel die Reitereskorte und die vierspännig gezogene Kutsche an. Die Truppen setzten sich in Bewegung; ein Senatskomitee, die Eskorte und Washingtons Karosse folgten. Angekommen in Federal Hall, dem früheren Rathaus, fand er oben in der Ratskammer die Senatoren und Mitglieder des Repräsentantenhauses versammelt. John ↑Adams, der designierte Vizepräsident, führte ihn zur Balkonfront. Dort wartete Robert

Livingston, Kanzler des Staates New York, mit der großformatigen Bibel. Washington legte auf dessen Einladung hin die rechte Hand auf das Buch und sprach ihm den präsidentiellen Amtseid nach, die Worte »So help me God« hinzufügend. »Lang lebe George Washington, Präsident der Vereinigten Staaten von Amerika!« rief Livingston der Menschenmasse unter dem Balkon zu. Deren minutenlanger Jubel durchlief die ganze Stadt. Über der Kuppel der Federal Hall stieg die Flagge hoch, woraufhin erneut von der Batterie her ein dreizehnschüssiger Salut der Stadt, dem Land und der ganzen Welt kundtat, daß die Amerikaner nun einen Neuanfang ihrer staatlichen Existenz wagten.

Es wäre unrichtig zu sagen, daß Washington ein Leben lang auf diesen Tag zugestrebt hätte. Zum einen hatte er dessen Möglichkeit höchstens seit einem Jahr oder zweien voraussehen können. Zum anderen aber verließ er seine geliebte Plantage nur sehr ungern, und wir dürfen ihm gewiß die Beteuerungen glauben, daß ihm bange war vor dem noch so wenig definierten und so aufgabenträchtigen höchsten Amt in dem noch allzu jungen amerikanischen Staat. Freilich wußte er hinwiederum auch um die Notwendigkeit, dieses Amt mit einem hochkompetenten und allseits respektierten Mann zu besetzen; und er hatte kaum Zweifel, daß er selbst hierfür die beste, ja vielleicht sogar die einzige Wahl darstellte.

Ehrgeizig war Washington zeit seines Lebens immer gewesen. Seine Geburt als Sohn eines begüterten Tabakfarmers und Landspekulanten im östlichen Virginia gab ihm eine gute Ausgangsposition. Formale Bildung wurde ihm wenig zuteil, aber er lernte von Hauslehrern so viel Mathematik, daß er ab 16 Jahren als Geometer arbeiten konnte. Als sein älterer Bruder Lawrence 1752 starb (der Vater war schon früh verschieden), erbte Washington die Plantage Mount Vernon am oberen Potomac nahe der heutigen Bundeshauptstadt. Wenig später begann dann auch schon sein Weg zu öffentlicher Geltung. Der Siebenjährige Krieg, in Amerika French and Indian War genannt, kündigte sich an, als der virginische Gouverneur ihn ab 1753 mehrmals mit einem Trupp Miliz über die Appalachen nach Westen schickte, um die dortigen Franzosen aus ihrem Pelzjagdgebiet zu vertreiben. Er konnte zwar nicht viel ausrichten. Aber seine Reputation wuchs trotzdem, und bis 1758 kommandierte er als Oberst die gesamte Miliz der Kolonie.

Washington dachte damals an eine militärische Karriere. Als ihm jedoch die Briten ein reguläres Offizierspatent verweigerten, nahm er seinen Abschied von der Miliz und zog sich auf seine Plantage zurück, die er während der nächsten 16 Jahre mit viel Sinn für die neuen Methoden der Fruchtrotation und des Düngereinsatzes bewirtschaftete. Beistand erhielt er dabei durch seine ein Jahr ältere Frau Martha. Sie brachte einen Sohn und eine Tochter mit in die 1759 geschlossene Ehe. Vor allem aber vermehrte die Heirat, und dies war wohl eine der Attraktionen der ansonsten eher unauffälligen Witwe, Washingtons Vermögen um viele tausend Hektar Land und mehrere hundert Sklaven. Nunmehr einer der reichsten Männer Virginias, übernahm er umgehend die praktisch mit dieser Position einhergehende Rolle im politischen Leben. Sechs Wochen nach der Hochzeit wurde er Abgeordneter im Parlament der Kolonie.

Washington war kein guter Debattenredner. Aber vermögend, seriös, hochgewachsen – er maß über 1,90 Meter – und militärisch erfahren, galt er als eine der geachtetsten Persönlichkeiten in der Koloniehauptstadt Williamsburg. Als sich Ende der 1760er Jahre die Mehrheit der Kolonisten dem Rebellionsgedanken näherte, gehörte Washington zuerst nicht zu den Aufsässigsten und hoffte auf Versöhnung mit dem Mutterland. Das britische Verbot der Westausdehnung ärgerte jedoch den Landspekulanten in ihm, die Hochnäsigkeit des britischen Parlaments erinnerte ihn an die durch die Verweigerung des Offiziersrangs erlittene Schmach, und die ständigen Schulden bei den Kaufleuten in London wurden immer unerträglicher. Und so war er 1774 dann doch gern einer der Vertreter Virginias im die Kolonien vereinenden Ersten Kontinentalkongreß in Philadelphia.

Als der ab Mai 1775 permanent installierte Zweite Kontinentalkongreß einen Kommandeur für das noch zusammenzustellende Revolutionsheer brauchte, kam eigentlich nur George Washington in Frage. Die Ernennung im Juni verdankte er einerseits seiner militärischen Erfahrung, andererseits dem Umstand, daß mit der Wahl eines prominenten Virginiers auch der Süden in die ja vorerst sich vor allem in Neuengland abspielende Rebellion eingebunden wurde.

Die von Washington zu bewältigende Aufgabe war formidabel. Schon allein die Rekrutierung der Armee bereitete nie endende Schwierigkeiten. Die Zahl der ursprünglich angeworbenen etwa 40 000 Mann der Kontinentalarmee, zu denen noch einige tausend Milizsoldaten der verschiedenen Staaten kamen, sank rasch. Entlassungen der Zeitsoldaten, Verwundungen, Krankheit und vor allem Desertionen ließen die Ränge schrumpfen, je länger der Krieg sich hinzog. Washington stöhnte gelegentlich, er müsse die eine Hälfte seiner Soldaten ausschicken, um die andere Hälfte wieder einzufangen. Dabei hatte er beständig nicht nur gegen einen zumeist besser disziplinierten und nicht selten numerisch stärkeren Feind zu kämpfen, sondern sich auch mit der Knausrigkeit des Kongresses auseinanderzusetzen. Die Zahlungswilligkeit der in ihm vertretenen einzelnen Staaten nahm so gut wie stets in dem Maße ab, in dem sich das Kampfgeschehen von ihrem Boden entfernte. Weite Kreise hegten ohnehin einen tiefsitzenden Widerwillen gegen eine größere stehende Armee, die der Führung der Nichtmilitärs möglicherweise entgleiten konnte. Schlechte Ausrüstung und schlechter Sold verursachten wiederholt Meutereien. So war es ein Verdienst für sich, ja vielleicht sogar die größte militärische Leistung Washingtons, diese Truppe über die Jahre zusammen und im Feld zu halten.

Washington mochte einige Expertise in der Truppenführung besitzen. Strategische Erfahrung hatte er kaum, und so konnte es niemanden verwundern, daß ihm als Feldherrn einige nur schwer wiedergutzumachende Schnitzer unterliefen. Im August 1776 positionierte er im Kampf um New York seine Streitmacht derart unglücklich in Brooklyn, daß er sie beim Angriff des Gegners unter großen Verlusten wieder abziehen mußte. Im September/Oktober 1777 flohen nach den Schlachten am Brandywine und bei Germantown in Pennsylvania seine Truppen in Panik. Aber manche Siege hoben auch die Moral. Bis heute rühmt man seinen Überraschungsangriff auf die ihren Weihnachtsrausch ausschlafenden hessischen Truppen, nachdem er seine Einheiten in der Christnacht 1776 heimlich bei Trenton über den eisigen Delaware hatte übersetzen lassen. Der wichtige Sieg im Oktober 1777 bei Saratoga am oberen Hudson, der Frankreich auf die Seite der Vereinigten Staaten brachte, wurde allerdings nicht unter seiner Leitung errungen. Aber der letzte und entscheidende Triumph war dann doch der seine, als er im Oktober 1781 durch zielstrebiges Manövrieren die Briten zur Übergabe Yorktowns in Virginia zwingen konnte. Sein Ruhm war von da an im ganzen Land unerschütterbar, und niemand sah eine Schmälerung darin, daß ohne die tatkräftige französische Unterstützung der Ausgang ein wesentlich anderer hätte sein können.

Nach dem Krieg kehrte Washington nach Mount Vernon zurück. Das Anwesen hatte durch seine siebenjährige Abwesenheit gelitten, und er bemühte sich nun um Instandsetzung und Wertsteigerung. Ein Gewächshaus wurde gebaut, eine Mühle und ein Eishaus. Er widmete sich der Zucht von Jagdhunden und Pferden und der Schiffbarmachung des Potomac. 1784 reiste er über die Appalachen und besichtigte neue Ländereien am Ohio. Ansonsten bestätigte ein ständiger Besucherstrom seine nunmehr nationale Statur. Von der eigentlichen politischen Szene hielt er sich in diesen Jahren nach Möglichkeit fern. Allmählich erkannte freilich auch er die Unvollkommenheit der noch während des Krieges angenommenen, die Rechte der Einzelstaaten betonenden ersten Verfassung der Vereinigten Staaten. Als 1787 die Revision des Dokuments anstand, ließ er sich deshalb als virginischer Delegierter nach Philadelphia entsenden. Die dort im Mai zusammentretende Versammlung wählte ihn sofort einstimmig zu ihrem Präsidenten. In die Verhandlungen griff er nur spärlich ein, aber er unterstützte doch merklich, soweit dies anging, die Befürworter einer starken Zentralgewalt. Die meisten Delegierten folgten ihm hierin, zweifelsohne viele davon mit dem Gedanken, daß ihm danach die Führung der Exekutive anvertraut werden sollte.

Im Juni 1788 war der Ratifikationsprozeß so weit durchgeführt, daß die neue Verfassung Rechtsgültigkeit besaß, und im September bestimmte der immer noch sitzende Kontinentalkongreß New York zur vorläufigen Hauptstadt. Die Präsidentschaftswahlen wurden im Januar und Februar 1789 durchgeführt. Erwartungsgemäß ging aus ihnen der Favorit Washington als Sieger hervor, aber daß er sämtliche Wahlmännerstimmen erhielt – die Verfassung schreibt ja die indirekte Wahl vor –, überraschte selbst ihn und blieb bis heute ein außer 1792 nicht wiederholtes Phänomen. Er ordnete in Mount Vernon die Verwaltung seiner Güter während seiner künftigen Abwesenheit und bestieg am Morgen des 16. April seine Reisekutsche. Die rund eine Woche dauernde Fahrt nach New York wurde immer wieder aufgehalten von gratulierenden Volksmengen, den Ansprachen der Magistrate, den wohlmeinenden Eskorten der Honoratioren und den Saluten der Milizen.

Auf die Feierlichkeit der eingangs geschilderten Inauguration folgte das weit weniger spektakuläre, aber für das künftige Leben der Nation so viel wichtigere Geschäft der Amtsführung. Washington war sich vollkommen der Doppelschichtigkeit seiner Aufgabe bewußt. Nicht nur mußte er die anfallenden Regierungsarbeiten erledigen; er hatte hierzu auch in sehr beträchtlichem Umfang die anzuwendende Methode zu kreieren, schwieg sich die Verfassung doch, absichtsvoll oder unwissentlich so gehalten, in sehr vielen Fällen über das Detail und auch über Wesentliches aus. Washington wußte um die beispielsetzende Funktion seiner Amtszeit und tat das ihm mögliche zur Stärkung der präsidialen Position. Sein wohlentwickelter Sinn für das Zeremonielle kam ihm hierbei zustatten. Dienstag nachmittags hielt er nach Art altweltlicher Monarchen Lever, wobei er es grundsätzlich vermied, sich durch einen Händedruck auf die Ebene der Besucher herabzulassen. Kritik volksnaher Demokraten focht ihn hierbei nicht an, zumal ihn genügend Leute, allen voran Vizepräsident John Adams, in seiner Haltung bestärkten.

Die wirkliche Festigung des Amtes mußte sich freilich im administrativen Bereich vollziehen. Die Verfassung enthielt für die Organisation der Exekutive keine Einzelvorschriften, und so unternahm der Kongreß im Sommer 1789 entsprechende Schritte. Eigene Ämter für Auswärtiges (State), Krieg (War) und Finanzen (Treasury) wurden geschaffen, bald darauf noch die Positionen eines Generalpostmeisters und eines Justizministers (Attorney

General). Washington, der im Repräsentantenhaus durch James ↑Madison bestens unterstützt wurde, hütete sich, sein Kabinett – etwa nach englischem Beispiel – der Legislative verantwortlich machen zu lassen. Er setzte durch, daß er allein seine Minister, oder besser Sekretäre, entlassen konnte, und er hielt es während der ersten Jahre auch nicht für nötig, sie zu gemeinsamen Sitzungen zusammenzurufen. Der Präsident sollte so unabhängig wie möglich entscheiden können.

Während Washingtons erster vierjähriger Amtsperiode war das wichtigste politische Problem die Schuldenfrage. Sowohl der Kontinentalkongreß als auch die Einzelstaaten hatten während des Revolutionskrieges viel Geld aufgenommen, und die Frage der Behandlung dieser Schulden durch die neu konstituierte Union entzweite die politisch Interessierten. Um die Kreditwürdigkeit der Regierung besorgt und auch aus anderen, verwandten Gründen setzte sich Finanzminister Alexander Hamilton für eine vollkommene Übernahme durch die Union ein. Es formierte sich jedoch auch ein gegnerisches Lager, wo man bei solcher Schuldenlast um die Zahlungsfähigkeit der Union fürchtete und überhaupt den zentralistischen Tendenzen der Regierung ablehnend gegenüberstand. In dieser Auseinandersetzung bildete sich ein erstes Parteiensystem aus. Die Übernahmegegner, um Außenminister Thomas ↑Jefferson und Madison geschart, nannten sich bald »Republikaner«, da sie sich dem republikanischen Freiheitsgedanken besonders verpflichtet fühlten. Ihre Militanz veranlaßte auch die Anhänger Hamiltons zu engerem Zusammenschluß; sie firmierten nun als »Föderalisten«, die Notwendigkeit der zielstrebigen Bundesaktion betonend. Washington, dem aller Parteienzwist zuwider war und der sich zuvor eine Art abgehobene Regentschaft vorgestellt hatte, konnte auf die Dauer nicht umhin, Stellung zu beziehen. Er trat, seiner Grundüberzeugung entsprechend, allmählich immer deutlicher für die Föderalistische Seite ein. Mit seiner Rückendeckung konnte sich dann auch Hamilton in der Geldfrage durchsetzen.

Trotz solcher Querelen litt das Prestige Washingtons nicht eigentlich, wie sich bei der nächsten Präsidentschaftswahl im November 1792 zeigte. Auch diesmal erhielt er wieder die Stimmen aller Wahlmänner. Nun verlagerten sich allerdings seine Aufgaben deutlich in den außenpolitischen Bereich. Schon ab April 1792 war das revolutionäre Frankreich in Krieg verstrickt, und 1793 gesellte sich auch Großbritannien zu seinen Gegnern. Washington, den die bald ins Blutrünstige verrohenden Exzesse der Revolutionäre abstießen, war entschlossen, sein schwaches Land abseits der europäischen Wirren zu halten. Hierin beirrte ihn auch nicht das Auftreten des in Paris von den Girondisten zum Gesandten ernannten Edmond C. Genêt, der im April in Charleston eintraf. Der 30jährige Franzose entsandte willige amerikanische Freibeuter gegen die britische Handelsschiffahrt. Über Land nach Norden ziehend, predigte er allenthalben die Botschaft der Freiheit und Gleichheit. Washington empfing ihn zwar und erkannte damit zumindest de facto die französische Republik an, aber die Begegnung war frostig, und Washington verlangte umgehend in Paris Genêts Abberufung.

Die Vereinigten Staaten hatten allen Grund, sich nicht durch zu enge Anlehnung an Frankreich mit dem alten Mutterland Großbritannien erneut zu überwerfen. Wirtschaftlich teilweise immer noch von ihm abhängig und seiner überwältigenden maritimen Überlegenheit eingedenk, mußten sie im Gegenteil eine baldige Verständigung über noch anhängige Fragen suchen. Zu diesem Zweck sandte Washington 1794 den Vorsitzenden des Obersten Gerichts John Jay nach London. In dem Vertrag, den Jay nach Hause brachte, verpflichteten sich die Briten zwar zur endgültigen Räumung amerikanischen Gebiets, aber sie öffneten ihre westindischen Besitzungen nur teilweise dem amerikanischen Handel, und in der Frage der Zwangsrekrutierung von Amerikanern durch britische Kapitäne gaben sie überhaupt nicht nach. Washington gelang es 1795 nur mit Mühe, gegen den Widerstand der Republikanischen Seite die Ratifikation durch den Senat zu erhalten. Leichter fiel ihm dies im gleichen Jahr für den Vertrag von San Lorenzo mit Spanien, der den Mississippi vollends für die amerikanische Schiffahrt freimachte.

Auf die Kandidatur für eine dritte Amtsperiode verzichtete Washington. Hierzu bewogen ihn einerseits grundsätzliche Bedenken, denn manche Stimme war inzwischen laut geworden, die ihm monarchische Ambitionen unterstellte. Andererseits war er aber auch ehrlich amtsmüde. Allzu oft hatte man ihn, der sich doch hatte über dem politischen Getümmel halten wollen, in dessen Niederungen mit herabgezogen. Er wohnte Anfang März 1797 noch der Amtseinführung seines Nachfolgers Adams bei und zog sich dann mit seiner Frau Martha, die ihm durch die Präsidentenjahre hindurch liebenswürdig und verläßlich als Gastgeberin zur Seite gestanden war, nach Mount Vernon zurück. Er war körperlich noch einigermaßen fit, wenn er auch seit Jahren praktisch keine eigenen Zähne mehr besaß. Aber am öffentlichen Leben nahm er nun kaum mehr teil, sondern widmete sich vielmehr der Bestellung seiner Besitztümer. An einem kaltfeuchten Dezembertag 1799 ritt er durch mehrere seiner Anwesen. Wieder zurück, klagte er über Heiserkeit; bald folgte Schüttelfrost, und die Ärzte diagnostizierten eine Mandelentzündung. Am 14. Dezember starb er und wurde wenige Tage später mit militärischem Pomp auf Mount Vernon beigesetzt.

Als General hatte Washington die Unabhängigkeit der Vereinigten Staaten errungen. Durch seine Leitung des Verfassungskonvents wurde diesen ein tragender Rahmen verliehen. Als Präsident brachte er sie auf eine gangbare Bahn. Als er sein letztes Amt verließ, waren die Gebietsverhältnisse der jungen Nation geklärt; das Finanzsystem des Landes war solide etabliert; das politische Leben spielte sich in annehmbarer und zukunftsverheißender Manier ab; die meisten wichtigen Bundesinstitutionen waren errichtet; insbesondere das Präsidentenamt hatte eine deutliche und, wie sich dann erwies, für Generationen richtungweisende Prägung erhalten. Washington gilt zu Recht bis heute als ein Mann von historischer Größe.

Lit.: Douglas Southall Freeman, *Washington* (1968); Forrest McDonald, *The Presidency of George Washington* (1975); Richard Brookhiser, *Founding Father: Rediscovering George Washington* (1996); Richard Norton Smith, *Patriarch: George Washington and the New American Nation* (1997); Joseph J. Ellis, *His Excellency: George Washington* (2004).

John Adams

2. Präsident (1797–1801)

Geboren	30.10.1735 Braintree (heute Quincy), Massachusetts
Konfession	Unitarier
Heirat	25.10.1764 mit Abigail Smith (1744–1818)
Kinder	Fünf
Partei	Föderalist
Amtszeit	4.3.1797–4.3.1801
Gestorben	4.7.1826 Quincy, Massachusetts
Grab	Quincy, Massachusetts

John Adams hat die Vereinigten Staaten in dreifacher Hinsicht mitbegründet. Er trug erstens als Gegner britischer Herrschaft und Advokat der Unabhängigkeit, zweitens als amerikanischer Diplomat in Europa und drittens als erster Vizepräsident und zweiter Präsident des jungen Staates wesentlich zu dessen Entstehung und frühem Überleben bei. Dabei kannten ihn seine Zeitgenossen nicht als sehr verträglichen oder umgänglichen Menschen. Hochintelligent und sehr gebildet, war er zwar ein Meister der brillanten Formulierung in Wort und Schrift, und wenn er wollte, konnte er sich auf charmante Weise durchaus gewinnend äußern. Doch eingefleischter Puritaner, der er war, verärgerte er auch viele durch parteiische Unnachgiebigkeit und Hochnäsigkeit, andere verletzte er durch beißende Kommentare. Seine übertriebene Eitelkeit gab nicht wenigen Leuten Grund zu heimlichem oder offenem Spott.

Adams wurde in Braintree geboren, einem einige Meilen südlich Bostons gelegenen Flecken. Einer seiner Vorfahren väterlicherseits war bereits mit den ersten Puritanern kurz nach der Gründung der Kolonie in den 1630er Jahren nach Massachusetts eingewandert, ein anderer gehörte sogar zu den 1620 mit der »Mayflower« angekommenen Pilgervätern. Adams Eltern, die hauptsächlich von ihrer Farm lebten, waren nicht sehr vermögend, doch konnten sie ihrem Erstgeborenen eine ordentliche Schulbildung zugute kommen lassen. 1751 bezog er das Harvard College im nahegelegenen Cambridge, wo er nach vier Jahren den Bachelorgrad erwarb. Das ursprünglich ins Auge gefaßte Theologiestudium mochte er freilich nicht aufnehmen, und so gab er erst einmal eine Weile lang Schulunterricht. Danach arbeitete er in einer Rechtsanwaltspraxis und wurde 1758 selbst als Rechtsanwalt zugelassen. Sein beruflicher Erfolg blieb jedoch anfangs mäßig. In seinem persönlichen Leben ereignete sich andererseits bald Wichtiges und sogar Großes.

Wichtig war für ihn zweifellos 1764 die Eheschließung mit Abigail Smith, der Tochter eines kongregationalistischen Geistlichen. Abigail war ein für die damalige Zeit sehr belesenes Mädchen und wurde für den oft von Depressionen geplagten Adams eine unersetzliche Stütze. Zum Glück für ihn teilte sie seinen Patriotismus voll und ganz, was sie seine zunehmend langen Abwesenheiten standfest ertragen ließ. Die geistreichen und oft witzigen Briefe, die sie ihm besonders in den 1770er und 1780er Jahren schrieb, während er in Philadelphia dem Revolutionsgeschäft nachging, wurden drei Jahrzehnte nach ihrem Tod veröffentlicht. Sie zeigt sich darin als willensstarke und selbstbewußte Gattin, die sich für Frauenrechte einsetzt, die Kinder – darunter den späteren Präsidenten John Quincy ↑Adams – selbständig zu erziehen und die Familienfarm energisch zu führen versteht.

Das Große war natürlich der Beginn der amerikanischen Revolution. Als das britische Mutterland nach dem Ende des Siebenjährigen Krieges Wege suchte, die nordamerikanischen Kolonien an den Kriegskosten zu beteiligen, empörten sich die Kolonisten über diese Zumutung. Adams, der schon länger über die Rechte des Mutterlands in den Kolonien nachgedacht hatte, verfaßte ein Protestpamphlet gegen das 1765 erlassene Stempelsteuergesetz. Es wurde allenthalben nachgedruckt und trug zum Widerruf des Gesetzes bei. Daß er im Grunde allerdings konservativ dachte, zeigte Adams dann durch seine Verteidigung vor Gericht der wegen des sogenannten Boston-Massakers 1770 angeklagten britischen Soldaten. Obwohl, oder vielleicht auch weil er hierbei den Mob anprangerte, wurde er 1774 von seiner Kolonie als Delegierter in den Kontinentalkongreß nach Philadelphia entsandt. In diesem Gremium, das den ersten formellen Zusammenschluß der amerikanischen Kolonien darstellte, wurde 1776 die Abkoppelung von Großbritannien beschlossen. Adams arbeitete an der Formulierung der Unabhängigkeitserklärung mit und half Anfang Juli im Plenum des Kongresses beredt, ihre Verabschiedung durchzusetzen.

Von da an galt es, das britische Bemühen um Unterdrückung der Revolte militärisch abzuwehren. Adams wurde nicht Soldat, aber er setzte sich an vorderster Stelle als Diplomat für den Erfolg seines Landes ein. 1778 kam er als Emissär allerdings erst nach Paris, als der wichtige Allianzvertrag mit Frankreich schon unter Dach und Fach war. Nach einem Intermezzo in Massachusetts, wo er half, die neue Staatsverfassung zu schreiben, segelte er Ende 1779 wieder zurück nach Paris. Die dortigen Friedensverhandlungen mit Großbritannien zogen sich in die Länge, und obendrein zerstritt Adams sich mit dem ebenfalls anwesenden Benjamin Franklin und dem französischen Außenminister Charles Vergennes. Da er jedoch auch in die Niederlande entsandt worden war, begab er sich noch 1780 dorthin und konnte sowohl die Anerkennung der amerikanischen Unabhängigkeit erreichen als auch die Gewährung einer substantiellen Anleihe. Nach diesem großen Erfolg kehrte er im Oktober 1782 nach Paris zurück. Da die dreiseitigen Verhandlungen an der Seine immer noch stockten, berieten er und die anderen Amerikaner sich nun instruktionswidrig nur noch mit den Briten. Im Februar 1783 konnten sie den epochalen Friedensvertrag unterzeichnen, der die Unabhängigkeit ihres Landes endgültig bestätigte.

Zwei Jahre später war Adams wieder in Europa, nun als erster Gesandter der Vereinigten Staaten in London. Diesmal heimste er allerdings keine diplomatischen Lorbeeren ein. König Georg III. drückte ihm gegenüber zwar die Hoffnung aus, daß die Gemeinsamkeit von »Sprache, Religion und Blut« ihren »natürlichen und vollen Effekt« haben würde. Aber die königliche Regierung versagte ihren untreuen ehemaligen Kolonien so gut wie alle von diesen erstrebten Vergünstigungen, und Adams kehrte 1788 frustriert nach Amerika zurück.

Dort hatte man inzwischen eine neue Verfassung angenommen, und Adams wurde prompt, neben George ↑Washington als Präsident, zum ersten Vizepräsidenten gewählt. Ehrgeizig, wie er war, akzeptierte er gern, freilich nur um schon nach kurzer Zeit empört feststellen zu müssen, daß er damit »das unbedeutendste Amt, das die menschliche Erfindungskraft sich je ausdachte«, übernommen hatte. Er hielt es darin trotzdem acht Jahre lang aus in der Hoffnung, Washington schließlich nachfolgen zu können. Dieser Wunsch erfüllte sich: Obwohl sich manche über seine Formbeflissenheit, seine Korpulenz – »His Rotundity« (Seine Rundheit) schlug man als Titulierung vor – oder seine angeblich monarchischen Tendenzen aufhielten, wurde er als Kandidat der sich nun Föderalisten nennenden Anhänger Washingtons zum Präsidenten ab 1797 gewählt. Thomas ↑Jefferson, der Kandidat der als Republikaner bekannten Gegengruppierung, erhielt nur drei Wahlmännerstimmen weniger und wurde nach dem damals geltenden Wahlrecht Vizepräsident.

War es schon keine gute Konstellation, daß Präsident und Vizepräsident verschiedenen politischen Lagern angehörten, so wurde Adams' Präsidentschaft obendrein durch die Feindseligkeit des ehemaligen Finanzministers Alexander Hamilton erschwert. Dieser hatte zweifelsohne Verdienste um die Errichtung der Republik, glaubte aber aufgrund seiner engen Beziehung zu Washington – er war im Revolutionskrieg dessen Adjutant gewesen – und seines wirtschaftlichen Sachverstandes, Adams beim Regieren dreinreden zu können. Dabei erwies es sich als nicht gerade hilfreich, daß Adams geglaubt hatte, außer Hamilton die meisten Minister aus Washingtons Kabinett übernehmen zu sollen, teilweise, um seine Partei nicht zu verärgern, teilweise aus Mangel an anderen Köpfen.

Mühsam genug war das Regieren in diesen letzten Jahren des Jahrhunderts ohnehin. Zu den natürlichen Problemen eines jungen Staatswesens gesellten sich die Schwierigkeiten der internationalen Lage. Großbritannien und Frankreich führten miteinander Krieg. Während Washington einen Neutralitätskurs gesteuert hatte, favorisierten Jeffersons Republikaner aus ideologischen Gründen das revolutionäre Frankreich, mit dem man ja noch in Allianz verbunden war. Hamilton und seine Anhänger jedoch wollten aufgrund wirtschaftlicher und militärischer Überlegungen auf der Seite des einstigen Mutterlandes in den Krieg eintreten. Das Problem wurde nun deshalb akut, weil beide europäischen Mächte auf dem Atlantik amerikanische Schiffe in großer Zahl aufbrachten und die Vereinigten Staaten damit offenbar zu einer Entscheidung zwangen.

Adams jedoch bewahrte kühlen Kopf und hielt sich zurück. Er schickte eine Kommission nach Paris, die eine Lösung aushandeln sollte. Als sie bei ihrer Rückkunft berichtete, daß drei französische Unterhändler – in Amerika X, Y und Z genannt – hohe Bestechungsgelder gefordert hatten, riefen die Föderalisten überlaut nach Krieg. Adams veranlaßte die Etablierung eines Marineministeriums und verlangte vom Kongreß Geld zur Aufrüstung; doch dabei beließ er es. Um die einheimische Opposition in ihre Schranken zu verweisen, verabschiedeten Adams' Föderalisten dann 1798 im Kongreß die sogenannten Alien and Sedition Acts, vier Gesetze, welche unter anderem die Internierung oder Deportation feindlicher Ausländer erlaubten sowie aufrührerische Aktionen und Veröffentlichungen mit Strafe belegten. Besonders die letztere Bestimmung, die auch in einigen Fällen angewandt wurde, verursachte viel aufgeregte Empörung. Adams gelang es schließlich, durch die Entsendung einer neuen Verhandlungskommission nach Frankreich die Lage einigermaßen zu entschärfen. Im September 1800 schloß man in Paris einen Vertrag ab, der die bestehende amerikanisch-französische Allianz beendete.

Im Wahljahr 1800 konnte Adams somit voll Stolz darauf verweisen, daß er seinem Land den Frieden hatte sichern können. Er hätte gern noch eine weitere Amtszeit angehängt. Aber schon während des Wahlkampfes zeigte sich, daß er in den entscheidenden mittelatlantischen Staaten, vor allem in Hamiltons New York, nicht mehr genügend Rückhalt besaß. Im Wahlmännerkollegium konnte er hinter den beiden Republikanern Jefferson und Aaron Burr dann lediglich den dritten Platz erringen.

Anfang November 1800 waren Adams und seine Frau Abigail die ersten, die im gerade fertiggestellten Weißen Haus Residenz nahmen. Am Morgen der Amtseinführung Jeffersons zogen beide dann enttäuscht aus, ohne den Feierlichkeiten beizuwohnen. Als Altpräsident ließ sich Adams mit Abigail wieder im heimatlichen Quincy nieder, dem ehemaligen Braintree. Hamilton blieb er bis zu dessen Duelltod 1804 lediglich in tief empfundener Antipathie verbunden, doch Jefferson näherte er sich ab 1812 in einer bald fast herzlich zu nennenden und später berühmt gewordenen Korrespondenz. Abigail starb 1818 an Typhus. Er selbst verschied, fast 91jährig, am 4. Juli 1826, also am Tag des fünfzigjährigen Jubiläums der amerikanischen Unabhängigkeit. Gleichentags und nur wenige Stunden zuvor hatte weit entfernt in Virginia – welch skurrile Laune des Schicksals – auch das Leben Jeffersons geendet, des anderen großen Gründers der Nation.

Lit.: Ralph Adams Brown, *The Presidency of John Adams* (1975); Joseph J. Ellis, *Passionate Sage: The Character and Legacy of John Adams* (1993); David McCullough, *John Adams* (2001); John Patrick Diggins, *John Adams* (2003).

Thomas Jefferson

3. Präsident (1801–1809)

Geboren	13.4.1743 Shadwell, Virginia
Konfession	Keine
Heirat	1.1.1772 mit Martha Wayles Skelton (1748–1782)
Kinder	Sechs
Partei	(Demokratisch-)Republikaner
Amtszeit	4.3.1801–4.3.1809
Gestorben	4.7.1826 Monticello bei Charlottesville, Virginia
Grab	Monticello bei Charlottesville, Virginia

Wie die Inschrift auf seinem von ihm selbst entworfenen Grabstein bekundet, wollte Thomas Jefferson für dreierlei im Gedächtnis der Nachwelt bleiben, als »Autor der Unabhängigkeitserklärung, des virginischen Statuts über die Religionsfreiheit, und Vater der Universität von Virginia«. Dieser seiner Leistungen sind sich die Amerikaner immer noch bewußt, aber sie erinnern sich auch noch daran, daß er als Gouverneur im revolutionären Virginia diente, als amerikanischer Gesandter in Paris, als Außenminister unter George ↑Washington, als Vizepräsident unter John ↑Adams und vor allem auch als der dritte Präsident der jungen Republik. Und man weiß durchaus noch um seine Verdienste als Architekt, Naturwissenschaftler und Erfinder, um seinen Beitrag zu Philosophie und politischer Theorie. Die Interessen Jeffersons waren nachgerade universal, und die Amerikaner ehren ihn als einen ihrer Größten.

Geboren wurde Jefferson in den virginischen Vorhügeln der Appalachen nahe der heutigen, damals noch nicht existierenden Stadt Charlottesville. Seine Mutter entstammte einer der prominenten Familien der Kolonie. Sein Vater besaß etwa zweieinhalbtausend Hektar Land in jener Grenzgegend zur Wildnis und galt somit, die dazugehörigen Sklaven eingerechnet, als begütert, aber, verglichen mit manchen Nachbarn, nicht eigentlich als reich. Nach einiger Unterrichtung in nahegelegenen Pfarrschulen bezog der schmale und hochaufgeschossene Jefferson – er maß bald über 1,90 Meter – mit 17 Jahren das wohlrenommierte College of William and Mary in der Koloniehauptstadt Williamsburg. Er war ein guter und fleißiger Student, der die dort vermittelte klassische Bildung, aber auch einige Mathematik und Naturwissenschaftliches mit Interesse absorbierte. Ohne richtigen Abschluß begab er sich dann in die juristische Lehre bei einem der bekanntesten Rechtsanwälte der Kolonie und wurde 1767 selbst als Anwalt zugelassen.

Jeffersons inzwischen verstorbener Vater war in der Politik der Kolonie aktiv gewesen, und er selbst gewann 1769 ebenfalls einen Sitz im kolonialen Parlament, dem House of Burgesses. In diesen Jahren braute sich die amerikanische Revolution zusammen. Jefferson, inzwischen wohlbelesen sowohl im englischen Recht als auch in der Philosophie der Aufklärung, empfand, ähnlich wie viele der sogenannten Patrioten in seiner Umgebung und in den anderen Kolonien, das britische Verhalten als rechtswidrige Tyrannei und unterstützte mit Begeisterung die revolutionäre Sache. Sein bedeutendster früher Beitrag war ein 1774 verfaßtes Pamphlet, betitelt *A Summary View of the Rights of British America* (Zusammenfassende Sicht der Rechte der Britisch-Amerikaner). Auf naturrechtlicher Basis argumentierte er, daß die koloniale Unterordnung unter die königliche Autorität auf Freiwilligkeit beruhe und das britische Parlament keine legitime Macht über die Kolonien besäße. »Der Gott, der uns Leben gab«, schrieb er, »gab uns Freiheit zur gleichen Zeit: Die Hand der Gewalt kann beide zerstören, aber sie kann sie nicht trennen.« Noch im gleichen Jahr mehrmals aufgelegt, begründete die Schrift die Bekanntheit Jeffersons weit über die Grenzen Virginias hinaus.

Die erste Delegiertenversammlung der revolutionären Kolonien, der sogenannte Kontinentalkongreß, hatte 1774 in Philadelphia nur kurz getagt. Virginia entsandte Jefferson zum zweiten Kongreß, der im Mai 1775 zu sitzen begann. Dort beauftragte man ihn am 11. Juni 1776 zusammen mit John ↑Adams, Benjamin Franklin und zwei weiteren Delegierten, eine Unabhängigkeitserklärung der Kolonien auszuarbeiten. Jefferson schrieb den Rohentwurf, den sie nach einigen von Adams und Franklin vorgeschlagenen Änderungen am 26. Juni dem Kongreß vorlegten. Dieser beschloß am 2. Juli die Loslösung der 13 im Kongreß repräsentierten Kolonien vom britischen Mutterland und verabschiedete zwei Tage später die dazugehörige Erklärung. In enger Anlehnung an die Argumentation im *Summary View* rechtfertigte sie eingangs, unter Berufung auf die Vertragstheorie des britischen Philosophen John Locke, die Lostrennung; in einem zweiten Teil verurteilte sie die Politik König Georgs III. gegenüber seinen amerikanischen Untertanen. Obwohl die Erklärung im Grunde, politiktheoretisch gesehen, keine neuen Gedanken enthielt, machte sie infolge ihrer ungeheuren praktischen Wirkung den Hauptautor Jefferson nicht nur für die Amerikaner zu einer zentralen Gestalt ihrer Revolution, sondern brachte ihm auch dauerhaftes internationales Renommee.

Im September 1776 verließ Jefferson Philadelphia und kehrte nach Virginia zurück, wo er dann drei Jahre lang im Staatsparlament an der revolutionären Umgestaltung der ehemaligen Kolonie mitarbeitete. So war er führend beteiligt an der Abschaffung von Primogenitur und Fideikommiß. Als seine wertvollste gesetzgeberische Tat betrachtete er den Entwurf einer Vorlage zur Beendigung kirchlicher Vorrechte, die aber freilich vorerst noch nicht angenommen wurde. Viele Leute bezichtigten ihn – er gehörte, obwohl anglikanisch getauft, bewußt keiner Religionsgemeinschaft an – der Unchristlichkeit, ja des Atheismus. Erst 1786, als die Vorlage von seinem Freund James ↑Madison erneut eingebracht wurde, nahm das Parlament sie als das oben erwähnte Statut über die Religionsfreiheit schließlich an. Es gilt noch heute als ein früher, noch vor der Französischen Revolution gesetzter Markstein auf dem Weg zur Trennung von Kirche und Staat.

Schon vor der Annahme der Unabhängigkeitserklärung hatte der Versuch der britischen Krone begonnen, die amerikanische Revolte mit Waffengewalt niederzuschlagen. Der Kampf war noch heftig im Gang, als Jefferson 1779 zum Gouverneur von Virginia gewählt wurde. Nun zeigte sich allerdings deutlich, daß er ein besserer Theoretiker als ein Organisator und Administrator war. Kritiker beschuldigten ihn, 1781 die Verteidigung Richmonds, das im Vorjahr die Rolle der Staatshauptstadt übernommen hatte, beim Ansturm der Briten sträflich vernachlässigt zu haben und in der Krise feige aus der Stadt geflohen zu sein. Eine nachträgliche Untersuchung entlastete ihn zwar, aber Jefferson gab sein Amt bald mit bitteren Gefühlen auf.

Ein anderes Ereignis bedrückte ihn binnen kurzem noch mehr. 1772 hatte er Martha Wayles Skelton geheiratet, eine junge, vermögende Witwe, der er vermutlich während seiner Abgeordnetenzeit in Williamsburg begegnet war. Sie hatten miteinander innerhalb von zehn Jahren sechs Kinder bekommen. Dies und außerdem noch eine Fehlschwangerschaft hatte Martha körperlich sehr mitgenommen, zumal zwei der Kinder noch in den 1770er Jahren starben. 1782 verschied sie erschöpft auf dem Familiengut Monticello. Jefferson war wochenlang untröstlich. Er hatte ihr versprochen, nie wieder zu heiraten, und hielt sich dann auch daran.

Ablenkung fand Jefferson durch erneute Mitgliedschaft im Kontinentalkongreß. Er war selbst Sklavenbesitzer, aber er war auch Menschenfreund. Sein Vorschlag, in der Zukunft Sklaverei in den westlichen Gebieten nicht zuzulassen, wurde knapp niedergestimmt, fand aber Eingang in die 1787 beschlossene Neuordnung des Gebiets zwischen Ohio und den Großen Seen, für die er ebenfalls eine frühe Vorlage lieferte. 1784 schickte ihn der Kongreß als Handelsbeauftragten nach Paris, wo er dann im nächsten Jahr Franklin als amerikanischen Gesandten ablöste. Er konnte verschiedene kommerzielle und konsularische Vereinbarungen treffen, doch der größte Gewinn seines fünfjährigen Aufenthalts im vor- und dann revolutionären Frankreich war zweifelsohne die enorme Erweiterung seines geistigen Horizontes. Neugierig und empfangsbereit, sog er nicht nur französische Lebensart in sich auf; sein

Verkehr in aufklärerischen Kreisen brachte es dann auch mit sich, daß er, von vornherein schon entsprechend disponiert, Ende 1789 mit einer gewissen jakobinischen Sicht der Dinge nach Amerika zurückkehrte.

Bei seiner Ankunft erfuhr Jefferson, daß Präsident Washington ihn zum Secretary of State ernannt hatte. Diese Position, deren Inhaber heute praktisch nur die Funktion eines Außenministers ausübt, umfaßt im Prinzip noch eine Reihe weiterer Kompetenzen. Jefferson nahm erst nach einigem Zögern an, und in der Folge bewahrheiteten sich seine Befürchtungen. Es kam ihm nämlich Finanzminister Alexander Hamilton ins Gehege, der sich der besonderen Unterstützung Washingtons erfreute. Jefferson war von den Tugenden des naturverbundenen, pastoralen Lebens überzeugt, er betonte die Rechte der Einzelstaaten wie auch der Individuen und sah in der Zurückhaltung der Bundesregierung die Garantie der noch jungen Demokratie. Hamilton hingegen befürwortete ein starkes Agieren der Zentralregierung, um den jungen Staat überlebensfähig zu machen; in der Förderung der sich entwickelnden Industrie sah er die große Möglichkeit der Vereinigten Staaten, zu den europäischen Nationen aufzuschließen. Der eskalierende Streit bestimmte Jefferson, im Dezember 1793 sein Amt aufzugeben und sich auf seine Farm zurückzuziehen.

Erst gegen Ende der zweiten Amtsperiode Washingtons hörte Jefferson wieder auf Rufe nach seiner Rückkehr in die Politik. Inzwischen hatte sich aus seinen Anhängern eine praktisch als politische Partei auftretende Gruppierung mit dem Etikett »Republikaner« gebildet. Diese nominierte ihn 1796 als Präsidentschaftskandidaten. Im Wahlmännerkollegium erhielt er dann drei Stimmen weniger als der Hamilton näher stehende Adams, der Kandidat der sich nun »Föderalisten« nennenden Gegengruppierung. Jefferson wurde damit gemäß der damals geltenden Wahlordnung Adams' Vizepräsident. Obwohl sich beide bestens kannten und grundsätzlich auch leiden mochten, bereiteten Differenzen in ihren politischen Ansichten vielerlei Schwierigkeiten. Außenpolitisch befürwortete Adams Neutralität in den napoleonischen Kriegen, während Jefferson eine profranzösische Haltung einnahm; im Inneren unterdrückte Adams' Regierung Kritik an ihrem Kurs, während Jefferson das Recht auf Meinungsfreiheit vertrat. Die Wahl des Jahres 1800 mochte hier dann eine Art Entscheidung bringen.

Letztendlich gewann Jefferson diese Entscheidung auch für sich, doch ergab sie sich nicht direkt. Adams erhielt nun zwar deutlich weniger Wahlmännerstimmen als Jefferson, aber ein Konkurrent aus dem eigenen Lager namens Aaron Burr bekam genausoviele wie Jefferson. Verfassungsgemäß mußte nun das Repräsentantenhaus die Wahl treffen. Dort waren 36 Abstimmungsgänge erforderlich, bis Jefferson endlich als dritter Präsident der Vereinigten Staaten feststand. In den Lehrbüchern des Konstitutionalismus wird seither häufig darauf hingewiesen, daß mit diesem umständlichen, aber friedlichen Amtstransfer von Adams auf Jefferson ein frühes Beispiel gegeben wurde für einen harmonischen Machtübergang von einem politischen Lager zu einem gegnerischen in einer Republik, die ja monarchischer Stabilität entbehrte. Den Beteiligten war diese Leistung durchaus bewußt, und sie erfüllte sie mit guter Hoffnung für den weiteren Bestand ihres ja immer noch recht fragilen Staatswesens.

Die Knappheit des Votums focht Jefferson jedenfalls nicht an. Er war der Auffassung, daß die »Revolution von 1800« endlich das Volk an die Macht gebracht habe, und sah sich als dessen Inkarnation. In seiner Antrittsrede beschwor er Eintracht und Versöhnlichkeit: »Wir sind alle Republikaner, wir sind alle Föderalisten.« Von förmlichem Protokoll hielt er nicht viel. Die steifen Levers der vorhergehenden Präsidentschaften fanden keine Fortsetzung, und bei den wesentlich selteneren Staatsdiners saß man nunmehr nach der »Ordnung von Pell-Mell«. Das Äußere des Präsidenten stach durch seine Nachlässigkeit vom soignierten Erscheinungsbild seiner Vorgänger so merklich ab, daß sich der britische Gesandte einmal über die abgelatschten Schlappen und schlampigen Hosen empören mußte, in denen der erste Mann der amerikanischen Nation ihn empfangen hatte. Die Ausgabenpolitik der neuen Regierung reflektierte diese Frugalität. Im Gegensatz zu Hamiltons Auffassung galt die Bundesschuld nun als Krebsgeschwür, und man machte sich durch Einsparungen daran, sie zurückzuzahlen. Dabei half, daß man das amerikanische Heil in der Distanz zu den Händeln der alten Welt sah, was intensive Rüstung unnötig erscheinen ließ.

Das große Ereignis der ersten Amtperiode Jeffersons war der Kauf des Louisianagebiets. Diese zwischen Mississippi und dem Felsengebirge liegende Region war aus spanischem Besitz 1800 in die Hände der französischen Regierung übergegangen. Als Jefferson dies 1801 erfuhr, beauftragte er seinen Gesandten Robert R. Livingston in Paris, zwecks Wahrung des ungestörten Zugangs zur Mississippimündung in Verhandlungen einzutreten. Es durften bis zu 10 Millionen Dollar geboten werden. Der französische Machthaber Napoleon, der aus verschiedenen Gründen inzwischen sein Interesse an Nordamerika verloren hatte, offerierte seinerseits das gesamte Louisianagebiet für rund 15 Millionen. Livingston und der hinzugestoßene James ↑Monroe gingen hierauf ein, aber in Washington fand sich Jefferson dadurch in einem Dilemma. Einerseits sah er visionär den Wert des neuen Gebiets, durch dessen Erwerb das Territorium der Vereinigten Staaten faktisch verdoppelt wurde. Andererseits gab die Verfassung keine Handhabe für solch eine Erweiterung, und er persönlich war immer für eine strikte Beachtung der konstitutionellen Vorschriften eingetreten. Nach langer, quälender Ratssuche legte er schließlich, amerikanisches Besitzinteresse über den Gesetzesbuchstaben stellend, den Vertrag dem Senat vor, der ihn mit 24 gegen 7 Stimmen annahm. 1804 entsandte Jefferson dann eine Expedition unter der Leitung der beiden Forschungsreisenden Meriwether Lewis und William Clark in das Gebiet. Sie zogen mit beträchtlichem Gefolge zwei Jahre lang auf dem Landweg vom Mississippi zum Pazifik und brachten einen reichen Schatz an geographischem, botanischem und zoologischem Wissen zurück.

1804 stand Jeffersons Wiederwahl nicht in Frage, und seine zweite Amtszeit begann denn auch mit einem weiteren, allerdings kleineren Erfolg. Schon länger andauernde Belästigungen der amerikanischen Handelsschiffahrt durch Piraten vor der Berberküste Nordafrikas hatten seit einigen Jahren ein unannehmbares Ausmaß erreicht. Als Jefferson amerikanische Marineeinheiten – praktisch alle verfügbaren Kriegsschiffe – dorthin schickte, konnten diese durch etliche kühne Aktionen den Pascha von Tripolis 1805 zu einem Friedensvertrag zwingen.

Aber das viel größere Problem der Beziehungen zu dem von den napoleonischen Kriegen geplagten Europa überschattete die übrigen Jahre der Präsidentschaft Jeffersons. Die Amerikaner fanden sich weiterhin als leidtragende Dritte zwischen den starken Mächten Großbritannien und Frankreich. Die Briten brachten von 1804 bis 1807 über tausend amerikanische Handelsschiffe auf; die Franzosen kaperten immerhin halb so viele. Obendrein erboste sich die amerikanische Öffentlichkeit über die britische Praxis des sogenannten Impressments, das heißt das gewaltsame Abziehen von amerikanischen Seeleuten – angeblich britischer Nationalität – von amerikanischen Schiffen zur Verstärkung der eigenen Mannschaften. 1807 wurde die amerikanische Fregatte »Chesapeake« bei einem solchen britischen Übergriff beinahe segelunfähig geschossen. Jefferson, der eine Kriegserklärung scheute, wußte sich nicht anders zu helfen, als Ende 1807 ein Embargogesetz durch den Kongreß zu bringen; es verbot jeglichen Handel mit fremden Ländern und würde, so redete Jefferson sich und anderen ein, besonders Großbritannien Schaden zufügen. Die Wirkung war freilich eine andere. Europa konnte vorerst noch standhalten, während Neuengland unter dem Handelsausfall litt und die amerikanischen Mittelstaaten sowie der Süden auf ihren Ernten sitzenblieben. Der Druck aus den betroffenen Kreisen wurde so stark, daß Präsident und Kongreß sich im März 1809 veranlaßt sahen, das Embargogesetz wieder aufzuheben.

Zu diesem Zeitpunkt war Jefferson schon ein »lame-duck«-Präsident, das heißt sein Nachfolger Madison war bereits gewählt. Nach dessen Amtsantritt zog er sich auf seinen Landsitz Monticello in Virginia zurück, dessen klassizistisches Haupthaus er nach eigenen Plänen hatte bauen lassen. Ebenfalls nach seinen Plänen und im gleichen Stil wurde auch das Gebäude der University of Virginia errichtet, zu deren Gründung im Jahre 1819 er den entscheidenden Anstoß gab. Geheiratet hatte er, wie schon erwähnt, nach dem Tod seiner Ehefrau nicht mehr. Kaum widerlegbare Anzeichen deuten allerdings sehr stark darauf hin, daß er mit seiner beinahe weißhäutigen Sklavin Sally Hemings ein nicht dokumentiertes, aber enges Verhältnis pflegte, dem ab 1795 insgesamt sechs Kinder entsprangen. Hierüber wird in der Literatur noch immer diskutiert. Praktisch unbestritten ist andererseits, daß die signifikante Breite seiner Interessen und die Ausstrahlung seiner Persönlichkeit Jefferson schon zu Lebzeiten eine Statur verschafften, die ihn auch heute noch als eine der bemerkenswertesten Gestalten der amerikanischen Geschichte erscheinen läßt. Eine Laune des Schicksals wollte, daß dies auch gewissermaßen durch seinen Todestag dokumentiert wurde. Er starb am 4. Juli 1826, genau dem fünfzigsten Jahrestag der Verabschiedung der von ihm verfaßten Unabhängigkeitserklärung. Daß sein Vorgänger im Präsidentenamt, John Adams, nur wenige Stunden später ebenfalls verschied, wird seither von vielen als eine sich zu mancherlei Interpretation anbietende Fügung betrachtet.

Lit.: Forrest McDonald, *The Presidency of Thomas Jefferson* (1976); Willard Sterne Randall, *Thomas Jefferson: A Life* (1993); Joseph J. Ellis, *American Sphinx: The Character of Thomas Jefferson* (1997); Joyce Appleby, *Thomas Jefferson* (2003).

James Madison
4. Präsident (1809–1817)

Geboren	16.3.1751 Port Conway, Virginia
Konfession	Episkopalkirche (anglikanisch)
Heirat	15.9.1794 mit Dolley Payne Todd (1768–1849)
Kinder	Keine
Partei	(Demokratisch-)Republikaner
Amtszeit	4.3.1809–4.3.1817
Gestorben	28.6.1836 Montpelier, Virginia
Grab	Montpelier, Virginia

James Madison galt schon zu seinen Lebzeiten als einer der großen Baumeister der amerikanischen Republik, und dieses Urteil hat auch heute noch Bestand. Aber die hohe Wertschätzung gilt eigentlich mehr dem Mitschöpfer der Verfassung als dem Präsidenten. Er hätte wohl schon Schwierigkeiten gehabt, überhaupt ins Weiße Haus zu kommen, hätte nicht sein Vorgänger, virginischer Nachbar und jahrzehntelanger Weggefährte Thomas ↑Jefferson im Wahljahr 1808 die Nominierung durchgedrückt. Besonders die Neuengländer fanden sich dann in ihren Befürchtungen durch die Amtswaltung Madisons zumindest teilweise bestätigt.

Geboren wurde Madison 1751 zwar im großväterlichen Haus an der virginischen Küste, doch ging seine Mutter nach seiner Geburt mit ihm zurück zu der um die 2000 Hektar großen Tabak- und Getreideplantage in den Vorhügeln der Appalachen, die ihr Mann und sie zusammen mit wohl hundert Sklaven bewirtschafteten. Der spätere Präsident wurde standesgemäß erst von Hauslehrern und in einer Privatschule unterrichtet, bevor er 1769 das College of New Jersey bezog, die spätere Princeton University. Die dortige klassische Ausbildung sollte ihn auf eine juristische oder theologische Laufbahn vorbereiten. Er fand aber schließlich weder das eine noch das andere attraktiv, und da er zudem an einer Nervenstörung litt, zog er sich nach dem dreijährigen Bachelorstudium erst einmal auf die väterliche Plantage zurück.

Dies war die Zeit der beginnenden revolutionären Wirren. Nach der Boston Tea Party im Dezember 1773 bildeten sich allenthalben in den nordamerikanischen Kolonien revolutionäre Komitees, und so auch in Orange County, der Heimat des privatisierenden Madison. Mit der Wahl in den dortigen Wohlfahrtsauschuß (Committee of Safety) 1774 begann seine politische Karriere, die ihn schließlich bis in das Präsidentenamt führte.

Madison, obwohl äußerlich wenig imposant – er war nur 1,65 m groß und mit einer piepsigen Stimme geschlagen –, erwies sich rasch als begabter Akteur auf der politischen Szene. 1776 wurde er in die verfassungsgebende Versammlung Virginias gewählt, wo er erstmals Jefferson begegnete. Danach wechselte er in das Parlament des neugeschaffenen Staates und wurde 1777 Mitglied des Regierungsrates (Governor's Council). 1780 entsandte man ihn nach Philadelphia in den Kontinentalkongreß, also in das Regierungsorgan der den Revolutionskrieg führenden 13 amerikanischen Staaten. Das kräftezehrende und ineffektive zwischenstaatliche Gerangel dort machte ihn bald zu einem vorerst überzeugten Vorkämpfer einer stärkeren Zentralgewalt. Diese war allerdings zunächst noch unerreichbar, und so kehrte er nach dem Friedensschluß 1783 wieder nach Virginia zurück.

Inzwischen war Madison auf nationaler Ebene bekannt geworden als agiler und zielstrebiger Politiker. In den nächsten Jahren gelang es ihm, zwei Maßnahmen von weitreichender Bedeutung durchzusetzen. Zum einen erfocht er Anfang 1786 im virginischen Parlament die Verabschiedung des ursprünglich von Jefferson konzipierten Statuts über die Religionsfreiheit, das dann als Vorbild für den ersten Zusatz zur späteren amerikanischen Verfassung diente. Zum anderen, und wohl wichtiger noch, führte er die Bewegung zur Verfassungsreform an. Er veranlaßte das Parlament von Virginia, zu einer Konferenz über Handelsfragen nach Annapolis, Maryland einzuladen. Delegierte aus fünf Staaten kamen dort 1786 überein, im nächsten Jahr in Philadelphia die Verfassungsproblematik zu erörtern. Im Sommer 1787 trafen sich dort Abgesandte von zwölf der jungen Staaten; nur Rhode Island fehlte. Madisons zuvor ausgearbeiteter Verfassungsvorschlag, der sogenannte Virginiaplan, wurde noch abgeändert, aber dessen Kernpunkt, eine starke Zentralgewalt, setzte sich durch. Madison verfolgte sein Ziel nicht nur mit emsiger Betriebsamkeit vor und hinter den Kulissen, sondern sorgte auch durch abendliche Niederschrift der Verhandlungsvorgänge dafür, daß der Nachwelt – seine Aufzeichnungen wurden erst 1840 veröffentlicht – ein einigermaßen getreues Bild des damaligen Geschehens erhalten blieb.

Madison war mit dem fertigen Verfassungsdokument nicht vollkommen zufrieden, aber er trat jedenfalls mit großem Engagement für dessen Ratifizierung ein. Autor von 24 der insgesamt 85 *Federalist Papers*, welche die Argumente der Verfassungsbefürworter publikumswirksam darlegten – die übrigen *Papers* wurden von den New Yorkern Alexander Hamilton und John Jay verfaßt –, bewog er vor allem auch die Ratifikationsversammlung seines eigenen Staates gegen eine starke Opposition zur Annahme. Die Verärgerung seiner politischen Gegner kostete ihn dann zwar den erstrebten Einzug in den Senat des neuen, erstmals 1789 zusammentretenden amerikanischen Kongresses, aber er gelangte immerhin ins Repräsentantenhaus. Dort spielte er nicht nur eine führende Rolle bei der Gesetzgebung für die neuen Ministerien, sondern er schlug auch sechs der zehn ersten Verfassungszusätze vor, die seither als die *Bill of Rights* den Grundrechtekatalog der amerikanischen Verfassung bilden.

In diesen Anfangsjahren der Republik begann Madison, hinsichtlich der besten Regierungsform umzudenken. Er hatte, wie gesagt, lange eine starke Bundesregierung befürwortet. Das von Hamilton, dem ersten Finanzminister, verfolgte Programm einer straffen Wirtschaftsförderung weckte in ihm jedoch die Furcht vor einem übermächtigen Staatsapparat. Zusammen mit Jefferson, der diese Bedenken teilte, befürwortete er mehr und mehr eine Beschränkung der Regierungsgewalt und deren Rückkoppelung mit ihren Wurzeln im Volk. »Republikaner« nannten sie und ihre Anhänger sich, während die Gefolgsleute Hamiltons als »Föderalisten« auf dem politischen Forum agierten. Auf diese Weise entstand ein erstes amerikanisches Parteiensystem. (Die heutige Republikanische Partei wurde erst 1854 während der Präsidentschaft von Franklin ↑Pierce gegründet.)

In all der politischen Geschäftigkeit im wuseligen New York, das damals als Hauptstadt diente, fand Madison noch Gelegenheit, sich einem lange vernachlässigten privaten Anliegen zu widmen. Im September 1794 heiratete der 43jährige die 17 Jahre jüngere Dolley Payne Todd. Die Verbindung mit der lebhaften und modebewußten jungen Witwe brachte Madison lebenslanges Eheglück. Zwar zog man sich 1797, als mit dem neuen Präsidenten John ↑Adams die Föderalisten an die Macht kamen, erst einmal auf die Plantage zurück. Aber Madison hielt es abseits der nationalen politischen Szene nicht lange aus. 1798 protestierte er in den *Virginia Resolutions* gegen die Beschneidung der Meinungsfreiheit durch die Alien and Sedition Acts, und nach dem Amtsantritt Jeffersons als Präsident 1801 wurde er dessen Außenminister. Diese Position, die er acht Jahre lang ausfüllte, verlieh ihm nicht nur Regierungserfahrung, sondern offerierte auch seiner Frau Dolley einen Aktionsplatz erster Güte. Jahrelang diente sie dem verwitweten Jefferson bei wichtigen Anlässen als Hausdame, und überhaupt galt sie nun als ein Mittelpunkt des gesellschaftlichen Lebens in der neugegründeten Hauptstadt Washington, wohin die Regierung inzwischen umgezogen war.

Als Außenminister mußte Madison erleben, wie in den napoleonischen Wirren dieser Jahre die amerikanischen Bemühungen um eine neutrale Position weitgehend erfolglos blieben. Allzusehr waren sich Frankreich und Großbritannien der militärischen Schwäche Amerikas bewußt, und dessen lediglich am Handel interessierte Schiffe wurden auf dem Atlantik zum Spielball beider Mächte. Das Problem war noch nicht gelöst, als Jeffersons Amtszeit zu Ende ging. Der letztere machte, wie erwähnt, seinen Einfluß geltend dafür, daß Madison sein Nachfolger wurde. Letzterer gewann dann mit 122 Wahlmännerstimmen gegen 53 für seine Mitbewerber.

Freudige Zuversicht verspürte Madison bei seinem Amtsantritt im März 1809 freilich nicht. Anwesende fanden, daß er bei der Vereidigung bedrückt und erschöpft wirkte. Dies war kaum verwunderlich. Er wußte, daß er allerlei innerparteiliche Gegnerschaft zu gewärtigen haben würde, denn es gab viele, die lieber den erfahrenen Diplomaten und späteren Präsidenten James ↑Monroe schon jetzt an der Macht gesehen hätten. Weiterhin hatte sich die internationale Lage der Vereinigten Staaten kaum verbessert. Zum Hauptproblem im Verhältnis zu Großbritannien hatte sich die leidige Impressment-Kontroverse entwickelt, die schon während der Präsidentschaften John Adams' und Jeffersons die Amerikaner geplagt hatte. Amerikanische Proteste in London hatten bisher wenig gefruchtet.

Eine andere Schwierigkeit bereitete die Lage im Westen. Im Frieden von Paris 1783, der den Vereinigten Staaten die Unabhängigkeit gab, war ihnen von Großbritannien das Gebiet bis zum Mississippi zugestanden worden. Seither hatte sich ein ständiger Siedlerstrom über die Appalachen ergossen. Dies brachte vielfältige Auseinandersetzungen mit den dort beheimateten Indianern, die sich nach Kräften gegen die Vertreibung aus ihren Jagdgründen wehrten. Viele Siedler argwöhnten, oft wohl nicht ganz zu Unrecht, daß die Indianer mancherlei Unterstützung aus dem britischen Kanada erhielten. Das Problem erreichte 1811 den Kongreß, wo die sogenannten Kriegsfalken (War Hawks), Abgeordnete aus dem Süden und Westen, auf einen Krieg gegen Großbritannien drängten. Der Wunsch, bei dieser Gelegenheit vielleicht auch ganz Kanada zu gewinnen, mochte hierbei ebenfalls eine Rolle spielen.

Madison meinte Mitte des Jahres 1812, dem Druck nachgeben zu müssen. Anfang Juni sandte er eine Botschaft an den Kongreß, in der er die Streitursachen auflistete und eine Kriegserklärung erbat. Sie wurde ihm, gegen den Widerstand Neuenglands, wo man den Handelsverlust und britische Repressalien fürchtete, auch gewährt. Zu spät erfuhr man in Washington, daß Großbritannien in wesentlichen Punkten bereits eingelenkt hatte.

Der Krieg wurde für Amerika keine gloriose Unternehmung. Die Streitkräfte waren schwach und wurden inkompetent geführt. Noch 1811 war der Charter der Bank of the United States ausgelaufen, so daß der Regierung ein zuverlässiges Finanzierungsinstrument fehlte. Die britische Marine riegelte rasch die amerikanischen Atlantikhäfen ab. Ein feiger General übergab Detroit kampflos; Versuche, Toronto oder Montreal einzunehmen, mißlangen kläglich. Zwar konnte man 1813 ein Marinegefecht auf dem Eriesee gewinnen, was die Moral etwas hob. Aber im nächsten Jahr nahmen die Briten die Hauptstadt Washington ein und brannten sie teilweise nieder. Den einzigen größeren amerikanischen Sieg errang General Andrew ↑Jackson vor New Orleans. Aber dies geschah erst im Januar 1815, und da war bereits der Friede zu Gent geschlossen, der praktisch den Vorkriegszustand wiederherstellte.

In »Mister Madison's War«, wie die politische Opposition den Konflikt boshaft nannte, hatte der Präsident keine sonderlich gute Figur gemacht. Wenn man ihm persönlich auch nicht die Verantwortung für die Fruchtlosigkeit mehrerer Feldzüge zuschieben konnte, so hatte er doch unfähige Führungspersönlichkeiten ernannt, nicht zuletzt den untauglichen Kriegsminister John Armstrong. Und rühmlich war es auch nicht, daß er angesichts des brennenden Kapitols über die Potomacbrücke geflohen war, während seine Frau Dolley noch Gelegenheit fand, wertvollen Hausrat, darunter ein bekanntes Porträt Washingtons, auf einen Wagen zu werfen, bevor sie sich ebenfalls absetzte. Potentiell separatistische Neuengländer versammelten sich im Dezember 1814 insgeheim in Hartford (Connecticut), um konstitutionelle Konsequenzen aus dem Mißerfolg der Kriegsführung zu beraten.

Letztlich aber stärkte der Ausgang des Krieges doch die Vereinigten Staaten und damit auch das Renommee des Präsidenten. Man hatte sich gegen das eigentlich überlegene alte Mutterland halten können, und zwar derart, daß künftig nie wieder die Existenz der amerikanischen Nation in Frage stand. Für die opponierenden Föderalisten – und diese hatten vor allem hinter den Hartfordverschwörern gestanden – bedeutete der Ausgang des Krieges praktisch das Ende ihres politischen Einflusses. Beides aber kam der kraftvolleren Erledigung der schon länger anstehenden großen Aufgabe zugute, nämlich der Westexpansion. Schon 1809 war mit dem Bau der ersten befestigten transappalachischen Straße begonnen worden, der sogenannten National Road, die nun mit Macht vorangetrieben wurde. Im April 1816 wurde eine neue Bank of the United States ins Leben gerufen. Wenige Tage später hob die Regierung den Zolltarif spürbar an, was die noch sehr verletzliche, junge amerikanische Industrie vor der Konkurrenz billiger britischer Waren schützte. So schwenkte Madison am Ende seiner Präsidentschaft auf die ehemals hamiltonsche Linie der Befürwortung einer kräftig-aktiven Regierung ein und kehrte damit auch zu seinem eigenen frühen Ausgangspunkt zurück.

Seine letzten Jahre verbrachte der Altpräsident auf seiner virginischen Plantage. Gelegentlich trat Madison noch an die Öffentlichkeit, so wenn er Jefferson bei der Gründung der University of Virginia beistand, oder als er 1829 an den Vorbereitungen für eine neue Verfassung seines Staates teilnahm. Aber er schwächelte körperlich immer mehr, bis er 1836 schließlich verschied. Seine Frau Dolley zog zurück nach Washington, wo sie ihn um dreizehn Jahre überlebte. Verarmt wegen des extravaganten Lebensstils ihres Sohnes aus erster Ehe, war sie zuletzt auf die Unterstützung von Freunden angewiesen. Diese wurde ihr gerne gewährt. Die Wertschätzung ihres Ehemannes beruhte freilich schon damals nicht in erster Linie auf seiner Präsidentschaft, sondern leitete sich vielmehr hauptsächlich von seiner maßgeblichen Rolle bei der Schaffung der amerikanischen Republik her. Aber Madison hat auch als Präsident in respektabler Weise zu deren Sicherung und Wohlergehen beigetragen, und man gedenkt seiner Amtszeit an der Spitze des Staates ebenfalls noch mit Anerkennung.

Lit.: Ralph Ketcham, *James Madison: A Biography* (1971); Robert Allen Rutland, *The Presidency of James Madison* (1990); Richard K. Matthews, *If Men Were Angels: James Madison and the Heartless Empire of Reason* (1995); Garry Wills, *James Madison* (2002).

James Monroe
5. Präsident (1817–1825)

Geboren	28.4.1758 Westmoreland County, Virginia
Konfession	Episkopalkirche (anglikanisch)
Heirat	16.2.1786 mit Elizabeth Kortright (1768–1830)
Kinder	Drei
Partei	(Demokratisch-)Republikaner
Amtszeit	4.3.1817–4.3.1825
Gestorben	4.7.1831 New York, New York
Grab	Richmond, Virginia

James Monroe, schrieb einmal einer seiner Biographen, war weniger heldenhaft als George ↑Washington, weniger brillant als James ↑Madison, weniger schöpferisch als Thomas ↑Jefferson, weniger charismatisch als Alexander Hamilton und ungebildeter als die beiden ↑Adams; doch er war der Prototyp des pflichtbewußten Amtsträgers, den die junge Republik so sehr benötigte: ehrlich, fleißig, uneigennützig, besonnen und voller Glauben an die Demokratie. Wenn es sich so verhielt, konnten seine Zeitgenossen es wohl akzeptieren, daß er der vierte Virginier unter den fünf ersten Präsidenten der Nation war. Denn diese verlangte nach den Wirren des napoleonischen Zeitalters vor allem nach nüchterner und steter Führung, die besonders die expansive Siedlungsbewegung zu überschauen und ihr die äußeren Rahmenbedingungen zu sichern vermochte. Und Monroe, das war spätestens am Ende seiner Amtszeit klar, konnte diese Aufgabe zur Zufriedenheit seiner Landsleute erledigen. Sein Mangel an Humor störte dabei wenige, und auch seine Marotte, bis ins Alter in den altväterischen Kniehosen der vorigen Generation aufzutreten, konnte man wohl tolerieren.

Geboren wurde Monroe auf der kleinen Plantage seiner Eltern in Virginia, nahe der Geburtsstätte Washingtons und der Atlantikküste. Sein Vater starb früh. Ein vermögender Onkel ermöglichte dem Sechzehnjährigen nach der Lateinschule den Besuch des renommierten College of William and Mary. Freilich gab Monroe das Studium schon nach zwei Jahren auf, denn inzwischen hatte der Revolutionskrieg begonnen. Er trat 1776 als Leutnant in ein Virginia-Regiment ein und kam mit diesem gerade noch recht, um zu Weihnachten an Washingtons später berühmtem Übergang über den Delaware teilzunehmen. Eine schwere, in der Schlacht bei Trenton erlittene Schulterwunde überstand der körperlich kräftige und große Soldat bald. Im Rang eines Majors verließ er, von Washington persönlich belobigt, nach Ablauf seiner Verpflichtung 1778 die Armee.

In Virginia wartete auf Monroe die wohl wichtigste Ausbildungsstation seines Lebens. Gouverneur Jefferson nahm ihn als Gehilfen in seine private Rechtsanwaltspraxis auf. Mit Förderung Jeffersons, der Monroes patriotische Gesinnung und republikanische Überzeugung schätzen lernte, wurde er 1782 in das virginische Parlament gewählt und von diesem in den Rat des Staates, eine Art Oberhaus, delegiert. Schon im nächsten Jahr saß er im Kontinentalkongreß, dem parlamentarischen Regierungsorgan der Vereinigten Staaten unter deren erster Verfassung. 1788 war er Mitglied der Versammlung seines Staates, welche die neue amerikanische Verfassung zu ratifizieren hatte. Danach wäre er gern in das 1789 erstmals zusammentretende Repräsentantenhaus gewählt worden, doch der mit ihm befreundete Madison stach ihn im gemeinsamen Wahldistrikt aus. Zu seinem Trost entsandte ihn dann allerdings 1790 das virginische Parlament in den amerikanischen Senat.

Monroe blieb in der hohen Kammer nicht die volle Mandatszeit, denn Präsident Washington schickte ihn 1794 als Gesandten nach Paris. Dies war eine schwierige Mission. In der französischen Hauptstadt erwartete man von den Vereinigten Staaten, mit denen man in einer Allianz verbunden war und denen man zur Selbständigkeit verholfen hatte, Beistand im Krieg gegen Großbritannien. Washington und die ihn stützende Gruppierung der Föderalisten wollten jedoch die britische Regierung nicht verärgern und hatten sich zu strikter Neutralität entschlossen. So fiel es dem demokratisch gesinnten Monroe zwar nicht schwer, im revolutionären Frankreich persönlich gute Figur zu machen. Im Gegenteil, er pries vor dem Nationalkonvent die Tapferkeit der französischen Truppen und die Weisheit ihrer Regierung. Aber Washington goutierte dies nicht. Als er von Monroes Verbrüderungsgesten hörte, beorderte er ihn prompt zurück, und fortan war er beim Präsidenten *persona non grata*.

Monroes gutes Einverständnis mit den französischen Revolutionären hatte noch zwei weitere Resultate. Das eine war vor allem seiner Frau Eliza zu verdanken, die mit nach Paris gekommen war. Als die Tochter einer noblen, aber verarmten New Yorker Familie erfuhr, daß die Gattin des revolutionären Marquis de La Fayette, der ja im amerikanischen Revolutionskrieg mitgekämpft hatte, während der Schreckensherrschaft ins Gefängnis geworfen worden war, stattete sie ihr unerschrocken einen Besuch ab und erwirkte ihre Freilassung. Für Monroe selbst insgesamt wichtiger war, daß er in Amerika nun zu den demokratisch gesinnten, inzwischen als klare Gruppierung etablierten Republikanern um Jefferson und Madison zählte, die den eher elitären Föderalisten gegenüberstanden.

Der Republikaner Monroe wurde ab 1799 zweimal zum Gouverneur von Virginia gewählt. 1803 sandte ihn Präsident Jefferson erneut nach Frankreich, um westliche Grenzprobleme zu klären. Bei seiner Ankunft waren die Verhandlungen über den großen Louisianakauf allerdings schon dem Abschluß nahe. Als Gesandter in London 1803 bis 1807 vermochte er ebenfalls keine substantiellen Erfolge zu erringen. Immerhin hatte ihm nunmehr aber seine diplomatische Tätigkeit soviel politische Statur verschafft, daß er sich 1808 in den Vereinigten Staaten ernsthaft um die Präsidentschaftskandidatur bewerben konnte. Madison schlug ihn zwar erneut, machte ihn aber wenigstens zu seinem Außen- und, während einiger schwieriger Monate im Krieg von 1812 gegen Großbritannien, auch zum Kriegsminister. So war Monroe 1816 endlich unbestritten der Republikanische Kandidat für das Weiße Haus und zog infolge der völligen Schwäche der Föderalisten fast unangefochten in dieses ein.

Wenige Wochen nach Amtsübernahme begab sich der neue Präsident auf eine Goodwilltour durch den Norden des Landes, ehemals die Stammregion der Föderalisten. Der Erfolg war unerwartet groß. Überall standen die Leute an den Straßen und Flußufern, und jubelnde Mengen grüßten ihn in den Hauptstädten. Im Juli 1817 setzte der in Boston erscheinende *Columbian Centinel* über einen Berichtsartikel die Schlagzeile »Era of Good Feelings« (Ära guter Gefühle), was danach in den Geschichtsbüchern zur Bezeichnung für jene Jahre wurde. Monroe profitierte noch jahrelang von der sich solchermaßen manifestierenden guten Stimmung. Er hatte schon durch die Auswahl seines Kabinetts sein möglichstes zur Versöhnung politischer Gegensätze getan. Die vielleicht wichtigste Ernennung war die von John Quincy ↑Adams, des Sohnes des vormaligen Föderalistischen Präsidenten John ↑Adams, zum Außenminister. Dessen fähige Mühewaltung unter der Ägide Monroes führte dann zu einigen sehr bemerkenswerten außenpolitischen Festlegungen. Hierzu zählten das Abkommen über die Marinestreitkräfte auf den Großen Seen, der Adams-Onís-Vertrag, die Übereinkünfte über die Gebiete im Nordwesten und die Verkündung der sogenannten Monroe-Doktrin.

Der Krieg 1812–1814 hatte auf den Großen Seen zu mehreren Gefechten und 1813 sogar zu einer veritablen Seeschlacht geführt. In der versöhnlichen Stimmung der Nachkriegszeit kam nun die amerikanische Seite 1817 mit der britischen überein, zu künftiger Vermeidung ähnlicher Auseinandersetzungen nur noch sehr wenige und kleine Kriegsschiffe auf den Großen Seen zuzulassen. Das Abkommen sicherte somit praktisch die Entmilitarisierung dieser wichtigen Binnengewässer. Von noch wesentlich größerer Bedeutung war der Ausgleich mit Spanien, dem anderen nordamerikanischen Nachbarn. Die vom Baumwollboom getriebene amerikanische Ausdehnung nach Süden und Südwesten führte zur Eskalation des schon lange schwelenden Konflikts an der Grenze zwischen Georgia und dem immer noch spanischen Florida. Im nach den Unterhändlern benannten Adams-Onís-Vertrag von 1819 erwarben die Vereinigten Staaten Florida für fünf Millionen Dollar, und die Westgrenze zwischen beiden Ländern wurde bis zum Pazifik hin verbindlich festgelegt.

Aufgrund dieser diplomatischen Erfolge und auch wegen der einvernehmlichen Aufnahme Missouris als Staat in die Union – das Sklavereiproblem hatte die Sache kompliziert gemacht – war Monroe sehr populär, als 1820 seine Wiederwahl anstand. Er wurde mit nur einer einzigen Wahlmanngegenstimme in seinem Amt bestätigt. Und in der zweiten Amtsperiode setzte sich die außenpolitische Aktivität fort. Auch im amerikanischen Nordwesten gab es offene Fragen. Amerikanische Pelzhändler waren allmählich bis an den Pazifik vorgestoßen, in Konkurrenz mit den Briten. Weiter nördlich kamen von Alaska her die Russen. In der sogenannten Konvention von 1818 einigte man sich für das Oregon-Territorium – viel größer als der heutige Staat Oregon – auf vorerst gemeinsame amerikanisch-britische Nutzung und Verwaltung. Mit den Russen wurde 1824 vereinbart, daß diese bei 54° 40' nördlicher Breite, also dem Ende des heutigen Südzipfels Alaskas, haltmachen würden.

Letzterer Abmachung war eine damals etwas großsprecherisch klingende Verlautbarung Monroes vorausgegangen. Angesichts des russischen Vorwärtsdrangs, vor allem aber aus Anlaß des restaurativen Eingreifens französischer Truppen in Spanien um diese Zeit, warnte der amerikanische Präsident in seiner Kongreßbotschaft des Jahres 1823 die europäischen Mächte davor, sich jemals wieder in der westlichen Hemisphäre in kolonisierender Absicht zu betätigen. Weil die Vereinigten Staaten jedoch damals kaum die Mittel zu entsprechender Abwehr gehabt hätten, hatte diese später als Monroe-Doktrin bekannte Richtlinie noch keine große Bedeutung. Gegen Ende des Jahrhunderts wieder hervorgeholt, wurde sie erst von da an einer der wichtigsten Leitsätze der amerikanischen Außenpolitik.

Nach dem Ende seiner Amtszeit zog sich Monroe, finanziell

schwer verschuldet, mit seiner Frau nach Virginia zurück. Eliza war ihm während seiner Präsidentenzeit allerdings nicht immer hilfreich zur Seite gestanden. Besonders Damen der Washingtoner Gesellschaft hatten der gutaussehenden First Lady ihr hochmütiges und gelegentlich schroffes Benehmen, das so sehr von der pläsanten Wohlgemutheit ihrer Vorgängerin Dolley Madison abstach, ebenso übelgenommen wie die Steifheit ihrer Empfänge und ihren Gebrauch von Kosmetika. Beim Umzug nach Virginia war sie bereits recht krank; epileptisches Fieber und Konvulsionen plagten sie während der letzten fünf Jahre ihres Lebens. Nach ihrem Tod 1830 verbrachte Monroe dann sein letztes Jahr bei einer seiner beiden Töchter in New York. Dort starb er, wegen der Einfachheit seiner Gedankenwelt von einigen belächelt, aber geachtet von der großen Mehrheit seiner Mitbürger. Er hatte das Land integer und ehrlich regiert, dessen Gebiet vermehrt, die Grenzen gesichert und den Frieden bewahrt. Amerika hat schlechtere Regenten gehabt.

Lit.: Harry Ammon, *James Monroe: The Quest for National Identity* (1971); Noble E. Cunningham, Jr., *The Presidency of James Monroe* (1996).

John Quincy Adams
6. Präsident (1825–1829)

Geboren	11.7.1767 Braintree (heute Quincy), Massachusetts
Konfession	Unitarier
Heirat	26.7.1797 mit Louisa Catherine Johnson (1775–1852)
Kinder	Vier
Parteien	Föderalist; (Demokratisch-) Republikaner; National-Republikaner; Whig
Amtszeit	4.3.1825–4.3.1829
Gestorben	23.2.1848 Washington, D. C.
Grab	Quincy, Massachusetts

Manche Leute sagen, daß John Quincy Adams einer der besten Diplomaten und Außenminister war, die den Vereinigten Staaten je dienten, und vielleicht sogar der beste überhaupt. Niemand meint, man solle ihn zu den herausragenden Präsidenten zählen. Er selbst mochte die Schuld für das Ausbleiben großer präsidentieller Leistungen wohl seinen politischen Gegnern anlasten, doch hatte mancherlei Mißlingen sicher auch seine Ursache in der ihm eigenen, mitunter recht rigiden Denkungsart, der Schroffheit seines Auftretens und seiner hochfahrenden Selbstgerechtigkeit.

Dabei hatte Adams eine Vorbereitung auf das höchste Amt erfahren wie kaum einer seiner Vorgänger oder Nachfolger. Nicht nur war er der erste Präsident, dessen Vater bereits diese Funktion ausgeübt hatte – George W. ↑Bush wurde der zweite –, sondern er hatte auch eine blendende Karriere im öffentlichen Dienst hinter sich. Bereits als Junge segelte er mit seinem in offizieller Mission reisenden Vater John ↑Adams nach Frankreich. Mit fünfzehn diente er einem anderen amerikanischen Diplomaten als Französischdolmetscher auf dessen Reise nach Sankt Petersburg. Er war noch in Paris, als sein Vater 1783 dort den Friedensvertrag mit Großbritannien unterzeichnete. Erst zwei Jahre später kehrte John Quincy in die Heimat zurück, um am Harvard College zu studieren. 1790 wurde er als Rechtsanwalt in Boston zugelassen.

Da das Advokatenleben ihn nicht ausfüllte, mischte Adams in den nächsten Jahren in den Parteienkämpfen der jungen Republik mit. Er verteidigte die Politik der regierenden Föderalisten in der Presse Neuenglands so eindrucksvoll, daß Präsident George ↑Washington ihn, den 27jährigen Sohn seines Vizepräsidenten, 1794 zum Gesandten in den Niederlanden ernannte. Von dort führte das diplomatische Geschäft ihn auch über den Ärmelkanal, und 1797 wurde ihm in London Louisa Johnson angetraut, die in England geborene Tochter des dortigen amerikanischen Konsuls. Kaum verehelicht, wurde er von seinem Vater, inzwischen Präsident, als Vertreter seines Landes nach Preußen entsandt. Amüsiert berichtet er in seinem Tagebuch, wie er bei seiner Ankunft an einem der Tore Berlins von einem schneidigen wachhabenden Leutnant erst einmal festgesetzt wurde, bis einer der Untergebenen den Offizier darüber aufklärte, welche Bewandtnis es mit den Vereinigten Staaten von Amerika hatte. Immerhin gelang es Adams, den 1785 geschlossenen preußisch-amerikanischen Handelsvertrag 1799 zu erneuern.

1801 war Adams zurück in Boston. Als Föderalist ab 1803 im amerikanischen Senat, folgte er allerdings nicht immer der Parteilinie und schied 1808 vorzeitig wieder aus. Doch Präsident James ↑Madison schickte ihn 1809 als Gesandten an den russischen Hof, von dort 1814, als der Krieg von 1812 gegen Großbritannien zu Ende ging, zu den Friedensverhandlungen ins belgische Gent und danach wieder nach London. Als Madison 1817 von James ↑Monroe im Präsidentenamt abgelöst wurde, rief dieser Adams sofort nach Washington zurück und machte ihn zu seinem Außenminister. Es wurde die wohl glanzvollste Periode in Adams' Leben. Er war 1818 maßgeblich beteiligt an der Fixierung der Grenze gegen das britische Kanada hin, 1819 am Erwerb Floridas von Spanien und an der Anerkennung der sich von diesem gerade lösenden lateinamerikanischen Staaten, 1824 am Vertrag mit Rußland hinsichtlich der Pazifikküste. Im Jahr zuvor hatte er Monroe zur Formulierung der nach diesem benannten Doktrin inspiriert.

So war Adams traditionsgemäß eigentlich der natürliche Amtsnachfolger Monroes, obendrein, weil es an der Zeit erschien, nach drei virginischen Präsidenten wieder einmal einen Mann des Nordens an die Staatsspitze zu stellen. Aber im Wahljahr 1824 war das politische Spektrum sehr zerbröselt. Die Föderalisten hatten als politische Kraft ausgedient, und die Republikanische Partei Thomas ↑Jeffersons und Madisons präsentierte sich aufgespalten in mehrere Faktionen. Adams war zu wenig Tagespolitiker, als daß er sich im parteilichen Hickhack als eindeutiger Kandidat hätte durchsetzen können. Vielmehr standen vier Kandidaten zur Wahl, von denen dann keiner die absolute Wahlmännermehrheit erreichte. Adams war hinter Andrew ↑Jackson nur der Zweitplazierte. Der Letztplazierte, der in Kentucky beheimatete Henry Clay, unterstützte ihn jedoch bei der Stichwahl im Repräsentantenhaus. Kaum im Amt, ernannte Adams Clay zum Außenminister, was die Anhänger Jacksons mit dem Vorwurf der politischen Korruption quittierten.

Damit begann Adams' Präsidentschaft unter einem ungünstigen Stern. Sein Mangel an flexibler Einfühlsamkeit gegenüber der innerparteilichen Opposition ebenso wie hinsichtlich des Zeitgeistes überhaupt verhinderte in den nächsten Jahren die Verwirklichung des ansehnlichen Regierungsprogramms, das er in seiner ersten Botschaft an den Kongreß entwarf. Kanäle sollten gegraben, Straßen gebaut, eine Nationaluniversität errichtet, Forschungsreisen finanziert, astronomische Observatorien eingerichtet und das Bildungswesen entwickelt werden. Doch die Zeitgenossen erwarteten eher Zurückhaltung der Regierung als starkes Handeln, und so wurde kaum eine von Adams' grandiosen Visionen verwirklicht. Auch Bemühungen um bessere Beziehungen zu den lateinamerikanischen Staaten scheiterten an Widerständen im Kongreß. Die eine große Aktion seiner Amtsperiode, die Verabschiedung eines hohen Schutzzolls, war das Werk der Anhänger Jacksons. Und dieser Zoll ging als »Tariff of Abominations«, als Greueltarif, in die Geschichte ein. Die National-Republikaner, so nannte sich inzwischen der Parteiflügel von Adams, konnten dann zwar nicht umhin, ihn für die Präsidentschaftswahl des Jahres 1828 nochmals als Kandidaten aufzustellen. Doch er hatte beim Wahlvolk nur noch wenig Kredit. Sein Konkurrent Jackson gewann das Votum im Wahlmännerkollegium mit 178 zu 83 Stimmen.

So mußte Adams im März 1829 enttäuscht das Weiße Haus verlassen. Politischer Kopf, der er war, hielt es ihn allerdings nicht lange im Privatleben. Schon im nächsten Jahr sandte ihn sein Heimatwahlkreis ins Repräsentantenhaus. Seiner Redelust wegen wurde er rasch bekannt als »Old Man Eloquent«, und er machte sich nun vor allem einen Namen als Sklavereigegner. Alle zwei Jahre wurde er in das Hohe Haus wiedergewählt, und hier ereilte ihn sein Ende. Fast 81jährig erlitt er an seinem Pult einen Schlaganfall und verschied im Zimmer des Versammlungspräsidenten. Adams war wegen seiner brüsken Art nie eigentlich beliebt gewesen. Aber seine brillante Intelligenz, seine enorme Energie, seine Vertrauenswürdigkeit und sein offenkundiger Patriotismus hatten ihm über die Jahre zwar nicht die bedingungslose Anhänglichkeit, aber doch den anerkennenden Respekt seiner Landsleute eingebracht.

Lit.: Samuel Flagg Bemis, *John Quincy Adams.* 2 Bde. (1949–56); Mary W.M. Hargreaves, *The Presidency of John Quincy Adams* (1985); Paul C. Nagel, *John Quincy Adams: A Public Life, a Private Life* (1997); Robert V. Remini, *John Quincy Adams* (2002).

Andrew Jackson

7. Präsident (1829–1837)

Geboren	15.3.1767 Waxhaw, South Carolina
Konfession	Presbyterianer
Heirat	(1.?).8.1791, zweite Trauung 17.1.1794 mit Rachel Donelson Robards (1767–1828)
Kinder	Eines (adoptiert)
Parteien	(Demokratisch-)Republikaner; Demokrat
Amtszeit	4.3.1829–4.3.1837
Gestorben	8.6.1845 Nashville, Tennessee
Grab	The Hermitage, Nashville, Tennessee

So etwas hatte die amerikanische Hauptstadt Washington noch nicht gesehen. Zur Amtseinführung des neuen Präsidenten Andrew Jackson am 4. März 1829 waren Tausende in die noch kleine Stadt gekommen und füllten in der Nacht vor der Vereidigung Hotels, Tavernen, Scheunen und alle sonst irgendwie benutzbaren Schlafplätze. Als Jackson von Gadsby's Tavern, wo er übernachtet hatte, winkend und händeschüttelnd die Pennsylvania Avenue zum Kapitol hinaufschritt, donnerten Kanonen, und das Volk bejubelte lauthals den hochgewachsenen, schwarz gekleideten, bleichen Mann, bis er die Hand zum Schwur auf die Bibel legte. Die Sonne war herausgekommen. Ein steifer Wind verwehte freilich die Worte seiner mit bescheidener Stimme vorgelesenen Antrittsrede, doch dies dämpfte die Begeisterung in keiner Weise. Als er sich hoch zu Roß zum Weißen Haus begab, folgte die Menge oder rannte bereits voraus die Avenue hinunter, stieß die Türsteher beiseite und barst in seinen Amtssitz hinein. Man puffte und schob und stolperte beim Kampf um die für die Würdenträger bereitgestellten Speisen und Getränke, Nasen bluteten, Porzellan zerschellte, Frauen fielen in Ohnmacht. Das Zeitalter des gemeinen Volkes war angebrochen.

Bis dahin hatten vier virginische Aristokraten und zwei zur kultivierten Oberschicht gehörende Neuengländer das Amt des amerikanischen Präsidenten bekleidet. Jackson kam aus dem noch kaum erschlossenen Westen jenseits der Appalachen. Seine Grammatik war schlecht, seine Rechtschreibung noch dürftiger, und bei Bedarf, der öfters eintrat, verfügte er über ein Vokabular, dessen ausdrucksvolle Vulgarität die Vertrautheit des Sprechenden oder gar Brüllenden mit den weniger gebildeten Schichten zweifelsfrei belegte. Jackson hatte sich aus gesellschaftlich niedrigem Stand emporgearbeitet, und zwar durch eigene Kraft. Er fühlte sich auch als Präsident dem ganzen Volk verbunden.

Geboren wurde Jackson an der Grenzlinie zwischen South und North Carolina wenige Wochen, nachdem sein Vater bei Waldarbeiten umgekommen war. Seine beiden älteren Brüder fielen als Soldaten im Revolutionsheer, die Mutter starb an der Cholera, als er 14 Jahre alt war. Bald darauf erbte er von seinem irischen Großvater die nicht unbeträchtliche Summe von 350 Pfund Sterling, die er alsbald durch Kartenspiel, Hahnenkampfwetten und Suff verpraßte. Doch es steckte mehr in ihm. Das Ende seines Geldes brachte bleibende Ernüchterung. Er absolvierte eine Rechtsanwaltslehre und wurde 1787 in North Carolina als Anwalt zugelassen.

In der Tasche die Ernennung zum Staatsanwalt für Tennessee, das damals noch zu North Carolina gehörte, wanderte Jackson 1788 über die durch Indianer verunsicherten Appalachen nach dem aus einigen Blockhütten bestehenden Nashville. Dort logierte er im Haus der Witwe Donelson, wo sich auch deren von ihrem Ehemann getrennte Tochter Rachel aufhielt. Jackson und Rachel kamen sich näher, und nach allerlei Retardationen heirateten sie 1791 in dem vermutlich ehrlichen Glauben, daß Rachels erste Ehe bereits geschieden sei. Als 1793 aus Virginia die Nachricht von der soeben erst wirksamen Scheidung eintraf und man begriff, daß das Verhältnis bisher dem Gesetzesbuchstaben nach ein ehebrecherisches gewesen war, ließ man sich 1794 nochmals trauen. Der jähzornige Jackson bedrohte von da an jeden, der auch nur andeutungsweise ihm oder seiner Frau begangenen Ehebruch unterstellte, mit Peitsche und Duellpistole. Nichtsdestoweniger brachten Boshafte in den späteren politischen Grabenkämpfen die Sache immer wieder einmal auf.

Jacksons Ansehen in der Öffentlichkeit schadete die ganze Affäre insgesamt nicht. Man kannte ihn als temperamentvoll, aber vertrauenswürdig, und 1796 wurde er als der erste Abgeordnete des neugegründeten Staates Tennessee ins Repräsentantenhaus nach Washington geschickt. Im nächsten Jahr wählte man ihn in den amerikanischen Senat, den er allerdings nach wenigen Monaten wieder verließ, da man ihn, was für ihn finanziell lukrativer war, zum Richter am Obersten Gericht von Tennessee berufen hatte. Er konnte dann so viel ersparen, daß er 1804 den Justizdienst aufzugeben und sich einen Landsitz, die »Hermitage« außerhalb Nashvilles, zuzulegen vermochte. Dort baute er mit bald 20 Sklaven Baumwolle an, spekulierte mehr oder weniger erfolgreich mit Land und züchtete Rennpferde.

Persönliche Erfahrungen im Revolutionskrieg erfüllten Jackson mit einem bleibenden Haß auf alles Britische. Als 1812 erneut Feindseligkeiten ausbrachen, bot er daher der amerikanischen Führung eifrig seine Kriegsdienste an. Als Generalmajor der Miliz führte er diese, Ruhr und Verpflegungsmangel trotzend, im März 1814 zum Sieg über die mit den Briten sympathisierenden indianischen Creek und Cherokee in der großen Schlacht am Horseshoe Bend im nördlichen Alabama. Voller Anerkennung beförderte ihn die Washingtoner Regierung zum Generalmajor der regulären Truppen und beauftragte ihn mit der Bekämpfung der Briten an der Golfküste. Als Mitte Dezember eine britische Flotte vor New Orleans ankerte, organisierte »Old Hickory«, so nannten ihn wegen seiner knorrigen Zähigkeit inzwischen seine Untergebenen, die Verteidigung der Stadt. Am 8. Januar 1815 versuchten die massierten Rotröcke ein vorgelagertes Glacis zu stürmen, doch Jacksons zusammengewürfelte Mannschaft mähte sie mit knatternden Salven nieder. Seither spricht man von über 2000 britischen Gefallenen, aber nur 71 amerikanischen Toten und Verwundeten. Jacksons grandioser Sieg machte ihn zum Helden der Nation, und zeit seines Lebens tat es seinem Ruhm keinen Abbruch, daß im belgischen Gent schon zwei Wochen zuvor, nämlich am 24. Dezember 1814, der Friede geschlossen worden war.

Wenige Jahre später wurde Jackson erneut auf den Kriegspfad geschickt, als die Seminolen das Grenzland zwischen Georgia und dem noch immer spanischen Florida unsicher machten. Entgegen seinen Instruktionen fiel er 1818 auch in Florida selbst ein, was einen internationalen Furor auslöste. So groß war allerdings bereits sein Renommee, daß Präsident James ↑Monroe sich zu einer Disziplinierung nicht entschließen konnte. Außenminister John Quincy ↑Adams wußte die Affäre sogar zum amerikanischen Vorteil zu wenden, als ihm 1819 der Abschluß jenes Vertrages mit Spanien gelang, der den Vereinigten Staaten unter anderem den endgültigen Besitz Floridas einbrachte.

Im Jahre 1822 schlug das Parlament von Tennessee Jackson als Präsidentschaftskandidaten vor, und 1823 entsandte man ihn, sozusagen zur Vorbereitung, ein weiteres Mal in den Senat nach Washington. Aber die Wahl 1824 wurde eine der umstrittensten der amerikanischen Geschichte. Jackson erhielt zwar mit 43 Prozent die meisten Stimmen; aber weder für ihn noch die anderen drei Kandidaten fand sich im Wahlmännerkollegium eine Mehrheit, und so hatte verfassungsgemäß das Repräsentantenhaus zu entscheiden. Dort unterstützten die Anhänger von Henry Clay, des aus Kentucky stammenden Viertplazierten, den zweitplazierten Adams, der damit gewählt wurde. Als Adams dann Clay zu seinem Außenminister machte, erregte man sich im Lager Jacksons über das »corrupt bargain« (den korrupten Handel). Doch da alles gesetzeskonform verlaufen war, blieb nur die Vorbereitung auf die nächste Wahl im Jahre 1828, in die man sich nun kampfentschlossen stürzte.

In dieser zweiten Hälfte der 1820er Jahre kam eine Entwicklung zur Reife, die schon eine Weile zuvor begonnen hatte. Mit der Ausbreitung nach Westen über die Appalachen ging dort wie auch in den alten Staaten des Ostens eine Verbreiterung des Wahlrechts einher, das bald überall den meisten männlichen Erwachsenen gewährt wurde. Die allmähliche Verbesserung der Verkehrswege und die steigende Lesefähigkeit stärkten das Verlangen der wachsenden Industriearbeiterschaft, der Handwerker und Farmer nach Teilhabe an der politischen Entscheidungsfindung, die bisher weitgehend den Begüterten und Gebildeten vorbehalten gewesen war. Das alte Parteiensystem war mit dem Untergang der Föderalisten noch vor den 1820er Jahren verschwunden. Die übriggebliebene, erste Republikanische Partei hatte sich danach in verschiedene Fraktionen zersplittert. Die Anhängerschaft Jacksons rekrutierte sich vor allem aus den einfacheren Leuten sozusagen auf dem linken Flügel. Eine Weile lang nannte man sich »Demokratisch-Republikanisch«, um die Volksnähe zu betonen. Gegen Ende des Jahrzehnts verselbständigte man sich jedoch vollends und firmierte von da an einfach als Demokraten.

Im Staat New York hatte der dortige Parteiführer Martin ↑Van Buren schon seit einigen Jahren eine gut funktionierende Parteimaschinerie etabliert. Als er sich 1828 hinter Jackson stellte, sicherte er damit nicht nur, freilich erst nach recht schmutzigem Wahlkampf, dessen Sieg im November, sondern seine Organisation wurde damit auch zum Nukleus der neuen Demokratischen Partei. Vier Jahre später trug man den neuen Verhältnissen auch insofern Rechnung, als der Präsidentschaftskandidat der Partei, natürlich wiederum Jackson, nicht mehr wie bisher üblich von den Parteigranden in einer Hinterstube bestimmt wurde, sondern auf einer allgemeinen Versammlung von Delegierten aus dem ganzen Land. Ein solcher Nominierungsparteitag wurde von da an nicht nur bei den Demokraten, sondern auch bald bei anderen Parteien üblich.

Obwohl sich Jackson, wie erwähnt, als der Präsident des ganzen Volkes verstand, sahen ihn viele vor allem als den Repräsentanten des »common man«, des gemeinen Mannes. Als solcher gerierte er sich auch durchaus während der acht Jahre seiner Amtszeit, und vor allem seine Rhetorik entsprach zumindest seiner eigenen Auffassung nach dieser Erwartung. Ein Beispiel hierfür war seine sozusagen offizielle Durchsetzung des »spoils system«. Mit den Worten »to the victor belong the spoils«, dem Sieger gebührt die Beute, verteidigte der New Yorker Senator William L. Marcy die zwar nicht neue, aber von Jackson mit Überzeugung praktizierte Methode, von seinen Vorgängern ernannte Bundesangestellte aus ihren Stellen zu werfen und diese mit eigenen Gefolgsleuten zu besetzen. Seine Rechtfertigung hierfür war, daß alle Bürger gleich qualifiziert seien für ein öffentliches Amt und daß durch Rotation der Bildung einer besitzbeanspruchenden Clique vorgebeugt würde.

Im Grunde konnten auch Dezentralisierung und die Betonung einzelstaatlicher Rechte Volksnähe dokumentieren. So legte Jackson sein Veto ein, als der Kongreß Bundesgelder für eine Straße in Kentucky bewilligte. Dazu mochte ihn freilich auch die Tatsache bewogen haben, daß Kentucky der Staat seines Rivalen Clay war. In einem anderen Fall bestärkte er den Staat Georgia, als dieser eine Entscheidung des amerikanischen Obersten Gerichts ignorierte; Georgia hatte den Cherokee rechtswidrig Land weggenommen und ignorierte deren vom Bund garantierte Souveränität. Ab 1835 wurden diese und andere Indianer dann mit Billigung Jacksons nach Westen umgesiedelt; auf dem sogenannten »Trail of Tears« (Pfad der Tränen) kamen Tausende durch die Strapazen und die Unmenschlichkeit der Bewacher um.

Jacksons Toleranz gegenüber einzelstaatlicher Selbstherrlichkeit hatte allerdings ihre Grenzen, wie sich in der sogenannten Nullifikationskrise zeigte. Schon mindestens eine Generation lang stritten die manufakturenreichen und deshalb protektionistisch eingestellten Nordstaaten mit den Südstaaten, die Tabak und Baumwolle exportierten und deshalb freihändlerisch dachten, um die Höhe des Zolltarifs. Als der Kongreß entgegen südlichen Erwartungen 1832 den Tarif nur unwesentlich senkte, verabschiedete man in South Carolina eine »Ordinance of Nullification«, welche die Erhebung der Zölle verbot. Dies stellte die Gesetzeshoheit des Bundes und damit letztlich die Existenz der Union in Frage, und hier ging Jackson nicht mehr mit. In einer Proklamation drohte er mit militärischer Unterstützung bei der Zollerhebung, und der Kongreß ermächtigte ihn zu entsprechendem Vorgehen. Da gleichzeitig der Tarif noch etwas gesenkt wurde, konnte South Carolina klein beigeben, ohne völlig das Gesicht zu verlieren. Weit und breit aber pries man Jackson, der durch festes Auftreten in einer Situation, welche die spätere Bürgerkriegskonstellation vorwegnahm, die Union zu festigen wußte.

Aber so lange der äußere Rahmen gesichert blieb, sah sich Jackson, wie gesagt, gern als Beschützer vor zentralistischer Machtusurpation. Der Wunsch nach solcher jedoch, und das war eine seiner fixen Ideen – eine andere war sein Haß auf die Briten, eine weitere seine Indianerfeindschaft –, beherrschte die Bank of the United States (BUS). Letztere war 1816 gegründet und auf 20 Jahre lizenziert worden, um die Währung zu stabilisieren, die Gelder des Bundes zu verwalten und sowohl dessen Kreditbedürfnisse als auch solche der Privatwirtschaft zu befriedigen. Jackson teilte seit je die im Westen verbreitete Ansicht, daß die BUS ihren enormen Einfluß in einer nur dem Bund zustehenden Weise ausübte und dies zum Vorteil der Finanzinteressen des Nordostens. BUS-Präsident Nicholas Biddle erahnte nach Jacksons Amtsantritt dessen feindselige Absichten und kam 1832, also vorzeitig, um Erneuerung seines Charters ein in der Hoffnung, das Unglück noch abzuwenden. Im Kongreß war er auch erfolgreich, aber Jackson legte sein Veto ein. Der Bankkrieg, wie die Öffentlichkeit die Auseinandersetzung bald nannte, zog sich dann durch die gesamte zweite Amtszeit Jacksons. Biddle unterstützte Jacksons politische Gegner finanziell; Jackson zog die Bundesgelder aus der Bank ab und deponierte sie in Banken der Einzelstaaten; dies löste vor allem im Westen eine spekulative Landkaufhausse aus, angeheizt von wilden Kreditvergaben und Papiergeldemissionen jener Banken; Jackson wußte sich dann nicht anders zu helfen, als durch das sogenannte Specie Circular (die Hartgeldverordnung) von 1836 Landverkäufe nur mehr gegen Gold oder Silber zuzulassen. Die hieraus resultierende Währungskontraktion war dann eine der Ursachen für die Finanzpanik von 1837, mit der sich freilich dann erst der nächste Präsident, Van Buren, herumschlagen mußte. Jackson aber hatte das Bankmonster erledigt, und Anfang der 1840er Jahre hauchte es nach einigem Siechtum sein Leben vollends aus.

Jackson war während seiner Amtszeit kein gesunder Mann. Er litt an Kopf- und Unterleibschmerzen, ein trockener Husten brachte öfters Blut hoch, und eine Pistolenkugel, die sich nach einem frühen Duell unterhalb seines Herzens festgesetzt hatte, verursachte ihm gelegentlich starke Beschwerden. Da seine Frau Rachel kurz vor seiner Präsidentschaft, wohl nicht zuletzt wegen der vielen Anfeindungen im Wahlkampf 1828, gestorben war, erfüllte eine ihrer Nichten die gesellschaftlichen Pflichten im Weißen Haus, bis Tuberkulose 1836 auch sie hinwegraffte. Jackson hatte schon im Jahr zuvor dafür gesorgt, daß sein Vizepräsident Van Buren der nächste Präsidentschaftskandidat der Demokratischen Partei wurde, und engagierte sich dann nach Kräften in dessen Wahlkampf. Nach Van Burens Amtseinführung zog er sich auf die Hermitage zurück. Als Van Buren 1840 abgewählt wurde, widmete sich Jackson der Förderung von James K. ↑Polk. Allerdings plagten ihn in seinen letzten Jahren immer weitere Gebrechen; auch Opiate vermochten die Schmerzen zum Schluß kaum mehr zu lindern, und so war sein Tod im 79. Lebensjahr schließlich eine Erlösung.

Zeitgenossen hatten Jackson nach der Mittelmäßigkeit seiner unmittelbaren Vorgänger als starken, ja großen Präsidenten wahrgenommen. Dieses Urteil hat sich weitgehend bis heute erhalten, in das sich noch die Erinnerung an den strahlenden Sieger von New Orleans mischt und auch ein vielleicht mißbilligender, aber trotzdem bewundernder Schauder vor dem unerbittlichen Indianerjäger und stahlharten Verteidiger der Ehre seiner Frau. In der Sicht der Historiker rechtfertigt jedenfalls die eigentliche Präsidentschaft respektvolle Anerkennung. Jackson verstand sich nicht nur als Sachwalter der Interessen der Allgemeinheit, sondern er hat sich auch kraftvoll, beharrlich und vielfach erfolgreich bemüht, die ihm hieraus erwachsenden Aufgaben zu erfüllen. Man würdigt besonders seine Standfestigkeit, mit der er die Union durch die Nullifikationskrise führte, und man vermerkt sein nachgerade modernes Bestreben, den Machtbereich des Präsidenten auf Kosten der Befugnisse des Kongresses zu mehren. Vor allem aber, so sehen es viele, kam mit ihm und durch ihn, den Mann des Volkes, das Volk erst wirklich zur Herrschaft über sich selbst. »The Age of Jackson«, das

Zeitalter Jacksons, sah demnach den eigentlichen Beginn der Demokratie in Amerika. Wenn diese Sicht berechtigt ist, muß man Jackson erhebliche Größe zurechnen.

Lit.: Robert V. Remini, *Andrew Jackson*. 3 Bde. (1977–84); Richard B. Latner, *The Presidency of Andrew Jackson* (1979); Donald B. Cole, *The Presidency of Andrew Jackson* (1993); Andrew Burstein, *The Passions of Andrew Jackson* (2004).

Martin Van Buren

8. Präsident (1837–1841)

Geboren	5.12.1782 Kinderhook, New York
Konfession	(Holländisch-)Reformiert
Heirat	21.2.1807 mit Hannah Hoes (1783–1819)
Kinder	Vier
Partei	Demokrat
Amtszeit	4.3.1837–4.3.1841
Gestorben	24.7.1862 Kinderhook, New York
Grab	Kinderhook, New York

Zeitgenossen nannten Martin Van Buren »The Little Magician« oder auch »The Fox of Kinderhook«. Beide Spitznamen, Zauberer und Fuchs, waren nicht notwendig schmeichelhaft gedacht, aber in beiden klang doch auch ein gehöriges Quantum Respekt mit für das Geschick, mit dem der so Bezeichnete von früh an auf der politischen Bühne und vor allem auch hinter deren Kulissen agierte. Von kleiner, wenn auch kräftiger Statur – er maß nur etwa 1,68 Meter –, aber voller Ambitionen, glaubte er, seine äußere Erscheinung durch sorgfältige, gelegentlich ans Geckenhafte rührende Kleidung aufwerten zu müssen. In wohlbedachtem Kontrast stach hiervon, besonders als mit fortschreitendem Alter die Stirn höher wurde, der ungeordnete Wust der noch verbliebenen Haare und des üppigen Backenbarts ab. Dem insgesamt sehr soignierten Exterieur entsprach die ausgesuchte Höflichkeit, mit der Van Buren seinen Mitmenschen begegnete. Freilich wurde diese dann von vielen in seiner Umgebung, und vielleicht nicht völlig zu Unrecht, als eines der Mittel verstanden, durch die er seine Ziele und Motivationen verborgen zu halten sich bemühte.

Wie sein Name vermuten läßt, waren die Vorfahren Van Burens aus den Niederlanden nach Amerika gekommen, einer davon sogar schon in den 1630er Jahren in das damals noch holländische Hudsontal. Hier, nicht unweit Albanys, besaß auch der Vater des späteren Präsidenten eine kleine Farm und betrieb nebenher eine Taverne. Die Mutter sorgte dafür, daß in der Familie holländisch gesprochen wurde; spätere Beobachter meinten, auch beim erwachsenen, englisch sprechenden Martin gelegentlich einen holländischen Akzent herauszuhören. Er und seine Anhänger legten jedenfalls Wert auf die Feststellung, daß er der erste Präsident sei, der als Amerikaner zur Welt kam. Hierzu mußte man freilich die Überzeugung hegen, daß die amerikanische Unabhängigkeit schon 1776 begann und nicht erst, wie wohl juristisch richtiger, mit der britischen Anerkennung im Frieden von Paris 1783.

Van Buren wurde mit 14 Jahren in eine juristische Lehre gegeben. 1808 fand er eine Stelle als »Surrogate«, eine Art Rechtspfleger, in einem Distrikt nahe seinem Geburtsort. Dies war eine Anerkennung dafür, daß er sich schon jahrelang bei den Demokratisch-Republikanern, also der Partei Thomas ↑Jeffersons und James ↑Madisons, nützlich gemacht hatte. Auch weiterhin blieb er als Parteimann aktiv. Seine eigentliche Belohnung erhielt er hierfür im Jahre 1812, als er für die Wahl in den Senat des Staates New York aufgestellt wurde und gewann.

Van Buren hatte sich eine Weile lang dem New Yorker Gouverneur DeWitt Clinton angeschlossen. Aber als man ihn 1821 in den amerikanischen Senat entsandte, machte er sich daran, eine eigene politische Hausmacht aufzubauen. Diese wurde bekannt als die »Albany Regency«, die Regentschaft in Albany. Zuerst eine lose Gruppierung, sollte sie in der Staatshauptstadt Albany Statthalterschaft ausüben für den oft in Washington weilenden Van Buren. Bald aber entwickelte sich hieraus eine Art Parteiorganisation. Die Mitglieder wurden, sobald Van Buren über Patronagemöglichkeiten verfügte, einerseits mit öffentlichen Posten bedacht, andererseits mußten sie von ihren Gehältern einen festgelegten Anteil abliefern. Dieses Kontributionssystem war zwar nicht Van Burens Erfindung, doch wurde es von ihm und seinen Parteigängern zu bis dahin nicht gekannter Perfektion ausgebildet.

Die New Yorker Organisation war eine wichtige Vorstufe der sich wenig später unter Andrew ↑Jackson konsolidierenden Demokratischen Partei, denn in dessen Lager schwenkte Van Buren in der zweiten Hälfte der 1820er Jahre ein. Nicht zuletzt seiner gewieften Bemühung war es zu verdanken, daß »Old Hickory« 1828 zum Präsidenten gewählt wurde. Dieser ernannte ihn daraufhin zum Außenminister. Van Buren dankte es ihm wiederum, indem er sich gegen Vizepräsident John C. Calhoun stellte, den harten Rivalen Jacksons aus South Carolina. Nicht zuletzt in der großenteils von Calhouns Ehefrau ausgelösten Affäre um Peggy Eaton, die schlecht beleumundete Ehefrau des Kriegsministers John H. Eaton, hielt er Jackson beinahe als einziger die Stange. Calhoun seinerseits sorgte dann freilich dafür, daß Van Buren, 1831 zum Gesandten in London ernannt und dorthin auch bereits abgesegelt, die notwendige Senatsbestätigung vorenthalten wurde.

Van Buren war ein Vollblutpolitiker und ein Meister des Intrigenspiels. Letzteres beherrschte er wohl besser als die Ausarbeitung großer und umfassender Konzepte, doch Jackson hielt große Stükke auf ihn und bemühte sich nach Kräften, ihn als seinen Nachfolger aufzubauen. So wurde Van Buren von den Demokraten schon 1835 offiziell für die Präsidentschaftskandidatur im Wahljahr 1836 nominiert. Die Gegenpartei der Whigs leistete seinem Erfolg durch ihr Ungeschick dann Vorschub. Sie stellte vier regionale Kandidaten auf in der Hoffnung, daß damit keiner der Bewerber eine Wahlmännermehrheit erhalten und die Entscheidung dann verfassungsgemäß im Repräsentantenhaus getroffen würde. Doch Van Buren gewann 170 von 294 Wahlmännerstimmen und damit das hohe Amt.

Als Präsident vollbrachte Van Buren keine großen Taten. Dies mochte an den Zeitumständen liegen, aber teilweise gewiß auch an seiner abwägenden und vorsichtigen Natur. Bezeichnend hierfür war sein Verhalten in der allmählich politische Prominenz gewinnenden Sklavereifrage. Nicht aus Überzeugung, sondern um den

Süden nicht zu vergrätzen, versicherte er die dortigen Wähler ihres Rechts, über die Sklaverei auf Staatenebene zu entscheiden; und er stellte sich gegen die Abschaffung des Sklavenhandels im Bereich der Bundeshauptstadt Washington. Andererseits unterstützte er das Verlangen nach Eingliederung der Republik Texas in die Vereinigten Staaten nicht, da diese die Zahl der Sklavereistaaten in der Union erhöht hätte. Hinwiederum führte er einen kostspieligen Krieg gegen die Seminolen, ein Indianervolk im Territorium Florida, was viele Sklavereigegner im Norden als Vorspiel zur Aufnahme des Sklavereistaates Florida in die Union deuteten.

Van Burens Tendenz, möglichst keine eindeutigen Standpunkte einzunehmen, trat vor allem auch in seinem Verhalten gegenüber dem schwierigsten Problem seiner Amtszeit hervor, der 1837 einsetzenden Wirtschaftsdepression. Eifriger Anhänger Jacksons, hatte er dessen Fehde gegen die Bank of the United States und deren schließlich erfolgte Entmachtung unterstützt. Die Finanzpanik der späten 1830er Jahre erwies jedoch die Fragwürdigkeit jenes Vorgehens. Unwillig, dies einzugestehen, konnte er dann aber doch nicht umhin, wenigstens eine halbherzige Hilfsmaßnahme zu ergreifen. 1840 brachte er den sich lange sträubenden Kongreß dazu, das Independent Treasury System zu etablieren, eine Art Bundesvermögensverwaltung, durch welche die Regierung ihre Finanzen am Kapitalmarkt selbst einsetzen konnte. Dies war freilich die einzige – und vorerst wirkungsarme – Aktion der Exekutive zur Linderung der Not. Deflation, Arbeitslosigkeit in den wachsenden Industriestädten des Nordostens und Mißernten in der Landwirtschaft vermochten Van Buren nicht dazu zu bewegen, von der vorherrschenden Doktrin abzuweichen, daß die Regierung sich der Intervention in der Wirtschaft zu enthalten habe.

So schrumpfte die Popularität des Präsidenten von Jahr zu Jahr. Zwar konnte seine Demokratische Partei nicht anders, als ihn 1840 auf ihrem Parteitag in Baltimore, wenn auch in gedrückter Stimmung, erneut als Kandidaten aufzustellen. Aber die Whigs hatten aus ihrer Niederlage 1836 gelernt und nominierten nun als einzigen Bewerber William H. ↑Harrison, einen ihrer vormaligen Hoffnungsträger. Dieser gewann die Wahl mit nur geringer Wählerstimmen-, aber überwältigender Wahlmännermehrheit, und ab März 1841 war Van Buren mit 59 Jahren wieder Privatmann.

Vielleicht wäre dem Vollblutpolitiker das Privatisieren leichter gefallen, wäre seine Frau Hannah noch bei ihm gewesen. Sie hatte ihm fünf Söhne geboren, von denen vier überlebten. Aber sie war, noch nicht 36jährig, schon 1819 gestorben, und er hatte danach nicht wieder geheiratet. Im Weißen Haus hatte Angelica Singleton Van Buren, die Gattin seines ihm als Sekretär dienenden ältesten Sohnes, die unumgänglichen Pflichten einer First Lady erfüllt. Sie hatte dies sehr wohl vermocht, entstammte sie doch einer quasiaristokratischen südkarolinischen Pflanzerfamilie und war von der ihr verwandten Dolley Madison, der Witwe des ehemaligen Präsidenten, in die feine Washingtoner Gesellschaft eingeführt worden. Aber solchen Umgangs ermangelte Van Buren nun nach seiner Abwahl, und so tat er weiterhin das, was ohnehin seine Leidenschaft seit eh gewesen war; er blieb politisch tätig.

Von seinem Geburtsplatz Kinderhook aus, wohin er sich zurückzog, versuchte Van Buren immer noch die Fäden der großen Politik zu spinnen. Im Wahljahr 1844 gelang es ihm auch, die Mehrheit der Delegierten auf dem Nominierungsparteitag der Demokraten hinter sich zu bringen. Die erforderliche Zweidrittelmehrheit erreichte er aber nicht, da sein Widerstand gegen die Aufnahme von Texas die Süddelegierten verärgerte, und die Nominierung ging an James K. ↑Polk. Selbst vier Jahre später wollte er sein Glück nochmals erzwingen. Seine alten Parteifreunde waren hierfür allerdings nicht mehr zu haben. Aber die neue Partei der Free Soilers zeigte sich erfreut, das alte Streitroß für sich in den Wahlkampf zu schikken. Eine echte Chance besaß er natürlich nicht, und er vereinte nur klägliche 10 Prozent der Stimmen auf sich. Bei Ausbruch des Bürgerkriegs stellte er sich dann um der Union willen hinter Präsident Abraham ↑Lincoln, starb aber schon ein Jahr später an Herzversagen.

Van Buren war ein Epigone. Wohingegen sein Vorgänger und Ziehvater Jackson willensstark und eigenwillig seinen Weg ging, vermochte sich Van Buren weder so wirkungsvoll wie dieser als Mann des Volkes in Szene zu setzen, noch je eigentlich aus dessen

Schatten herauszutreten. Er war zweifelsohne ein begabter politischer Manipulator, doch reichte dies nicht aus, um die großen Aufgaben seiner Präsidentschaft, besonders die Bekämpfung der Wirtschaftsrezession und die Lösung der Texasfrage, erfolgsträchtig anzugehen. Seine Versuche in den 1840er Jahren, post festum nochmals zu politischer Geltung zu gelangen, wirkten dann fast bemitleidenswert.

Lit.: James C. Curtis, *The Fox at Bay: Martin Van Buren and the Presidency, 1837–1841* (1970); Major L. Wilson, *The Presidency of Martin Van Buren* (1984); Joel H. Silbey, *Martin Van Buren and the Emergence of American Popular Politics* (2002); Ted Widmer, *Martin Van Buren* (2005).

William Henry Harrison

9. Präsident (1841)

Geboren	9.2.1773 Charles City County, Virginia
Konfession	Episkopalkirche (anglikanisch)
Heirat	25.11.1795 mit Anna Tuthill Symmes (1775–1864)
Kinder	Zehn
Partei	Whig
Amtszeit	4.3.1841–4.4.1841
Gestorben	4.4.1841 Washington, D. C.
Grab	North Bend, Ohio

Ihr Kandidat William Henry Harrison sei in einer Blockhütte geboren worden, verbreiteten seine Anhänger im Präsidentschaftswahlkampf des Jahres 1840, und er wohne noch immer in einer solchen und trinke »hard cider«, also hochprozentigen Apfelmost, ganz wie das gewöhnliche Volk. Sie wandelten damit eine Behauptung ab, die ein Journalist in unfreundlicher Absicht in die Welt gesetzt hatte. In jedem Fall war es der reine Schwindel. Der Kandidat war zwar in Virginia auf dem Lande geboren worden, aber in einer dreistöckigen herrschaftlichen Plantagenresidenz als Sohn wohlbetuchter Eltern; sein Vater war sogar einer der Unterzeichner der Unabhängigkeitserklärung gewesen. Und er hielt sich 1840 nur höchst selten in einer Blockhütte auf, wenn auch sein solides Gutshaus in Ohio einen solchen Anbau besaß.

Die Propagandisten Harrisons mochten Erfundenes behaupten, aber sie und vielleicht auch der freigebig ans Wahlvolk ausgeschenkte Cider brachten das gewünschte Resultat. Harrison wurde mit solider Mehrheit gewählt und war damit der erste Präsident aus der als Gegengruppierung zu den Demokraten erst wenige Jahre zuvor gegründeten Whig-Partei. Bis zu seiner Aufstellung als Kandidat hatte er einen langen Weg durchlaufen müssen. Er hatte zwar etwas Schul- und Collegebildung genossen, aber Studien waren seine Sache nicht gewesen, und so war er mit 18 Jahren zum Militär gegangen. In den 1790er Jahren wurde er im Indianergebiet jenseits der Appalachen eingesetzt, wo er sich als mutiger Soldat bewährte. 1795 heiratete er heimlich gegen den Willen ihres vermögenden Vaters die wohlerzogene Anne Symmes, die ihm dann zehn Kinder schenkte. Er brachte es zum Hauptmann, bis er 1798 die Uniform auszog, sich mit seiner Familie im späteren Ohio niederließ und der Politik zuwandte.

Harrison war von da an zeit seines Lebens auf der Postenjagd. Aufs ganze gesehen, hatte er hierin trotz einiger Rückschläge recht ordentlichen Erfolg. Im Jahre 1800 ernannte ihn Präsident John ↑Adams zum Gouverneur des Indiana-Territoriums, aus dem später unter anderem die Staaten Indiana, Illinois und Wisconsin hervorgingen. Die Aufgabe, das Land der Siedlung zu öffnen, bewältigte er tatkräftig. Freilich kam es auch zum wohl unvermeidbaren Konflikt mit den Indianern. 1811 am Tippecanoe-Flüßchen und, nach Ausbruch des Krieges von 1812 mit Großbritannien, auf der kanadischen Ontariohalbinsel an der dortigen Thames schlug er sie nachhaltig. Während der nächsten Jahre hielt er sich auf seiner Farm auf, unterbrochen von Perioden öffentlichen Dienstes. So saß er 1816–1819 als Abgeordneter für Ohio im Kongreß, 1819–1821 als Senator im Senat von Ohio, 1825–1828 im amerikanischen Senat. 1828 von Präsident John Quincy ↑Adams zum Gesandten in Kolumbien ernannt, wurde er schon im nächsten Jahr von dessen Demokratischem Nachfolger Andrew ↑Jackson wieder zurückgeholt. 1836 stellten ihn die Whigs als einen von vier Präsidentschaftskandidaten auf. Da diese Taktik erfolglos blieb, versuchte man es vier Jahre später mit ihm allein. Die zahlreich wie nie zuvor zur Abstimmung gehende Wählerschaft – es gab eine Beteiligung von über 80 Prozent – wählte »Old Tippecanoe« mit achtbarer Mehrheit. Seine Antrittsrede am 4. März 1841 dauerte zwei Stunden, eine der längsten in der amerikanischen Geschichte. Er hätte sie besser kürzer gehalten, denn im feuchtkalten Vorfrühlingswetter holte er sich eine Lungenentzündung, die ihn wenige Wochen später dahinraffte.

Lit.: Dorothy Burne Goebel, *William Henry Harrison: A Political Biography* (1926); Freeman Cleaves, *Old Tippecanoe: William Henry Harrison and His Time* (1939); Norma Lois Peterson, *The Presidencies of William Henry Harrison & John Tyler* (1989).

John Tyler

10. Präsident (1841–1845)

Geboren	29.3.1790 Charles City County, Virginia
Konfession	Episkopalkirche (anglikanisch)
Heirat	29.3.1813 mit Letitia Christian (1790–1842); 26.6.1844 mit Julia Gardiner (1820–1889)
Kinder	Acht (erste Frau); sieben (zweite Frau)
Parteien	Demokrat; Whig
Amtszeit	6.4.1841–4.3.1845
Gestorben	18.1.1862 Richmond, Virginia
Grab	Richmond, Virginia

Die Nachricht vom Tod Präsident William H. ↑Harrisons brachte ein durch die Nacht reitender Bote bei Sonnenaufgang zur Plantage John Tylers in Virginia. Der aus dem Schlaf geschreckte Vizepräsident hastete auf Pferderücken und Flußboot in 21 Stunden nach Washington und wurde in einem Hotel sofort auf das höchste Amt im Lande vereidigt. Er mußte sich nicht nur persönlich einigermaßen unversehens in sein neues Amt hineinfinden. Es galt auch noch, den genauen Umfang seiner Vollmachten zu definieren. Denn Tyler war als erster Präsident nicht als solcher gewählt worden, sondern trat durch den Tod seines Amtsvorgängers an dessen Stelle. Zwar erwies er sich dann dieser Herausforderung einigermaßen gewachsen, doch fiel es ihm nicht leicht, sich durchzusetzen. Sein politischer Werdegang war recht erratisch verlaufen, und es fehlte ihm eine solide Klientel von politischen Gefolgsleuten, auf die er sich hätte stützen können. Auch zeigte er sich persönlich zu halsstarrig und dabei gleichwohl unberechenbar, um sich das Vertrauen der Hauptstadtelite doch noch zu verschaffen.

Dabei war Tyler durch Herkunft und Karriere durchaus ebenso gut auf das höchste Amt vorbereitet wie mehrere seiner Vorgänger. Seine Eltern gehörten zur Pflanzeraristokratie Virginias; sein Vater war zeitweilig sogar Gouverneur des Staates gewesen. Er selbst studierte am noblen College of William and Mary und wurde nach zwei Jahren Juraausbildung 1809 als Rechtsanwalt zugelassen. Bereits 21jährig in das Parlament von Virginia gewählt, saß er dort bis 1816 und nach einem Intervall im amerikanischen Repräsentantenhaus (1816–1821) wieder ab 1823. 1825 wurde er Gouverneur seines Staates, ab 1827 vertrat er diesen im amerikanischen Senat.

Als Politiker machte sich Tyler rasch einen Namen als strikter Konstruktionist, das heißt als Anhänger der Doktrin, daß die Bundesregierung nur diejenigen Vollmachten besitzt, die ihr direkt durch die Verfassung zugeschrieben werden, während alle anderen Fragen in die Kompetenz der Einzelstaaten fallen. Dementsprechend stellte er sich in den 1830er Jahren in der Bankenfrage auf die Seite Präsident Andrew ↑Jacksons. Als prinzipientreu bekannt, wurde er trotzdem 1836 von der Whig-Partei als einer ihrer Vizepräsidentschaftskandidaten aufgestellt. In der Wahl siegte dann allerdings der Demokrat Martin ↑Van Buren. Aber vier Jahre später griff man wiederum auf ihn zurück, diesmal, damit er als südliches Gegengewicht gegen den als Vertreter des Westens geltenden Harrison fungieren konnte. Harrison wurde gewählt, und Tyler war damit dessen Vizepräsident.

Es gab im Kongreß damals starke Kräfte, die aus konstitutionellen und politischen Bedenken heraus, aber wohl auch aus persönlicher Mißgunst Tyler die Ausübung des ihm nach Harrisons Tod zugefallenen Amtes zu erschweren suchten. Da die Verfassung die Modalitäten einer solchen Nachfolge nicht explizit regelte, suchten ihn manche lediglich als »acting president«, also nur als Amtsvertreter, anerkannt zu sehen.

Besonders die führende Persönlichkeit der Whigs, der in Kentucky beheimatete, ambitionierte Senator Henry Clay, fürchtete zu Recht um die Durchführung diverser ihm am Herzen liegender Infrastrukturmaßnahmen. Als Tyler zweimal sein Veto einlegte gegen eine Gesetzesvorlage zur Wiedererrichtung der unter Jackson stillgelegten Nationalbank, veranlaßte Clay im September 1841 alle Kabinettsmitglieder Tylers zum Rücktritt; nur der in schwierigen Verhandlungen mit Großbritannien befangene Außenminister Daniel Webster blieb im Amt. Tyler selbst jedoch, dessen Rücktritt man sich nun ebenfalls erhoffte, berief ungerührt ein neues Kabinett. Daraufhin schlossen ihn die Whigs aus ihrer Partei aus, und der Präsident war von da an parteilos.

Vielleicht mehr Aufmerksamkeit als die gesetzgeberischen Auseinandersetzungen erregte während Tylers Amtszeit freilich die Explosion auf der »Princeton«. Ende Februar 1844 inspizierten der Präsident und andere Würdenträger dieses hochmoderne Kriegsschiff, das erste der amerikanischen Marine, das von einer Heckschraube angetrieben wurde. Als man den Potomac hinunterfuhr, feuerte die Mannschaft zu Schauzwecken die »Peacemaker« ab, das damals größte Marinegeschütz. Beim dritten Schuß explodierte das Geschoß im Rohr. Tyler befand sich zufällig unter Deck, doch sein Kriegsminister, sein Marineminister und mehrere andere starben bei dem Unfall.

Zu diesem Zeitpunkt war eine der beiden wichtigen außenpolitischen Aktionen während Tylers Regierung schon abgeschlossen. Unter tatkräftiger Assistenz des Präsidenten war es Webster noch 1842 gelungen, mit dem britischen Sondergesandten Baron Ashburton einen Vertrag über strittige Teile der Grenzlinie zwischen Maine und dem in der Mitte des Kontinents gelegenen Lake of the Woods auszuhandeln und außerdem noch einige Schiffahrtsfragen zu klären.

Die andere Maßnahme – deren Erfolg Tyler mit besonderem Stolz erfüllte – war die Annexion von Texas. Diese Republik hatte seit ihrer Loslösung von Mexiko 1835 auf den Anschluß an die Vereinigten Staaten gewartet. Vor allem in deren Norden gab es aber erhebliche Widerstände, da man die texanische Sklavenhalterei mißbilligte und überhaupt eine Stärkung des amerikanischen

Südens verhindern wollte. So wurde ein 1844 ausgehandelter Vertrag vom Senat nicht angenommen. Als aber im Herbst James K. ↑Polk die Präsidentschaftswahl mit einem expansionistischen Programm gewann, konnte das als Zeichen gelten, daß die öffentliche Meinung nun günstig gestimmt war. Auf Veranlassung Tylers hin, der selbst Sklavenhalter war, beschloß der Kongreß die Aufnahme von Texas durch eine gemeinsame Resolution beider Häuser, wodurch der Senat umgangen wurde. Drei Tage vor dem Ende seiner Amtszeit unterzeichnete er das Dokument.

Tyler war persönlich, obwohl es ihm an politischen Gegnern nicht mangelte, kein unsympathischer Mensch. Er führte ein offenes Haus, in dem er seine Gäste des öfteren mit gekonntem Geigenspiel unterhielt. Seine erste Frau Letitia, mit der er acht Kinder hatte, begleitete ihn dabei manches Mal auf der Gitarre. Zwei Jahre nach deren Tod heiratete er die dreißig Jahre jüngere Julia Gardiner, die ihm weitere sieben Kinder schenkte. Mit ihr zusammen verlebte er seinen Ruhestand auf seiner Plantage in Virginia. Die Sezession der Südstaaten brachte ihn ins politische Leben zurück. Er ließ sich ins Abgeordnetenhaus der Konföderation wählen, doch starb er noch vor dessen erster Sitzung an einem Gallenleiden. Man erinnert sich seiner nicht als eines großen Präsidenten, dazu war er zu unflexibel. Aber seine Amtsführung hat das Prinzip etabliert, daß ein ins Präsidentenamt aufrückender Vizepräsident mit der vollen Macht des Amtes regieren kann. Und er hat die Aufnahme von Texas erreicht, sowie die Grenze zum nördlichen Nachbarn hin geklärt. Dieses sind keine ganz gering zu schätzenden Leistungen.

Lit.: Oliver Perry Chitwood, *John Tyler: Champion of the Old South* (1939); Robert J. Morgan, *A Whig Embattled: The Presidency under John Tyler* (1954); Norma Lois Peterson, *The Presidencies of William Henry Harrison & John Tyler* (1989).

James Knox Polk

11. Präsident (1845–1849)

Geboren	2.11.1795 Mecklenburg County, North Carolina
Konfession	Presbyterianer; Methodist
Heirat	1.1.1824 mit Sarah Childress (1803–1891)
Kinder	Keine
Partei	Demokrat
Amtszeit	4.3.1845–4.3.1849
Gestorben	15.6.1849 Nashville, Tennessee
Grab	Nashville, Tennessee

Präsident James Knox Polk hatte schon vor seiner Wahl erklärt, daß er nur eine einzige Amtszeit lang im Weißen Haus bleiben werde. Und kurz nach seinem Amtsantritt im März 1845, so berichtete später Marineminister George Bancroft, habe er ihm, sich auf den Schenkel klopfend, die vier Hauptziele seiner Regierung genannt: eine spürbare Zollsenkung; die Neuetablierung des Independent Treasury System; die Lösung des Oregonproblems; und den Erwerb Kaliforniens. Polk hat diese Vorhaben durchgeführt und gilt seither als einer der erfolgreichsten und effizientesten Präsidenten der amerikanischen Geschichte.

Wie manche seiner Amtsvorgänger und -nachfolger kam Polk aus anfangs bescheidenen Verhältnissen. Er war das erste von zehn Kindern eines nordkarolinischen Farmerehepaars, das bald nach James' Geburt in das damals noch sehr unbehauene, fast noch an der Grenze der Zivilisation zur Wildnis hin liegende mittlere Tennessee zog. Da der Vater dort von Landspekulationen profitierte und schließlich über 50 Sklaven besaß, konnte der nicht sehr kräftige und für die Landwirtschaft recht untaugliche Junge zur Schule geschickt werden. Zwei Anekdoten werfen Licht auf das Leben in seiner Jugend. Bei der Taufe, oder vielmehr dem ersten Anlauf hierzu, geriet sein Vater mit dem presbyterianischen Geistlichen in ein Wortgefecht, das in Streit ausartete; wutentbrannt stapfte er aus der Kirche, gefolgt von der schluchzenden Mutter mit dem noch ungetauften Säugling auf dem Arm. Erst auf dem Sterbebett erhielt Polk dann schließlich das Sakrament doch noch administriert. Dem Tode nahe kam er allerdings schon mit sechzehn Jahren, als man als Ursache ständiger Schmerzen Gallensteine bei ihm entdeckte. Ohne andere Anästhesie als einem ordentlichen Schluck Whiskey wurde er auf einen Holztisch gelegt, wo ein mutiger Chirurg dann die Entfernung derselben vollzog. Wider Erwarten überlebte Polk die Prozedur.

Seine gestärkte Gesundheit erlaubte dem jungen Mann dann zügige Studien, zuletzt auf der University of North Carolina. Nach juristischer Lehrzeit und Zulassung als Rechtsanwalt ließ er sich 1820 in Columbia, Tennessee nieder. Ein befreundeter Politiker hatte ihm dort schon 1819 den Schriftführerposten im Staatssenat verschafft. Vier Jahre später wurde er selbst in das Staatsparlament gewählt, 1825 dann auch in das amerikanische Repräsentantenhaus.

Polk hatte inzwischen verstanden, was für ihn das Geheimnis des nunmehr resolut angestrebten politischen Erfolges sein mußte. Selbst kein origineller Denker und auch keine Führernatur, fuhr er am besten, wenn er sich der Mehrheitsmeinung anschloß. Er erkannte schon früh, daß in den späten 1820er und den 1830er Jahren der General und spätere Präsident Andrew ↑Jackson diese am ehesten verkörperte. Und so wurde er dessen unbedingter Gefolgsmann, dem er durch dick und dünn anhing und durch dessen Protektion er dafür dann letztlich selbst das höchste Amt erreichte.

Die Zusammenarbeit mit Jackson begann schon kurz nach der umstrittenen Wahl von John Quincy ↑Adams zum Präsidenten 1824. Polk zog ins Repräsentantenhaus ein mit dem festen Entschluß, den ja ebenfalls in Tennessee beheimateten Jackson nach Kräften zu unterstützen. Er nahm Stellung gegen Adams' Panamakongreßabsichten, Hochzollpolitik und Maßnahmen zur Verbesserung der Infrastruktur. Im Wahljahr 1828 zog er unermüdlich für Jackson durchs Land, hielt unzählige Wahlkampfreden und erwarb das uneingeschränkte Vertrauen seines Favoriten. Während dessen erster Amtszeit profilierte er sich als prominentester Vorstreiter im Kampf gegen die Bank of the United States. Im Skandal um Peggy Eaton, die Gattin des Kriegsministers, hielt er zu Jackson, selbst auf die Gefahr eines ernsthaften Zerwürfnisses mit seiner eigenen Frau Sarah hin. Zur Belohnung wurde er 1835 zum Speaker, also zum Präsidenten, des Repräsentantenhauses gewählt.

Polk hatte 1824, noch bevor er nach Washington ging, Sarah Childress geheiratet, die Tochter eines vermögenden Pflanzers in Tennessee. Sie begleitete seine politische Karriere mit Hingabe, ja Begeisterung. Da sie eine gute Bildung erhalten hatte und das Ehepaar kinderlos blieb, bewegte sie sich gern und rege auf dem politischen Parkett. Sie gab ihrem Mann Ratschläge und gelegentlich auch Direktiven, so daß der spätere Vizepräsident George M. Dallas einmal meinte bemerken zu sollen, daß sie gewiß sich selbst gut beherrsche und »vermutlich noch jemanden anderen«. Fromme Presbyterianerin, die sie war, weigerte sie sich entgegen Jacksons ausgesprochenem Wunsch, mit der anrüchigen Peggy Eaton gesellschaftlich zu verkehren. Während Polks Präsidentschaft verbannte sie Spirituosen, Kartenspiel und Tanz aus dem Weißen Haus; lediglich zu Staatsdinners durfte wenigstens Wein serviert werden. Da sie und ihr Mann sich aber im Grunde über die Erfüllung ihrer Wünsche einig waren, ertrugen sie einander voll guten Willens.

Ende der 1830er Jahre eroberten die Gegner Jacksons die Mehrheit im Parlament von Tennessee. Polk gab seinen Speakerposten in Washington auf und bewarb sich um die Stelle des Gouverneurs in seinem Heimatstaat. 1839 wurde er prompt gewählt, aber 1841 und 1843 verlor er. Nichtsdestoweniger handelte man ihn 1844 in der Demokratischen Partei als möglichen Vizepräsidentschaftskandidaten, denn, zurückhaltend und verschwiegen wie er war, hatte er sich dort zwar nur wenige Freunde, aber auch kaum Feinde gemacht. Der aussichtsreichste Mann für die eigentliche Präsidentschaftskandidatur, der vormalige Präsident Martin ↑Van Buren, verpatzte seine Chance, als er sich gegen die baldige Annexion der Republik Texas stellte. Andere Bewerber wurden auf dem Parteitag in mehreren Wahlgängen aufgerieben. Im neunten Wahlgang aber explodierte die Stimmung zu Polks Gunsten, und er wurde von 233 der 264 votierenden Delegierten aufgestellt.

Polk war der erste »dark-horse«-Kandidat einer großen Partei, also einer, der aus dem »Dunkeln« kam, in der amerikanischen Geschichte. Den eigentlichen Wahlkampf mußte er gegen Henry Clay führen, den großen alten Mann der Whigs. Das Glück war mit ihm, denn im ausschlaggebenden Staat New York zog ein unbedeutender Mitbewerber so viele Stimmen auf sich, daß Clay wider Erwarten den Staat verlor und Polk mit knapper Mehrheit die Gesamtwahl gewann.

Die noch unter seinem Vorgänger John ↑Tyler beschlossene Annexion von Texas war sozusagen die Initialzündung für den Ablauf des dann von Polk durchgeführten großen Expansionsprogramms. Die Aufnahme des neuen Staates wurde im Dezember 1845 offiziell vollzogen. Mehr Geschick erforderte die Lösung der Oregonfrage. In das seit 1818 von den Vereinigten Staaten und Großbritannien gemeinsam verwaltete Gebiet strömten immer mehr Siedler. Polk hatte vor seiner Wahl die Übernahme des gesamten Oregongebiets gefordert. Großbritannien weigerte sich jedoch standhaft, und manche sprachen schon von Krieg. Da beschied sich Polk mit einer Teilung. Der 49. Breitengrad, bislang die Grenze zwischen Britisch-Nordamerika und den USA bis zu den Rocky Mountains, wurde 1846 durch Vertrag bis zum Pazifik hin als Grenze anerkannt.

Auch innenpolitisch hielt sich Polk an die von ihm selbst aufgestellten Forderungen. Das unter Van Buren eingerichtete, aber unter Tyler bereits 1841 wieder abgeschaffte Independent Treasury System wurde 1846 erneut etabliert und hat dann bis ins 20. Jahrhundert hinein der Verwaltung der Bundesfinanzen gedient. Im gleichen Jahr setzte Polk eine substantielle Zollsenkung durch.

Diese kam, und das war die Absicht, dem zum Freihandel hin tendierenden Süden zugute. Dem protektionistisch gesinnten Nordosten der Nation mit seiner Industrie ging diese Maßnahme freilich wider den Strich, was zur Intensivierung des sich allmählich entwickelnden Nord-Süd-Konflikts beitrug.

Eine weitere Eskalierung dieses Konflikts kam durch Polks größte Tat, den Erwerb des Gebiets zwischen Texas und der Pazifikküste. Die Grenze der vormaligen Republik Texas nach Mexiko hin war nicht eindeutig festgelegt gewesen. Nach der amerikanischen Annexion von Texas beäugten Amerikaner und Mexikaner einander eine kurze Weile lang über den strittigen Grenzstreifen hinweg – es ging letztlich um ein sehr ausgedehntes Territorium –, bis sich Polk entschloß, Druck auszuüben. Er bot der mexikanischen Regierung an, New Mexico und Kalifornien zu kaufen; er präsentierte ihr einige fragwürdig begründete Geldforderungen; und er befahl dem amerikanischen Heer den Einmarsch in das umstrittene Grenzgebiet. Die Mexikaner kamen ihm nicht entgegen. Als es zu einem Scharmützel zwischen amerikanischen und mexikanischen Soldaten kam, verlangte Polk vom Kongreß eine Kriegserklärung und erhielt sie im Mai 1846. Das amerikanische Militär mußte rasch auf Kampfstärke gebracht werden, hatte dann aber keine große Mühe, den schlecht organisierten und ausgerüsteten Gegner zu besiegen. Im Februar 1848 erhielten die Vereinigten Staaten im Frieden von Guadalupe Hidalgo das Gebiet bis zum Pazifik hin übertragen.

Die Rechtmäßigkeit von Polks Handeln in der mexikanischen Frage ist bis heute umstritten. Entsprechende Zweifel beeinträchtigten aber kaum den damaligen Jubel der großen Mehrheit der Amerikaner, die sich auf dem Weg zur Erfüllung des »Manifest Destiny« ihrer Nation, des Auftrags zur Beherrschung des nordamerikanischen Kontinents, ein essentielles Stück vorangebracht sahen. Lediglich im Norden des Landes hörte man bedenkliche Stimmen. Würden die neuen Gebiete der Sklaverei geöffnet werden? Und würde dieses Problem nicht zu einer Zerreißprobe der Nation werden müssen?

Den Präsidenten selbst brauchte solches Überlegen nicht mehr lange zu kümmern. Seinem Versprechen gemäß trat er zu einer möglichen Wiederwahl nicht mehr an. Völlig erschöpft von seinen Amtsgeschäften, zog er sich in sein geliebtes Tennessee zurück. Schon wenige Monate später starb er, noch nicht 54jährig, an einer Diarrhöe.

Lit.: Charles G. Sellers, *James Knox Polk.* 2 Bde. (1957–66); Charles Allen McCoy, *Polk and the Presidency* (1960); Paul H. Bergeron, *The Presidency of James K. Polk* (1987); John Seigenthaler, *James K. Polk* (2004).

Zachary Taylor
12. Präsident (1849–1850)

Geboren	24.11.1784 Orange County, Virginia
Konfession	Episkopalkirche (anglikanisch)
Heirat	21.6.1810 mit Margaret Mackall Smith (1788–1852)
Kinder	Sechs
Partei	Whig
Amtszeit	5.3.1849–9.7.1850
Gestorben	9.7.1850 Washington, D.C.
Grab	bei Louisville, Kentucky

Wenn man wollte, könnte man Zachary Taylor als ein weiteres Glied in der Kette der virginischen Präsidenten betrachten, wurde er doch wie insgesamt die Hälfte der ihm im Amt Vorausgegangenen in eine wohlhabende Familie Virginias geboren. Doch er gilt als Mann des Westens, denn seine Eltern zogen just zum Zeitpunkt seiner Geburt über die Appalachen, wo sie sich dann im noch recht unbehauenen Kentucky eine Farm aufbauten. So kam es, daß der junge Zack wenig formale Schulung genoß, aber den an der Grenze zur Wildnis eher gefragten Umgang mit Pferd und Flinte bestens erlernte. Das lag ihm wohl ohnehin mehr. 24jährig trat er ins amerikanische Heer ein und blieb dann ein Leben lang – ein ganz kurzes ziviles Intermezzo ausgenommen – mit Leib und Seele Soldat.

Schon im Krieg von 1812 wurde Taylor gegen die mit Großbritannien verbündeten Indianer eingesetzt; Tapferkeit und Organisationstalent brachten ihm die Beförderung vom Leutnant zum

Major. Danach mußte er freilich den mühsamen Weg des Karriereoffiziers absolvieren. Einsätze gegen die Indianer im damaligen Westen – dem heutigen Mittelwesten – und im unruhigen Florida wechselten mit weniger ereignisreichen Perioden ab. 1832 wurde er Oberst, 1838 Brigadegeneral. »Old Rough and Ready«, der sein Äußeres gern vernachlässigte und auch schon mal bei der Truppeninspektion seitwärts auf dem Pferd sitzend ein Bein um den Sattelknopf hängen ließ, war bei seinen Soldaten nicht unbeliebt. Durch all seine Stationierungen in rauhen Gegenden begleitete ihn treu und ergeben seine eher zarte Frau Margaret. Peggy, wie sie allgemein genannt wurde, stammte aus dem schon sehr zivilisierten Maryland und hatte den jungen Leutnant bei einem Besuch in Kentucky kennengelernt.

Bewegung kam in Taylors Leben, als Mitte der 1840er Jahre die Texasfrage akut wurde. Mexiko hatte den Verlust dieses Territoriums noch nicht ganz verwunden. Der expansionistische amerikanische Präsident James K. ↑Polk gedachte seinerseits, soviel Gebiet wie möglich zu gewinnen. Strittig war vor allem der breite Grenzstreifen zwischen dem östlichen Fluß Nueces und dem westlicher gelegenen Rio Grande.

Taylor kommandierte damals die amerikanischen Truppen im Südwesten. Nach der offiziellen Annexion von Texas durch die Vereinigten Staaten 1845 befahl ihm Polk, das Gebiet bis zum Rio Grande zu besetzen. Als Taylor dort erschien, attackierten ihn die Mexikaner im April 1846. Der amerikanische Kongreß erklärte Mexiko den Krieg. Taylor bewährte sich als Heerführer so bravourös, daß er damit den Grundstein für seine spätere Präsidentschaft legte. Zwar schrieb er bescheiden die Einnahme des mexikanischen Monterrey 1846 und den Sieg bei Buena Vista 1847 der Überlegenheit seiner Artillerie zu; aber die amerikanische Öffentlichkeit sah in ihm den Helden, der nicht nur das texanische Gebiet gesichert, sondern die gewaltige Ausdehnung bis zum Pazifik hin vorbereitet hatte. Beim Friedensschluß 1848 war er der populärste Mann im triumphierenden Amerika.

Der General hatte sich bisher unpolitisch gegeben und behauptete sogar, nie gewählt zu haben. Aber die Whigs hatten schon seit

1846 mit dem Gedanken gespielt, mit ihm als Präsidentschaftskandidaten wieder an die Macht zu kommen. Nützlich war hierbei, daß er sich bislang nicht durch unvorsichtige Äußerungen zum immer strittiger werdenden Sklavereiproblem unpassend exponiert hatte. Daß er selbst in Louisiana eine Baumwollplantage und über hundert Sklaven besaß, konnte ihm im Süden helfen und brauchte man im Norden nicht hervorzuheben. Taylor sträubte sich dann nicht allzu lange. Er wurde aufgestellt und gewann die Wahl, wozu beitrug, daß sich die Gegner im wichtigen Staat New York zersplitterten. Peggy Taylor kam freilich nur sehr widerwillig mit in die laute Hauptstadt, und die Erfüllung der unumgänglichen Pflichten, die dort eigentlich ihrer harrten, überließ sie dann ganz ihrer jüngsten Tochter Mary Elizabeth.

Als Präsident stellte sich Taylor gegen die Ausdehnung der Sklaverei in die neuen Gebiete im Westen. Sein Kalkül mochte wohl sein, daß die Sklaverei sich in den etablierten Gebieten eher halten würde, wenn man die ganze Frage aus der Tagespolitik nahm. Dies kostete ihn freilich viel Unterstützung im Süden, mit dessen Hilfe er doch ins Amt gekommen war. Man verübelte ihm dort vor allem, daß er California und New Mexico die Entscheidung über Sklaverei in ihrem Territorium selbst überlassen wollte, und daß er den Texanern nicht nachgab, als diese einen Teil des neuen Gebiets beanspruchten. Über die letztere Frage kam es dort sogar fast zum Bürgerkrieg. Im Kongreß erschienen manche Abgeordnete pistolenbewaffnet, gelegentlich schlug man sich im Hohen Haus mit Fäusten. Den endlich gefundenen Kompromiß des Jahres 1850, den er als zu freundlich gegenüber den südlichen Heißspornen durch ein Veto verhindern wollte, erlebte er dann nicht mehr.

Eine Maßnahme seiner Amtsperiode hatte aber doch längere Wirkung, nämlich der Abschluß des Clayton-Bulwer-Vertrags von 1850. Die Goldfunde in Kalifornien ließen seit 1848 eine Verbesserung des Transports dorthin sehr wünschenswert erscheinen. Eine Möglichkeit hierzu konnte der Bau eines mittelamerikanischen Kanals sein, wozu sich vor allem eine Route durch Nicaragua anbot. Hier hatte allerdings auch Großbritannien bereits Interesse gezeigt. Taylors Außenminister John M. Clayton gelang es, mit den

Briten ein Abkommen zu treffen. Beide Nationen verpflichteten sich, einen mittelamerikanischen Isthmuskanal nicht allein bauen oder kontrollieren zu wollen. In den Vereinigten Staaten fand der Vertrag vor allem in Expansionistenkreisen viel Gegnerschaft, doch er wurde vom Senat ratifiziert. Erst 1901, als die Panamakanalfrage akut wurde, löste ihn ein neues Arrangement ab.

Wir wissen nicht, ob Taylor es auf die Dauer vermocht hätte, die politische Turbulenz seiner Präsidentenzeit in ruhigere Bahnen zu lenken. Doch nach der Teilnahme an einer Feier am Unabhängigkeitstag 1850, einem heißen 4. Juli, erfrischte er sich durch Obst und kalte Getränke. Die Folge war eine Magen-Darm-Entzündung, der er kurz darauf erlag. Seine Frau Peggy verließ die Hauptstadt schon wenige Tage nach dem Begräbnis und kehrte nie wieder zurück. Das amerikanische Volk hat ihn nicht eigentlich vergessen, aber seine präsidentielle Leistung wird doch meistens als eher unterdurchschnittlich eingeschätzt.

Lit.: Holman Hamilton, *Zachary Taylor.* 2 Bde. (1941–51); K. Jack Bauer, *Zachary Taylor: Soldier, Planter, Statesman of the Old Southwest* (1985); Elbert B. Smith, *The Presidencies of Zachary Taylor & Millard Fillmore* (1988).

Millard Fillmore
13. Präsident (1850–1853)

Geboren	7.1.1800 Locke (heute Summerhill, Cayuga County), New York
Konfession	Unitarier
Heirat	5.2.1826 mit Abigail Powers (1798–1853); 10.2.1858 mit Caroline Carmichael McIntosh (1813–1881)
Kinder	Zwei (erste Frau)
Partei	Whig
Amtszeit	10.7.1850–4.3.1853
Gestorben	8.3.1874 Buffalo, New York
Grab	Buffalo, New York

Millard Fillmore wies mindestens zwei Attribute auf, die einem Präsidenten zum Vorteil gereichen mochten. Seine stattliche Figur, das Silberhaar über den markanten Gesichtszügen und seine selbstsichere Manier verliehen ihm das Flair des die Situation souverän dominierenden Staatsmannes; obendrein konnte er auf seine schlichte Herkunft verweisen, war er doch in der Tat in der Wildnis in einer Blockhütte geboren worden. Aber er wäre doch wohl nie ins Weiße Haus eingezogen, hätte ihm nicht das unzeitige Hinscheiden seines Vorgängers Zachary ↑Taylor den Weg dorthin geöffnet. Mann des Nordens, wurde er 1848 als Vizepräsidentenkandidat der Whigpartei an Taylors Seite nur aufgestellt, damit er ein Gegengewicht zu dessen südlicher Verankerung darstellen konnte.

Der Weg in die politische Prominenz war ihm jedenfalls nicht leicht gefallen. Seine Eltern waren so arm, daß ihm kaum Schulbildung zuteil wurde. Aus einem Lehrvertrag mit einer Textilfirma, wo er das Wollkämmen erlernen sollte, kaufte er sich selbst frei. Das Geld hierzu hatte er sich durch Nebenarbeit in einer Rechtsanwaltskanzlei verdient. Von einer Kanzlei zur nächsten wechselnd, bildete er sich weiter, bis er mit 23 Jahren in Buffalo, New York als Rechtsanwalt zugelassen wurde. Er war strebsam und reüssierte rasch, was ihm 1826 die Heirat mit Abigail Powers ermöglichte, der zwei Jahre älteren Tochter eines Baptistenpredigers. Sein Erfolg regte ihn dazu an, sich auch in der Politik zu versuchen.

Die 1820er Jahre waren eine Zeit des politischen Umbruchs. Das alte Parteiensystem der frühen Republik, in dem sich Föderalisten und (Demokratisch-)Republikaner gegenübergestanden hatten, ordnete infolge des Niedergangs der ersteren nicht mehr die politische Szene. Neben der übriggebliebenen Republikanischen Partei gewannen daher neue Gruppierungen an politischem Gewicht. Eine hiervon war die Anti-Masonic Party, die sich bei ihrer Gründung 1828 die Bekämpfung der damals in manchen Kreisen wegen verschiedener Vorkommnisse besonders verhaßten Freimaurerei zum Ziel setzte. Warum sich Fillmore den Anti-Masons anschloß, hat er nie erklärt, und man wird kaum ideologische Gründe vermuten wollen angesichts der ihm eigenen inneren Ausgeglichenheit und Friedfertigkeit. So mag für ihn wohl eher die Aussicht auf zügiges Emporkommen in einer neuen Partei den Ausschlag gegeben haben. In diese Richtung deutet auch der Umstand, daß sich die Fillmores 1830 – er hatte bis dahin keiner Religionsgemeinschaft zugehört – den Unitariern anschlossen, unter denen ja besonders die sozial besser gestellten Schichten vertreten waren. Jedenfalls kandidierte er noch 1828 für das Parlament des Staates New York. Prompt gewählt, machte er sich dort rasch einen Namen, indem er die Abschaffung der Gefängnisstrafe für Schuldner betrieb. Sein Erfolg hierin brachte ihn schon 1832 in das Repräsentantenhaus in Washington, wo er sich – das Ende der Anti-Masons kündigte sich bereits an – der neu entstehenden Whig-Partei anschloß.

Große Meriten erwarb sich Fillmore in Washington vorerst nicht, es sei denn, man will das Überleben im parteilichen Hickhack der 1830er und 1840er Jahre als Verdienst erachten. Hinsichtlich der allmählich akut werdenden Sklavereifrage nahm er bezeichnenderweise eine Sowohl-als-auch-Haltung ein. Er war kein Freund der Sklaverei, aber er hielt es nicht für opportun, die Südstaaten zur Abschaffung der Institution zu drängen. Liebten ihn manche in der Whig-Partei hierfür nicht, so verärgerte er andere noch mehr, indem er sich gegen die rasche Einbürgerung der nun in Massen einströmenden Neueinwanderer wandte, wo man doch auf deren Stimmen für die Partei besonders in New York hoffte.

So war es eigentlich erstaunlich, daß Fillmore 1848 als Kandidat für die Vizepräsidentschaft aufgestellt wurde. Aber man benötigte jemanden aus den Nordstaaten, nach aller Möglichkeit aus dem wahlstimmenreichen New York. Fillmores innerparteilicher Hauptgegner dort, William H. Seward, hatte den größeren Einfluß, aber er erhielt die momentan wichtigere Senatskandidatur, und Fillmore schob man in die Vizepräsidentenanwartschaft.

Doch der jähe Tod Präsident Zachary ↑Taylors katapultierte Fillmore in die Verantwortung. Er übernahm das höchste Amt in schwerer Stunde, denn das Land befand sich in politischer Bedrängnis. Die Frage der Westausdehnung der Sklaverei war durch den Gebietsgewinn im Krieg gegen Mexiko zum brennenden Problem geworden; Sklavenhalter im Süden und Sklavereigegner im Norden befehdeten einander in dem Bestreben, die Ausbreitung der Institution nach Westen zu ermöglichen beziehungsweise zu verhindern. Taylor hatte einen von dem alten Strategen Henry Clay ausgearbeiteten Kompromiß noch mit seinem Veto bedroht, weil er fand, daß dieser dem Süden in politisch inopportuner Weise zu weit entgegenkam. Der einen raschen Ausgleich erhoffende Fillmore jedoch ging nun den Weg des geringeren Widerstandes. Mit der Autorität seines Amtes betrieb er noch 1850 erfolgreich die Passage des Gesetzespaketes durch den Kongreß. Dem Norden gefiel hierin unter anderem die Zulassung Californias als sklavenfreier Staat; dem Süden wurde zugestanden, daß in den Norden entwichene Sklaven dort wieder eingefangen und zurückgebracht werden sollten. Die unmittelbare Gefahr, daß die Union sich spalten könnte, war mit diesen und anderen Bestimmungen vorerst abgewendet. Viele sagten allerdings voraus, daß sich das Problem binnen weniger Jahre wieder gefahrvoll in den Vordergrund drängen würde.

Etwas positiver mag man die Bemühungen Fillmores um Wirtschaftsförderung beurteilen. Seine Administration unterstützte durch Landzuweisungen aktiv die Finanzierung des Eisenbahnbaus. Und es war Fillmore, der Kommodore Matthew C. Perry 1852 mit zwei Briefen an den Kaiser in Japan sandte, wodurch die spätere Öffnung dieses Landes für den amerikanischen Handel eingeleitet wurde. Aber innerhalb seiner Partei mehrten sich doch die Zweifel, ob er in der nächsten Präsidentenwahl genügend Erfolgschancen haben würde. Besonders sein Intimgegner Seward stemmte sich gegen eine neue Nominierung. So wurde Fillmore dann auf dem Parteitag der Whigs 1852 ein anderer – und dann doch erfolgloser – Kandidat vorgezogen. Noch nicht vom politischen Leben enttäuscht, ließ sich Fillmore vier Jahre später von der chauvinistischen American Party als Präsidentschaftskandidat aufstellen. Er erlitt eine katastrophale Niederlage, was seine politischen Ambitionen dann beendete. Da seine erste Frau 1853 gestorben war, heiratete er 1858 eine reiche Witwe und verbrachte den Rest seiner Tage in angenehmem Wohlstand in Buffalo.

Lit.: Robert J. Rayback, *Millard Fillmore: Biography of a President* (1959); Benson Lee Grayson, *The Unknown President: The Administration of President Millard Fillmore* (1981); Elbert B. Smith, *The Presidencies of Zachary Taylor & Millard Fillmore* (1988); Robert J. Scarry, *Millard Fillmore* (2001).

Franklin Pierce

14. Präsident (1853–1857)

Geboren	23.11.1804 Hillsborough (heute Hillsboro), New Hampshire
Konfession	Episkopalkirche (anglikanisch)
Heirat	19.11.1834 mit Jane Means Appleton (1806–1863)
Kinder	Drei
Partei	Demokrat
Amtszeit	4.3.1853–4.3.1857
Gestorben	8.10.1869 Concord, New Hampshire
Grab	Concord, New Hampshire

Ob das negative Urteil über die Präsidentschaft von Franklin Pierce anders ausgefallen wäre, hätte er das Weiße Haus in politisch weniger schwierigen Zeiten bezogen, mag dahingestellt bleiben. Aber in den 1850er Jahren mehrten sich die Zeichen, daß die amerikanische Nation von einer Auseinandersetzung unerhörten Ausmaßes heimgesucht werden könnte. Obwohl Pierce dies spürte, verkannte er offensichtlich nicht nur die Dynamik des Prozesses, sondern es mangelte ihm auch an einem erfolgversprechenden Konzept zur möglichen Abwendung des Unheils.

Vielleicht wäre Pierce nie Präsident geworden, hätte ihm nicht, wie dies bei manchem anderen seiner Amtskollegen vor und nach ihm auch der Fall war, bei seinem politischen Aufstieg zumindest in der Frühphase sein Vater hilfreich beigestanden. Der zweimalige Gouverneur des Staates New Hampshire verfügte dort über großen politischen Einfluß. So kam es nicht von ungefähr, daß der junge

Franklin nach juristischer Ausbildung bereits mit 25 Jahren in das Parlament seines Staates gewählt wurde und zwei Jahre später sogar zum Speaker avancierte, also zum Parlamentspräsidenten. Diese Position diente als Sprungbrett in den amerikanischen Kongreß, wo er von 1833 bis 1837 im Abgeordnetenhaus und dann 1837 bis 1842 im Senat saß.

Natürlich zeichneten Pierce auch einige persönliche Qualitäten aus, die solch raschem Vorwärtskommen nützlich waren. Gutaussehend und stets adrett gekleidet, vermochte er sein Gegenüber mit ausdrucksvollem Blick und klarer, melodischer Stimme für seine Meinung einzunehmen. Aktenstudium und Grundlagenrecherche waren zwar nicht seine Stärke, und der Inhalt seiner auf dem parlamentarischen Parkett gern gehaltenen Reden beeindruckte die Zuhörer zumeist nicht sonderlich. Aber da er es lange vermied, in strittigen Fragen klar Stellung zu beziehen, und sich vielmehr eloquent bemühte, verschiedenen Seiten gerecht zu werden, zog er sich wenig Feindschaft zu.

Vielen Leuten machte dann besonders auch sein Rückzug aus dem Senat im Jahre 1842 großen Eindruck. Jedermann wußte, daß nicht Politikverdrossenheit der Grund seines Abgangs war, sondern vielmehr das Verlangen seiner Frau, aus dem Washington der Versuchungen und Anfechtungen heim in die beschauliche Geborgenheit Neuenglands zurückzukehren. Pierce hatte Jane Means Appleton, die Tochter eines kongregationalistischen Geistlichen, kurz nach Ende seiner Ausbildung gegen den Willen ihrer Eltern geheiratet. Sie hatte dann von Anfang an seine politischen Ambitionen mißbilligt. Das Buhlen um Einfluß und Geltung in der Hauptstadt war ihr ebenso zuwider wie vor allem auch der dortige Alkoholkonsum, den sie unerträglich und moralisch verwerflich fand. So zog man nun nach New Hampshire zurück, wo sich Pierce sehr erfolgreich als Rechtsanwalt betätigte.

Die Advokatenexistenz befriedigte den umtriebigen Mann freilich nicht voll, und so blieb er weiterhin politisch aktiv. Als wichtigster Mann der Demokratischen Partei im Staate organisierte er nicht nur deren Wahlkämpfe, sondern erhielt von Präsident James K. ↑Polk auch das Angebot, als Justizminister in dessen Kabinett einzutreten. Pierce lehnte ab, aber als 1846 der Krieg gegen Mexiko ausbrach, meldete er sich freiwillig. Seine politischen Verbindungen brachten ihm schnell die Beförderung zum Brigadegeneral. Eine Beinverletzung, die er sich bei einem Sturz seines Pferdes zuzog, verhinderte militärischen Ruhm. Aber Pierces Bekanntheit blieb gewahrt, und dies trug unerwartete Frucht im Jahre 1852. Der Nominierungsparteitag der Demokraten in Baltimore konnte sich lange nicht auf einen Präsidentschaftsanwärter einigen. Da sich den prominenteren Politikern jeweils zu viele Opponenten entgegenstellten, verfiel man nach dem 34. Wahlgang schließlich auf den unvorhergesehenen Pierce als »dark horse«-Kandidaten. Im 49. Wahlgang wurde er aufgestellt. Sein Collegefreund, der Schriftsteller Nathaniel Hawthorne, bemerkte bei Pierce dabei allerdings keine aufgeregte Freude, sondern offensichtliche Betrübnis.

An Pierces Zagen mochte der Unwille seiner Frau, nun wieder nach Washington ziehen zu müssen, eine gehörige Rolle spielen, zumal der einzig verbliebene, elfjährige Sohn Benjamin kurz zuvor bei einem Eisenbahnunfall ums Leben gekommen war. Aber er fühlte gewiß auch, daß die politische Situation seine präsidialen Fähigkeiten härtesten Proben unterziehen würde. Der Sieg gegen Mexiko hatte großen Gebietszuwachs im Südwesten und Westen der Vereinigten Staaten gebracht, und seither schwelte der Streit wegen der möglichen Ausdehnung der Sklaverei in diese Gebiete. Unter Präsident Millard ↑Fillmore war zwar der sogenannte Kompromiß von 1850 erreicht worden, aber Ruhe war nicht eingekehrt. Nach seinem Amtsantritt konnte Pierce wohl einen kleinen Erfolg aufweisen, indem es seiner Administration gelang, im sogenannten Gadsden-Kauf für eine südliche Ost-West-Eisenbahnlinie einen Streifen Land von Mexiko zu erwerben. Aber dies erfreute mehr den Süden als den Norden. Noch mehr kam dem ersteren die Verabschiedung des Kansas-Nebraska-Gesetzes im Jahre 1854 zupaß, erlaubte es doch der Bevölkerung der beiden Territorien, über Einführung oder Nichteinführung der Sklaverei selbst abzustimmen. Da damit eine Regelung des Jahres 1820 widerrufen wurde, welche die Ausbreitung der Sklaverei nach Norden untersagte, ging durch die Staaten des Nordens und Nordostens ein Aufschrei der Empörung. In dem Bemühen, den Süden bei der Stange zu halten, unterzeichnete der Nordstaatler Pierce das Gesetz trotzdem. Jahrelang andauernde Bürgerkriegszustände besonders in Kansas waren die Folge.

Auch außenpolitisch verhedderte sich Pierce in der Sklavereifrage. Um einen Erfolg vorweisen zu können, wollte er Kuba von Spanien käuflich erwerben. Die von ihm beauftragten amerikanischen Gesandten in Spanien, Frankreich und Großbritannien trafen sich deshalb im Oktober 1854 im belgischen Ostende und verfaßten ein Manifest, in dem sie Kauf oder gewaltsame Annexion empfahlen. Das Dokument geriet in die amerikanische Presse. Aber da das sklavenreiche Kuba den Süden gestärkt hätte, hatte der Norden erneut Grund, sich über des Präsidenten Parteilichkeit zu erregen. Unter diesen Umständen konnte sein Renommee nur wenig dadurch gewinnen, daß im gleichen Jahr die schon von Präsident Fillmore angestrebte Öffnung Japans für den amerikanischen Kommerz durch einen von Kommodore Matthew C. Perry ausgehandelten Vertrag nun wenigstens ansatzweise gelang.

Pierce hätte gern noch für eine weitere Amtszeit kandidiert. Aber seine wenig geschickte Politik hatte die Demokratische Partei derart gespalten, daß sich in ihr 1856 keine Mehrheit mehr für ihn fand. Seines politischen Einflusses verlustig, reiste er in den nächsten Jahren mit seiner Frau durch Europa und Westindien. Die militärischen Anstrengungen des Nordens im Bürgerkrieg konnte er, sich selbst treu bleibend, nicht gutheißen. Da ihn allmählich fast alle Freunde verlassen hatten, suchte er von da an bis zu seinem fast unbemerkten Ende Trost vor allem im Alkohol. Er gilt auch heute noch als einer der schwächsten Präsidenten, die das Land je regierten.

Lit.: Roy F. Nichols, *Franklin Pierce: Young Hickory of the Granite Hills* (^{2}1958); Larry Gara, *The Presidency of Franklin Pierce* (1991).

James Buchanan

15. Präsident (1857–1861)

Geboren	23.4.1791 Cove Gap, Pennsylvania
Konfession	Presbyterianer
Heirat	Nicht verheiratet
Kinder	Keine
Partei	Demokrat
Amtszeit	4.3.1857–4.3.1861
Gestorben	1.6.1868 Lancaster, Pennsylvania
Grab	Lancaster, Pennsylvania

Während der Präsidentschaft von James Buchanan spaltete sich die amerikanische Nation; der verheerende Bürgerkrieg war die unmittelbare Folge. Bis heute wird darüber debattiert, ob Buchanan daran Schuld anzulasten ist. Hätte er durch deutlichere Stellungnahme, durch beherzteres Handeln das Unheil noch abwenden können?

Jedenfalls hätte es dazu einer großen Persönlichkeit bedurft. Eine solche war Buchanan nicht. Seinen Aufstieg verdankte er nicht brillanter Politikbegabung, sondern angestrengter Zielstrebigkeit. Als eines von acht überlebenden Kindern eines presbyterianischen Ehepaares – sein Vater war aus Nordirland nach Pennsylvania eingewandert und hatte es als Ladeninhaber zu bescheidenem Wohlstand gebracht – erhielt er eine ordentliche Schulbildung und wurde nach juristischer Ausbildung mit 21 Jahren als Rechtsanwalt zugelassen. Er betrieb seine Anwaltspraxis mit Erfolg, und schon mit 40 Jahren hatte er genug Geld verdient, um sich ganz der Politik widmen zu können.

Zwei Jahre als Abgeordneter im Staatsparlament von Pennsylvania und zehn im amerikanischen Repräsentantenhaus führten Buchanan an die oberen Zirkel der Macht heran. Nach dem Niedergang der Föderalistischen Partei, der er ursprünglich angehört hatte, unterstützte er schon 1824 und dann auch vier Jahre später die Präsidentschaftskandidatur Andrew ↑Jacksons. Dieser sandte ihn dafür als amerikanischen Gesandten nach Sankt Petersburg. Nach seiner Rückkehr in den Senat gewählt, errang Buchanan dort keine spektakulären Lorbeeren, aber doch dermaßen den Respekt seiner Umgebung, daß er 1844 als präsidentielle Möglichkeit gehandelt wurde. Allerdings stellten die Demokraten statt seiner dann James K. ↑Polk auf. Nach der Wahl ernannte dieser ihn immerhin zu seinem Außenminister, und als solcher unterstützte er loyal Polks expansionistische Politik.

Auch 1848 und 1852 schlugen Buchanans Versuche fehl, die Präsidentschaftskandidatur der Demokraten zu erlangen. Erst 1856 war es endlich soweit. Er hatte sich zwar während Franklin ↑Pierces Präsidentschaft als einer der Unterzeichner des Ostend-Manifestos 1854 in der Sklavereifrage etwas aus dem Fenster gelehnt. Aber da er 1853 bis 1856 als Gesandter in London weilte, war es ihm ansonsten gelungen, sich von den politischen Gefechten in Washington fernzuhalten. So galt er als Mann aus dem Norden mit Verständnis für den südlichen Standpunkt, und der Wahlparteitag der Demokraten 1856 in Cincinnati nominierte ihn ohne langes Bedenken als perfekten Kompromißkandidaten. Bei der eigentlichen Wahl hatte er wegen seiner zweideutigen Haltung vor allem bei den Sklavereigegnern im Norden einen schweren Stand, doch fanden sich dann auch dort genügend konservative Wähler, so daß er im März 1857 als nächster Präsident ins Weiße Haus einziehen konnte.

Es war schon damals wohletablierte Tradition, daß dem Präsidenten für gesellschaftliche Aufgaben eine First Lady, zumeist seine Ehefrau, zur Seite stand. Buchanan war zwar einmal verlobt gewesen, doch seine Ausersehene, eine Millionärstochter, starb vor der Hochzeit, wobei manche Selbstmord nicht ausschließen wollten. Von da an hielt Buchanan Abstand zu Frauen, womit er allerdings boshafter Nachrede nicht entging. Einige Jahre lang wohnte er mit einem befreundeten Senator im gleichen Haus, und Spekulationen über eine homosexuelle Partnerschaft sind nie ganz ausgeräumt worden. Wie immer dem war, der Präsident fand in seiner Nichte Harriet Lane eine kompetente Hausdame, die sich enthusiastisch und stilsicher in der Hauptstadt den Titel einer »Democratic Queen«, einer Demokratischen Königin, verdiente.

Faktisch während der gesamten Präsidentschaft Buchanans drängte das Sklavereiproblem auf eine Lösung. Zwei Tage nach seinem Amtsantritt fällte das Oberste Gericht das allenthalben mit Hoffen oder Bangen erwartete Urteil im Dred-Scott-Fall. Es ging um die Frage, ob der Sklave Scott dadurch frei geworden sei, daß sein Herr ihn, wenn auch nur kurzfristig, in sklavenfreies Gebiet mitgenommen hatte. Zum Jubel des Südens und zur lauten Empörung der Sklavereigegner im Norden verneinte das Gericht nicht nur diese Frage, sondern es sprach, viel weiter reichend, dem Kongreß überhaupt das Recht ab, die Sklaverei in einem Territorium auszuschließen. Der streng juristisch denkende Buchanan glaubte kurz, daß das Urteil die Kontroverse beilegen würde. Zu seiner Enttäuschung aber war dessen Folge vielmehr beidseitig verstärkte Agitation. Am schlimmsten ging es in Kansas zu, wo schon zur Zeit seines Vorgängers Pierce die Auseinandersetzung um die Staatsverfassung viel Blut gekostet hatte. Buchanan, der persönlich die Sklaverei ablehnte, fand, daß sie der nationalen Verfassung gemäß in Kansas zugelassen werden müsse und mischte sich entsprechend ein. Nach wildem Durcheinander wurde der neue Staat dann schließlich zwei Monate vor Ende von Buchanans Amtszeit in die Union aufgenommen, und zwar doch sklavereifrei.

Überhaupt war Buchanan nicht vom Glück begünstigt. Es half seiner Reputation in keiner Weise, daß bereits 1857 im Gefolge der Insolvenz einer Versicherungsgesellschaft in Ohio eine Welle von Bankenzusammenbrüchen durch das Land lief. Die daraus resultierende Depression dauerte bis zum Ende seiner Präsidentschaft. Sie wurde noch überschattet durch zwei weitere verhängnisvolle Ereignisse. Das eine war der Aufruhr John Browns im Oktober 1859. Der fanatische Sklavereigegner überfiel mit 21 Gleichgesinnten das Heeresarsenal im westvirginischen Harpers Ferry in der Absicht, einen allgemeinen Sklavenaufstand auszulösen. Er wurde gefangen und gehängt, was landesweit im Süden zufriedenen Beifall, im Norden große Empörung auslöste.

Die Existenz der Nation selbst wurde dann in Frage gestellt durch den Ausgang der Wahl 1860 und dessen Folgen. Buchanan hatte darauf verzichtet, sich zur Wiederwahl zu stellen, und die Demokratische Partei spaltete sich daraufhin über der Sklavereifrage. So konnte der Kandidat der Republikaner, Abraham ↑Lincoln, die meisten Stimmen auf sich vereinen, die freilich durchweg aus dem Norden kamen. Im Süden glaubte man, innerhalb der Union die Sklaverei nicht mehr beibehalten zu können, und im Dezember erklärte deshalb South Carolina als erster Staat seinen Austritt. Bis Februar folgten sechs weitere.

Buchanan war durch dieses Geschehen offenkundig überfordert. Der Süden kritisierte ihn, weil er das Vorgehen der abtrünnigen Staaten mißbilligte. Der Norden verlangte präsidentielles Eingreifen, doch Buchanan glaubte, daß er gegen einen Staat keinen Zwang ausüben dürfe. So zögerte er, bis er am 4. März 1861 aus dem Amt schied. Er konnte dementsprechend darauf verweisen, daß das große Blutvergießen nicht während seiner Präsidentschaft begann. Aber abgewendet, wie es wohl als seine Aufgabe angesehen werden konnte, hatte er es auch nicht. Während des Bürgerkrieges unterstützte er verbal seinen Nachfolger Lincoln. Wenige Jahre später starb er auf seinem Landgut in Pennsylvania.

Lit.: Philip S. Klein, *President James Buchanan: A Biography* (1962); Elbert B. Smith, *The Presidency of James Buchanan* (1975); Jean Baker, *James Buchanan* (2004).

Abraham Lincoln

16. Präsident (1861–1865)

Geboren	12.2.1809 bei Hodgenville, Kentucky
Konfession	Ohne kirchliche Bindung
Heirat	4.11.1842 mit Mary Todd (1818–1882)
Kinder	Vier
Parteien	Whig; Republikaner
Amtszeit	4.3.1861–15.4.1865
Gestorben	15.4.1865 Washington, D. C.
Grab	Springfield, Illinois

Gäbe es ein Pantheon ihrer Präsidenten, darüber sind sich die Amerikaner einig, verdiente Abraham Lincoln darin den erhabensten Platz. Er hat die Nation in der bittersten Krise ihrer Existenz vor dem Auseinanderbrechen bewahrt. Ein Mann schlichter Herkunft und lauteren Charakters, hat er ihr dabei ein Beispiel selbstloser Pflichterfüllung gegeben und unparteiische Festigkeit in entscheidungsheischender Zeit bewiesen. Maßvolle Gerechtigkeit war sein Grundanliegen, mitfühlende Menschlichkeit bestimmte sein Handeln. Dauerhafte Glorie gebührt ihm vollends wegen des jähen Märtyrertods, den er beim Erreichen des noblen Ziels erlitt.

Manches in dieser nachgerade beatifizierenden Sicht entspringt natürlich dem bewußten oder unbewußten Streben eines noch jungen Landes nach Identitätsstiftung und dem Verlangen nach nachahmenswerten Vorbildern. Aber daß das Verdienst Lincolns groß ist, größer als das seiner Amtsvorgänger und -nachfolger, dies läßt sich wohl mit überzeugenden Argumenten vertreten. Ohne ihn gäbe es möglicherweise heute keine amerikanische Nation. Das könnte man vielleicht auch über George ↑Washington sagen. Im Vergleich mit ihm bestechen bei Lincoln aber doch die Schlichtheit des Auftretens und das Unprätentiöse der Hingabe an die Pflicht. Seinem Platzkonkurrenten im 20. Jahrhundert andererseits, Franklin D. ↑Roosevelt, war er gewiß in bezug auf innere Größe um Längen überlegen; Hinterlist oder unaufrichtige Verschlagenheit lagen Lincoln fern; falls er ruhmsüchtig war, so wußte er dies den Notwendigkeiten des Ganzen unterzuordnen.

Geboren wurde Lincoln in einer Blockhütte mit nur einem Raum und gestampftem Boden. Sie stand mitten in einem erst durch wenige Rodungen durchsetzten Waldgebiet in Kentucky etwa hundert Kilometer südlich von Louisville. Man zog viel um, wie dies im Grenzgebiet zwischen Zivilisation und Wildnis nicht unüblich war. Der Vater war eine unruhige Natur, und er führte seine Familie während Abrahams Jugend auf insgesamt vier mehr oder weniger mühselig zu bearbeitende Farmen in Kentucky, Indiana und Illinois. Einer der Gründe für den Umzug nach Indiana war, daß dort, anders als in Kentucky, die Sklaverei verboten war. Lincolns Eltern gehörten einem Zweig der Baptisten an, der die Sklaverei ablehnte. Obwohl er selbst nie einer Kirche formal beitrat, hat hier wohl seine lebenslange Aversion gegen die Leibeigenschaft der Schwarzen ihren deutlichsten Ursprung.

Lincolns Mutter starb, als er neun Jahre alt war. Die Witwe mit drei Kindern, die sein Vater ein Jahr später ehelichte, zeigte viel Verständnis für die Neigung des rasch größer werdenden Abe – er maß mit achtzehn Jahren ungelenke 1,95 Meter – zu Lektüre und Reflexion. Viel formale Bildung erhielt er allerdings nicht. Insgesamt, so zählte er später zusammen, wurde ihm bei den gelegentlichen Unterrichtsveranstaltungen durchziehender Scholaren wohl nicht mehr als das Äquivalent eines Schuljahres zuteil. Immerhin lernte er schon früh lesen, schreiben und etwas rechnen; getrieben von einem in seiner Umgebung recht ungewöhnlichen Bildungsverlangen, nutzte er die ihm zwischen der Farm- und Waldarbeit verbleibende Zeit, sich in die ihm eher zufällig erreichbaren Bücher zu versenken.

Ab 1831 schlug sich der inzwischen sehr kräftige Lincoln allein durchs Leben. Der Versuch, einen kleinen Kaufladen zu betreiben, endete allerdings kläglich. Immerhin beeindruckte er dabei und in der Miliz durch persönliche Offenheit und Ehrlichkeit. Einige Jahre lang hatte er in einem kleinen Nest die Poststelle inne, mußte aber freilich nebenher durch Gelegenheitsarbeiten seinem Einkommen aufhelfen. Seinem Ehrgeiz genügte diese schmalspurige Existenz immer weniger. Ein Versuch 1832, gewählt zu werden, mißlang, aber von 1834 bis 1842 saß er doch im Parlament von Illinois als Abgeordneter der neu gebildeten Whig-Partei, die sich im Gegensatz zu den Demokraten Jacksonscher (Andrew ↑Jackson) Prägung für Regierungsunterstützung beim Straßen- und Kanalbau, für staatliche Banken und Schutzzölle einsetzte. Bald Fraktionsvorsitzender, hatte er wesentlichen Anteil an der Verlegung des Regierungssitzes von Vandalia nach Springfield, das dann bis heute Hauptstadt blieb.

In Lincolns persönlichem Leben traten in jenen Jahren einige Veränderungen ein. Nach fleißiger juristischer Lektüre wurde er 1836 als Rechtsanwalt zugelassen. Im nächsten Jahr zog er nach Springfield um, wo er mit einem Bekannten eine Anwaltskanzlei eröffnete. 1842 heiratete er die zehn Jahre jüngere Mary Todd. Klein und mollig, wie sie war, konnte sie von gewinnender Herzlichkeit sein und Frohsinn um sich verbreiten. Doch obwohl der Ehe insgesamt vier Jungen geboren wurden, war die Verbindung auf die Dauer nicht glücklich zu nennen. Das ab und an sehr starke Engagement Lincolns in der Politik mochte hierbei eine Rolle spielen. Schlimm war gewiß, daß zwei der Söhne schon früh starben und ein dritter nach Krankheit mit 18 Jahren ebenfalls verschied. Mary war solch seelischer Belastung nicht gewachsen. Von Natur aus instabil, plagte sie ihren Mann immer mehr mit exzessiven Eifersuchtsausbrüchen und gab das Geld mit vollen Händen aus. Während einer Periode von vier Monaten mitten im Bürgerkrieg, so erfuhr man, kaufte die Präsidentengattin insgesamt 300 Paar Handschuhe. Da nahe Verwandte von ihr in der Konföderationsarmee dienten, verdächtigte man sie zu ihrem Chagrin der Sympathie mit dem Süden. Lincoln, der damals Schlachtenpläne und Regierungsquerelen im Kopf trug, wußte sich bei ihren Vorwürfen oftmals nicht anders zu helfen, als daß er die Szene verließ. Der seine Züge immer mehr prägende schweigsame Ernst mochte in den häuslichen Spannungen eine seiner Ursachen haben, hatte Lincoln doch früher durchaus Talent zum Scherzen und zum Erzählen schnurriger Anekdoten gezeigt.

Einstweilen aber blieben die familiären Dinge noch einigermaßen im Lot. Lincoln bewarb sich ab 1842 um einen Sitz im amerikanischen Repräsentantenhaus, fiel allerdings zweimal durch. Nachdem er 1847 endlich nach Washington gehen konnte – Mary kam eine Zeitlang mit –, stellte er sich jedoch nach zwei Jahren nicht mehr zur Wiederwahl, da er wegen seines Auftretens gegen die Sklaverei eine Niederlage zu befürchten hatte. Er war nun einer der bekanntesten und erfolgreichsten Anwälte in Illinois und verdiente gutes Geld. Gelegentliche Wahlreden für Bekannte und ähnliches hielten ihn dabei im Bewußtsein der Öffentlichkeit.

Erst als das Sklavereiproblem allmählich eskalierte, wurde Lincoln wieder politisch aktiv. 1854 hatte der Kongreß das Kansas-Nebraska-Gesetz verabschiedet, das in den noch nicht besiedelten Westgebieten die Sklaverei ermöglichte. Der sich aus Empörung hiergegen bildenden Republikanischen Partei trat Lincoln 1856 bei. Er gehörte allerdings nicht zu den radikalen Abolitionisten, welche die sofortige Abschaffung der Leibeigenschaft forderten. Vielmehr sah er die Institution dort, wo sie existierte, durch die Verfassung geschützt. Aber ihre weitere Ausbreitung sollte seiner Meinung nach mit allen legalen Mitteln verhindert werden.

Um auf dieses Ziel hinwirken zu können, bewarb sich Lincoln 1858 um einen der beiden Illinois zustehenden Sitze im amerikanischen Senat. Sein Konkurrent war der Demokratische Senator Stephen A. Douglas, auf dessen Initiative hin das Kansas-Nebraska-Gesetz angenommen worden war. In einer Serie von insgesamt sieben öffentlich ausgetragenen Rededuellen stritten Lincoln und Douglas vor Tausenden von Zuhörern über die Berechtigung der Sklaverei. Obwohl Lincoln die Wahl schließlich verlor, brachten die Debatten ihm doch landesweite Bekanntheit. Als seine Partei 1860 daranging, einen Präsidentschaftsbewerber aufzustellen, einigte man sich nach einigem Zögern auf ihn, da seine Kandidatur die Republikanischen Erfolgschancen im Mittelwesten mehren konnte. Wegen der Zersplitterung der Demokratischen Partei wurde er dann Anfang November auch gewählt, allerdings lediglich mit knapp 40 Prozent der Wählerstimmen. Alle seine Wahlmänner kamen aus dem Norden.

In den Südstaaten erachtete man die Wahl des Sklavereigegners Lincoln als klaren Affront. Er bestritt zwar jede Absicht, die Sklaven befreien zu wollen; bei Licht betrachtet, fehlten ihm ja auch als Präsident hierzu durchaus die Mittel. Aber im Süden steigerte man sich in eine von Heißspornen bewußt geschürte Hysterie hinein. Abtrennung und die Schaffung einer eigenen Nation erschien allmählich einer Mehrheit als das einzige Mittel, die als wirtschaftlich und sozial notwendig empfundene Weiterexistenz der Sklaverei zu gewährleisten. South Carolina übernahm nun die Führung. Man vertraute darauf, daß die anderen Sklavereistaaten nicht tatenlos zusehen würden, wenn die Washingtoner Regierung versuchte, South Carolina durch Bundesexekution zurückzuzwingen. Am 20. Dezember 1860, also noch zweieinhalb Monate vor Lincolns Amtsbeginn, beschloß man den Austritt aus der Union. Innerhalb weniger Wochen folgten die sieben Staaten des tiefen Südens von Florida bis Texas. Im Februar wurden die Konföderierten Staaten von Amerika gegründet, ein provisorischer Präsident gewählt und die weiter nördlich gelegenen Sklavereistaaten zum Beitritt eingeladen. Als Lincoln Anfang März das Weiße Haus bezog, hing von seiner Reaktion Sein oder Nichtsein der amerikanischen Nation ab.

Lincoln zögerte lange mit einer Entscheidung. Am 12. April 1861 nahmen ihm südkarolinische Batterien jedoch die Bürde ab, indem sie das auf einer Insel im Hafen von Charleston gelegene, noch von Unionstruppen gehaltene Fort Sumter mit Kanonenkugeln bombardierten. Damit war der Bürgerkrieg eröffnet. Lincoln hegte von da an keine Zweifel mehr über seine Aufgabe, zumal sich nun noch vier weitere Südstaaten der Konföderation anschlossen. Er hatte die Nation zusammenzuhalten, und dies, wie er sagte, mit oder ohne Sklaverei. Es stand zu hoffen, daß die Auseinandersetzung kurz blieb, aber auch dazu brauchte es militärische Maßnahmen. Ein Heer war zu schaffen, denn die verfügbaren Truppen konnten der Aufgabe gewiß nicht genügen. Brauchbare Generäle mußten gefunden werden und vor allem ein fähiger Oberbefehlshaber; viele der besten Kommandeure stammten aus dem Süden und dienten ab Beginn des Krieges in der Armee der Konföderierten. Als sich der eigentlich viel schwächere Süden als unangenehm widerstandskräftig erwies, mußten die fortwährend größer werdenden Probleme der Rekrutierung, der Materialbeschaffung, der Finanzierung, ja, der Aufrechterhaltung der Moral und des politischen Zusammenhalts wie auch der Abwehr fremder Einmischung bewältigt werden. Lincoln hat dies alles geleistet, nicht mit in jeder Hinsicht unanfechtbaren Mitteln, gewiß nicht zur Zufriedenheit aller im Lager der Union, ganz und gar nicht mit heiterer Souveränität und windschlüpfiger Eleganz. Aber der endlich errungene Erfolg war seiner, mehr als der irgendeines anderen.

Schon die erste Kriegsmaßnahme Lincolns erregte viel Kritik. Da der Kongreß nicht tagte, berief er verfassungswidrig aus eigener Vollmacht noch im April 75 000 Freiwillige. Nichtbeachtung konstitutioneller Garantien wurde ihm zu Recht auch deshalb vorgeworfen, weil während des Krieges an die 13 000 Kriegsgegner oder Parteigänger des Südens zumindest zeitweilig ohne Gerichtsbeschluß festgesetzt wurden. Und seine Generäle sympathisierten nicht alle mit ihm. Lincolns Weise, gelegentlich selbst strategische Entscheidungen zu treffen oder gar in die Kommandostruktur einzugreifen, fand wenig Freunde. Vor allem aber suchte er fast drei Jahre lang vergeblich, dabei diverse Ernannte ohne Umstände auswechselnd, nach dem fähigen und kampfbereiten Befehlshaber, der Logistikbedenken und Furcht vor dem Gegner hintanstellen und beherzt angreifen würde. Als er ihn endlich Anfang 1864 in Ulysses S. ↑Grant gefunden zu haben glaubte, erwies sich dieser dann doch nicht als genialer Stratege, sondern nur als harter Draufklopfer. Zum wachsenden Unwillen in der Bevölkerung benötigte er noch ein weiteres, an Blut und Gütern kostspieliges Jahr, um endlich den Sieg zu erringen.

Wußte Lincoln mit harter Hand durchzugreifen im zivilen wie im militärischen Bereich, so war er doch ein gutes Stück davon entfernt, eine diktatorische Stellung anzustreben. In der Demokratischen Partei verschrie man ihn allerdings als Tyrannen. Es stimmte nun zwar, daß er die meisten Posten der sich aufblähenden Kriegsmaschinerie mit Anhängern oder Sympathisanten seiner eigenen Partei besetzte. Aber er duldete bewußt harsche und sogar bösartige Kritik in der Presse oder von anderen Politikern, und er zügelte in nicht wenigen Fällen Kommandeure, die in ihren Befehlsbereichen allzu forsch Mißliebiges unterdrückten.

Wenn der Bürgerkrieg im Prinzip auch geführt wurde, weil die Union den Einzelstaaten das Recht zum Austritt verwehrte, so war doch von Anfang an jedermann klar, daß es konkret vor allem um die Sklaverei ging. Für die Union stellte sich rasch die heikle Frage, wie mit Sklaven in erobertem Gebiet zu verfahren sei. Hielt man sie im Sklavenstatus, so verleugnete man die eigenen Ideale. Setzte man sie frei, so brach man dadurch nicht nur die Verfassung, sondern griff tief in das soziale und wirtschaftliche Gefüge ein und verletzte obendrein und vor allem das Recht auf Eigentum, einen der Grundpfeiler der abendländischen Ordnung. Noch komplizierter wurde die Angelegenheit dadurch, daß beileibe nicht alle Unionsbürger und auch nicht alle Soldaten im Unionsheer Opfer für die Sklavenbefreiung bringen wollten; und außerdem, weil nicht alle Sklavereistaaten der Konföderation beigetreten, sondern die nördlichsten von ihnen, nämlich Delaware, Maryland, Kentucky und Missouri, bei der Union verblieben waren. Lincoln war sich der Subtilität dieses Problemkomplexes nur allzu bewußt, und viele Monate lang verweigerte er sich jedem Lösungsversuch. Aber allmählich verstärkte sich der Druck, die Sklavenbefreiung zum offiziellen Kriegsziel zu erklären. Nicht nur wurden die Abolitionisten im eigenen Lager rabiater. Auch gegenüber dem Ausland, vor allem dem seestarken Großbritannien, konnte eine klare Stellungnahme nützlich sein, hob man sich selbst dadurch doch auf eine moralisch unangreifbare Ebene.

So wartete Lincoln schließlich nur noch auf einen militärischen Erfolg seiner Seite, um gewissermaßen aus einer Position der Stärke heraus und nicht aus Schwäche einen deutlichen Schritt zu tun. Der freilich etwas zweifelhafte Sieg am Antietam in Maryland im September 1862 bot eine entsprechende Chance. Gleich im Anschluß verkündete Lincoln die sogenannte Emancipation Proclamation, die allen Sklaven im noch nicht eroberten Gebiet des Südens die Freiheit ab Anfang 1863 zusprach. Im Grund war dies eine leere Geste, denn man hatte dort ja noch keine Durchsetzungsmöglichkeit. Aber sie zeigte doch die Richtung auf, und als im Februar 1865 der Kongreß den das Sklavereiverbot enthaltenden 13. Verfassungszusatz verabschiedete, war das Problem auf dem Weg zu einer konkreten Bewältigung.

Der Verfassungszusatz wurde erst im Dezember nach Ratifikation durch die Staaten rechtskräftig. Diese Krönung seines langjährigen politischen Strebens hat Lincoln nicht mehr erlebt. Der Krieg endete praktisch am 9. April mit der Kapitulation der konföderierten Hauptarmee vor General Grant. Am 14. April, es war der Karfreitag, besuchten der Präsident und seine Frau Mary ein Theaterstück in Washington. Einem Verschwörer, dem in Maryland geborenen Südsympathisanten John Wilkes Booth, gelang es, Zugang zur Präsidentenloge zu gewinnen. Er trat ein und feuerte eine Pistolenkugel in Lincolns Hinterkopf. Dann sprang er auf die Bühne hinunter mit dem Ruf »Sic semper tyrannis« (So stets den Tyrannen!), dem Wappenspruch Virginias. Lincoln erlangte sein Bewußtsein nicht wieder und verschied am nächsten Morgen kurz nach sieben Uhr. Der Mörder wurde wenige Tage später in Virginia aufgespürt und erlag noch in seinem Versteck einigen Schusswunden, die er sich vermutlich selbst zugefügt hatte.

Wir wissen nicht genau, wie Lincoln das schwierige Geschäft der sogenannten Reconstruction, also der Wiederherstellung der Union, nach dem Krieg angegangen wäre. Es gibt deutliche Anzeichen dafür, daß er gegenüber den Besiegten Milde walten lassen wollte. Noch im März 1865 hatte er bei seinem zweiten Amtsantritt gefordert, daß die Wunden der Nation geheilt werden sollten »with malice toward none, with charity for all«, ohne Böswilligkeit und in Bruderliebe. Hierzu hätte es freilich aller seiner Autorität bedurft und seines ganzen in vier harten Kriegsjahren gereiften politischen Geschicks, auch seiner Art von Beharrlichkeit, die sich wohl durch gelegentliche situationsgerechte Flexibilität den Zwängen angepaßt hätte. Aber Lincoln war nun tot. Die Unzulänglichkeit seiner Nachfolger, und die nicht zuletzt ihrethalben in Gang kommende Legendenbildung, ließ dann seine historische Größe erst vollends hervortreten.

Der amerikanischen Nation, zumindest ihrer siegreichen Mehrheit, blieb zunächst die traurige Aufgabe, den Toten auf der über zwei Wochen dauernden Fahrt nach Illinois zu begleiten. In ungezählten Städten hielt der Sonderzug mit dem Sarg, Honoratioren bekundeten ihre Betrübnis, Menschenmengen im schwarzen Flor erwiesen ihrem gemeuchelten Kriegspräsidenten die letzte Ehre. Am 4. Mai senkte man seinen Leichnam auf dem Oak Ridge Cemetery in Springfield in sein Grab.

Lit.: Philip Shaw Paludan, *The Presidency of Abraham Lincoln* (1994); David Herbert Donald, *Lincoln* (1995); Allen C. Guelzo, *Abraham Lincoln: Redeemer President* (2000); William E. Gienapp, *Abraham Lincoln and Civil War America: A Biography* (2002).

Andrew Johnson

17. Präsident (1865–1869)

Geboren	29.12.1808 Raleigh, North Carolina
Konfession	Konfessionsloser Christ
Heirat	17.5.1827 mit Eliza McCardle (1810–1876)
Kinder	Fünf
Parteien	Demokrat; später Union-Republikaner
Amtszeit	15.4.1865–4.3.1869
Gestorben	31.7.1875 Carter's Station, Tennessee
Grab	Greeneville, Tennessee

»Johnson ist ein unverschämter, brutaler Trunkenbold«, rief der amerikanische Senator Charles Sumner auf dem Höhepunkt des Reconstruction-Streits erbittert aus, »mit dem verglichen Caligulas Pferd Respekt verdiente«. Nun hatte der römische Kaiser Caligula sein Pferd immerhin zum Konsul erhoben; aber über Sumners Mangel an Achtung seinem Präsidenten Andrew Johnson gegenüber konnte gewiß kein Zweifel bestehen. Johnson war es gelungen, die Republikanische Partei, die den im Bürgerkrieg siegreichen Norden der Vereinigten Staaten dominierte, zutiefst zu erbosen. Und Sumner war einer ihrer profiliertesten Köpfe.

In zumindest einem Punkt hatte Sumner vermutlich unrecht. Das Gerücht, daß Johnson sich im Übermaß dem Alkohol hingebe, war beim Amtsantritt von Johnsons Vorgänger Abraham ↑Lincoln aufgekommen. Johnson, der damals das Amt des Vizepräsidenten übernahm, hatte an Erkältung gelitten und zur Stärkung einige Schluck Whiskey zu sich genommen, woraufhin seine Rede recht inkohärent ausgefallen war. Ansonsten gab es aber keine Indizien für eine Trunksucht. Sie wurde dennoch von Johnsons politischen Gegnern gern behauptet in ihrem Bemühen, den aus ärmlichen Verhältnissen und ohne formale Bildung aufgestiegenen Hinterwäldler nach Möglichkeit schlechtzumachen. Johnsons politische Agenda, das war unbestritten, lieferte ihnen mehr als ausreichende Gründe für solche Gehässigkeiten.

Wie kam es zu dieser Konfrontation? Eine einfache Erklärung müßte vermutlich lauten, daß es sich um den von beiden Seiten unternommenen Versuch handelte, den durch den Bürgerkrieg noch nicht völlig überwundenen Gegensatz zwischen Nord und Süd vollends abzubauen und zwar möglichst zum Vorteil der eigenen Seite. Und Johnson galt dem Norden nicht nur als Mann des Südens – das war er zweifelsohne –, sondern auch als dessen parteiischer und verachtungswürdiger Handlanger. Johnson seinerseits konnte dies nicht nachvollziehen, erstrebte er doch nach eigener Einschätzung nur das Beste für das ganze Land.

Um die Aufgabe selbst hatte sich Johnson nicht gerissen, er war vielmehr sozusagen in sie hineingeschlittert. Er hatte erst mit etwa 16 Jahren richtig lesen und schreiben gelernt, und zwar von seiner künftigen Frau, der um ein Jahr jüngeren Eliza McCardle. Sie hatten sich getroffen, als er, ein entlaufener Schneiderlehrling, von North Carolina nach Tennessee zog und dort eine bescheidene Schneiderwerkstatt eröffnete. Das Schneidern blieb dann nicht seine einzige Lust. Bald entdeckte er seine durch eine sonore, kräftige Stimme gestützte rednerische Begabung, die ihn, gepaart mit Organisationstalent, recht rasch zu einer politischen Kraft werden ließ. Er sammelte hinter sich die einfachen Leute, die Handwerker und kleinen Farmer im östlichen Hügelland Tennessees, das von den reichen Großgrundbesitzern im Westen des Staates dominiert wurde. Ihre politische Leitfigur war Andrew ↑Jackson, der dann ähnlich Gesinnte im ganzen Land für die entstehende Demokratische Partei gewann. In rascher Folge wurde Johnson zum *alderman*, also Gemeinderat, daraufhin zum Parlamentsabgeordneten und dann zum Senator in Tennessee gewählt. Ab 1843 saß er zehn Jahre lang im amerikanischen Repräsentantenhaus, bis es seinen Gegnern gelang, ihn durch Änderung der Wahlkreisgrenzen aus dem Kongreß zu werfen. Prompt wurde er in Tennessee zum Gouverneur gewählt und 1857 in den amerikanischen Senat.

Johnsons fortgesetzter Wahlerfolg fußte nicht auf einer eindeutig definierbaren Agenda. Einerseits setzte er sich, wie gesagt, für die Besserung der Lebensverhältnisse der kleinen Leute ein. So war die endliche Annahme der sogenannten Homestead Bill 1862, welche unbemittelten Farmern Land zur Verfügung stellte und damit die Schaffung großer, mit Sklaven zu bewirtschaftender Latifundien im Westen der Republik hinderte, weitgehend seiner jahrelangen Bemühung zu verdanken. Andererseits besaß er inzwischen selbst einige Sklaven und vertrat folgerichtig die »states-rights«-Position des Südens, das heißt die Auffassung, daß die inneren Angelegenheiten der Einzelstaaten – und damit die Sklaverei – deren Sache und nicht diejenige der Union seien.

Sympathie für die Sklavenhalter war bei Johnson aber nicht gleichbedeutend mit Verständnis für die Abtrennung des Südens vom Norden. Als 1861 der Bürgerkrieg ausbrach, stellte er sich als einziger Südstaatenvertreter im amerikanischen Senat eindeutig auf die Seite der Union. Er und seine Familie mußten aus Tennessee fliehen. Als Unionstruppen 1862 die Rückkehr ermöglichten, ernannte ihn Präsident Lincoln zum dortigen Militärgouverneur. Im Präsidentschaftswahljahr 1864, also noch mitten im Krieg, schloß sich die Republikanische Partei mit unionsfreundlichen Demokraten zusammen zur Unionspartei. Lincoln brauchte nun als Vizepräsidenten einen Demokraten. Johnson, aus dem Süden stammend, Demokrat und der Union treu geblieben, war der ideale Kandidat. In den Novemberwahlen wurde er zusammen mit Lincoln gewählt. Im März 1865 in sein Amt eingeführt, hatte er bereits im nächsten Monat, als Folge der Ermordung Lincolns, den Eid auf die Verfassung als Präsident zu schwören.

Auf Johnson wartete eine herkulische Herausforderung. Es galt, die beiden Landesteile, die sich im Bürgerkrieg erbittert bekämpft hatten, wieder zusammenzuführen und für eine gemeinsame Zukunft zu versöhnen. Der aus dem Norden stammende Lincoln hatte vorgehabt, den Unterlegenen gegenüber Siegergroßmut zu zeigen und sie, nachdem sie einige Grundbedingungen erfüllt hätten, wieder gleichberechtigt in der Union mitleben zu lassen. Daß ihm dies voll gelungen wäre angesichts vielfachen Bestrafungs-, Vergeltungs- und Racheverlangens im Norden, bezweifeln manche Leute. Aber Johnson ermangelte jedenfalls der Statur und des Prestiges seines großen Vorgängers, und so durfte er sich als Abkömmling des Südens und nunmehr ehemaliger Sklavenbesitzer von vornherein kaum Hoffnungen machen, das milde Lincolnsche Programm gegen die lauten Widerstände auf der Siegerseite durchziehen zu können. Vor allem für die sich der Einsicht in die politische Realität verschließende Kurzsichtigkeit und Halsstarrigkeit, mit der er das Lincolnsche Ziel trotzdem verfolgte, wurde er schon damals angegriffen und ist er wohl auch heute noch zu tadeln.

Die Verfassung sagte nichts darüber aus, ob die Exekutive, also der Präsident, oder die Legislative, also der Kongreß, den Prozeß der Rückführung der abtrünnigen Südstaaten in eine annehmbare Nachkriegsnormalität zu leiten hatten. Da bei Kriegsende im April 1865 der Kongreß aber nicht tagte, hatte zunächst bei der Durchführung dieser sogenannten Reconstruction der Präsident einen Startvorteil. Johnson nutzte ihn nach Kräften. Er stellte leicht zu erfüllende Bedingungen für die Wiederzulassung der Südstaaten und begnadigte die meisten Amtsträger der ehemaligen südstaatlichen Konföderation. Für die politische und soziale Integration der nun frei gewordenen Schwarzen tat er dagegen wenig.

Dieses Vorgehen, kombiniert mit der offenbaren Reuelosigkeit der Weißen im Süden, erregte im Norden viel Unwillen. Als der Kongreß im Dezember endlich zusammentrat, entlud sich der Zorn der Republikanischen Partei. Ihr radikaler Flügel, angeführt unter anderem von dem oben erwähnten Sumner, forderte schärfere Maßnahmen gegenüber dem Süden. Dessen Kongreßdelegierte wurden vorerst nicht zugelassen, ein neuer Verfassungszusatz, der 14., gab den Schwarzen alle Bürgerrechte, und 1867 wurden jene Südstaaten, die sich verweigerten, militärisch besetzt. Johnsons Handlungsspielraum wurde durch verschiedene Gesetzesmaßnahmen eingeengt, von denen der Tenure of Office Act (Amtsdauergesetz) dann besondere Bedeutung erlangte. Letzteres Gesetz besagte, daß Amtsinhaber, für deren Ernennung verfassungsgemäß die Zustimmung des Senats notwendig war, auch nur mit Senatserlaubnis wieder aus dem Amt entfernt werden dürften. Dies war eine klare Kampfansage an Johnson, der durch die Absetzung des ihm mißliebigen Kriegsministers die Kontrolle über das besetzende Militär im Süden erlangen wollte.

Johnson setzte den Minister trotz des Kongreßverbots ab und wurde daraufhin nach einigem Hin und Her des Gesetzesbruchs bezichtigt. Die Republikanische Mehrheit im Kongreß setzte, wie in der Verfassung ermöglicht, den sogenannten Impeachment-Prozeß in Gang. Die Rolle des Repräsentantenhauses war es, formal Anklage zu erheben, was es mit 126:47 Stimmen tat. Nun hätte der Senat mit Zweidrittelmehrheit eine Amtsenthebung beschließen können, verfehlte im Mai 1868 jedoch bei einem Ergebnis von 35:19 Stimmen den Schuldspruch mit einer Stimme. Die restlichen Monate von Johnsons Amtszeit verliefen, bei gegenseitiger Zurückhaltung, ohne große Ereignisse.

Johnson war bis zur Präsidentschaft Bill ↑Clintons Ende des 20. Jahrhunderts der einzige Präsident, welcher auf diese Weise der Amtsenthebung nahe kam. Damals schon waren Einsichtige der Meinung, daß das Mißlingen von den führenden politischen Kräften gewollt war, denn es stimmten auch sieben Republikanische Senatoren gegen den Schuldspruch. Gründe für solche Besinnung gab es wohl mehrere. Erstens wäre eine Absetzung als eine Verurteilung aus politischen, nicht aus rechtlichen Gründen verstanden worden; hierzu wollte man keinen Präzedenzfall schaffen. Weiterhin verblieben in Johnsons Amtsperiode ja nur noch einige Monate; da erschien es wohl besser, das ohnehin fragwürdige Unterfangen abzubrechen. Drittens und nicht zuletzt aber wäre als Nachfolger, da es ja keinen Vizepräsidenten mehr gab, der als radikal geltende und vielerorts unbeliebte geschäftsführende Vorsitzende des Senats, Benjamin F. Wade aus Ohio, als Präsident nachgerückt. Da mochte Johnson als das kleinere Übel erscheinen.

Johnsons Amtszeit hatte trotz allem zumindest ein Ergebnis vorzuweisen, das auf die Dauer vorzeigbar blieb. Im Jahre 1867 gelang es Außenminister William H. Seward, von Rußland Alaska für den heute lächerlich anmutenden Betrag von 7,2 Millionen Dollar zu erwerben. Der Zar wollte das ihm wertlos erscheinende, eisige Territorium loswerden. Ironischerweise hatte Seward dann aus dem gleichen Grund einige Schwierigkeiten, den Kauf im Kongreß durchzubekommen.

Eine weitere Amtszeit mochte aber nun auch die Demokratische Partei ihrem Präsidenten nicht mehr gönnen. Er zog sich daher im April 1869 mit seiner Frau Eliza nach Tennessee zurück. Wahrscheinlich zu seiner Rechtfertigung bemühte er sich dort noch jahrelang um ein weiteres politisches Mandat. 1875 wurde ihm endlich insofern Genugtuung zuteil, als man ihn wieder in den amerikanischen Senat entsandte. Beim Eintritt in den Sitzungssaal brach auf der Galerie ein Beifallssturm sondergleichen los; sein Pult verschwand unter einem Berg von Blumen; und die Senatorenkollegen drängten sich, um ihm die Hand zu schütteln. Er, der so viel Geschmähte, konnte sich also wieder geachtet fühlen. Wenige Wochen später starb er. Er wurde auf einem Hügel über Greeneville beerdigt, sein Leichnam in das Sternenbanner gehüllt, unter seinem Haupt die amerikanische Verfassung.

Lit.: Eric L. MacKitrick, *Andrew Johnson: A Profile* (1969); Albert Castel, *The Presidency of Andrew Johnson* (1979); James E. Sefton, *Andrew Johnson and the Uses of Constitutional Power* (1980); Hans L. Trefousse, *Andrew Johnson: A Biography* (1989).

Ulysses Simpson Grant
18. Präsident (1869–1877)

Geboren	27.4.1822 Point Pleasant, Ohio
Konfession	Methodist
Heirat	22.8.1848 mit Julia Boggs Dent (1826–1902)
Kinder	Vier
Partei	Republikaner
Amtszeit	4.3.1869–4.3.1877
Gestorben	23.7.1885 Mount McGregor, New York
Grab	Grant's Tomb, New York, New York

Ulysses Simpson Grant gilt als einer der besten Feldherren, den die Vereinigten Staaten jemals hatten, führte er die Unionsarmee doch im Bürgerkrieg zum Sieg gegen die abtrünnigen Südstaaten. Er gilt allerdings auch als einer der schlechtesten Präsidenten, die je das Land regierten. Fähiger, wo nicht genialer Befehlshaber im Krieg, erwies er sich anschließend als untauglich für die Politik, eine Spielfigur der Schieber, Trickser und Ganoven in seiner Umgebung.

Ulysses Simpson Grant hieß eigentlich gar nicht so. Das Kind nicht sehr bemittelter Leute – sein Vater war Gerber in einer Kleinstadt in Ohio – wurde auf den Namen Hiram Ulysses getauft. Doch als er mit 17 Jahren die Militärakademie West Point nördlich von New York bezog, war er dort irrtümlich als Ulysses Simpson – letzteres war der Geburtsname seiner Mutter – registriert. Die Akademiebehörden wollten hieran nichts ändern, und so trug er fortan seinen neuen Namen.

Grant behagte das reglementierte Militärleben nicht. Lediglich im Reiten glänzte der schmächtige Kadett, und er hielt noch ein Vierteljahrhundert lang den Schulrekord im Pferdehochsprung. Er wäre gern Dragoner geworden, doch wegen seiner schlechten Noten steckte man ihn zur Infanterie. Dies hatte aber auch sein Gutes, denn in seiner ersten Garnisonsstadt, St. Louis, begegnete er 1844 Julia Boggs Dent, der Tochter eines vermögenden Pflanzers. Die beiden verlobten sich bald; die Heirat mußte allerdings noch vier Jahre warten, da der junge Leutnant kurz darauf anderweitig beschäftigt wurde. 1846 brach der Krieg mit Mexiko aus.

Dieser Krieg brachte den Vereinigten Staaten ungeheuren Geländegewinn ein, nämlich das Gebiet westlich von Texas bis zum Pazifik hin. Auch Grant persönlich profitierte ein wenig. Er bewährte sich und wurde 1847 zum Hauptmann befördert, was endlich die Eheschließung gestattete. Es folgten glückliche Jahre auf Militärposten im Staat New York und in Detroit. Die Idylle war aber nicht von Dauer, denn 1852 wurde Grant an die Westküste kommandiert. Seine Familie konnte ihn wegen des beschwerlichen Weges durch die fieberträchtige Panamaenge nicht dorthin begleiten. Grant ertrug die entbehrungsreiche Einsamkeit an der noch fast unbesiedelten Küste schlecht. Als sein Kommandeur ihn eines Tages in der Öffentlichkeit in betrunkenem Zustand aufspürte, stellte er Grant vor die Wahl zwischen Abschied oder Militärprozeß. Grant nahm seinen Abschied. Das war 1854. Von da an wurde es schwierig für den ehemaligen Offizier und seine Familie. Grant versuchte sich als Farmer, dann als Immobilienhändler, mußte schließlich bei seinem jüngeren Bruder in dessen Lederwarenladen arbeiten.

Als im April 1861 der Bürgerkrieg ausbrach, mochte dies für die Nation ein großes Unglück darstellen. Grant aber begrüßte den Kampfbeginn mit innerem Jubel. Der Gouverneur von Illinois ernannte den erfahrenen Soldaten im Juni zum Obristen. Grant disziplinierte sein Freiwilligenregiment dann derart effektvoll, daß er schon im August zum Brigadegeneral befördert wurde. Ein spektakulärer Erfolg im Februar 1862, die Einnahme der Forts Henry und Donelson an Nebenflüssen des Mississippi, brachte ihm landesweiten Ruhm ein und die Beförderung zum Generalmajor.

Mangel an Voraussicht kostete ihn freilich im April in der ungeheuer blutigen Schlacht bei Shiloh im Staat Mississippi beinahe den Sieg und jedenfalls das ohnehin nicht große Wohlwollen seiner Generalskollegen. Aber Präsident Abraham ↑Lincoln mochte den kämpferischen Grant nicht entbehren, und dieser rechtfertigte das Vertrauen durch die bravouröse Einnahme von Vicksburg Anfang Juli 1863, die den Mississippi in seiner ganzen Länge unter Unionskontrolle brachte.

Weitere Erfolge führten im März 1864 zur Ernennung zum Generalleutnant, einem in der amerikanischen Armee neuen Rang. Grant kommandierte nun alle Unionstruppen. Er wußte, daß die Kriegsentscheidung im Osten, also an der Front südlich von Washington, fallen würde. Freilich erwies es sich jetzt vollends, daß er trotz aller voraufgegangenen Siege kein brillanter Stratege war. Gestützt auf die ungleich größeren Ressourcen des Nordens führte er einen viele Monate dauernden Zermürbungskrieg. Die langsam erlahmenden Streitkräfte des Südens zögerten unter der blendenden Leitung von General Robert E. Lee durch effiziente Kräftekonzentration und örtliche Gegenschläge ihre Niederlage immer von neuem hinaus. Grant seinerseits, allmählich im eigenen Lager als »the butcher«, der Metzger, verschrien, schickte seine Truppenmassen unentwegt ins feindliche Feuer. So kam dann im Frühjahr 1865 doch die erhoffte Entscheidung. Eines Rückzugswegs beraubt, entschloß sich Lee endlich zur Aufgabe. Als ihm Grant noble Kapitulationsbedingungen offerierte, unterzeichnete er am 9. April 1865 in einem kleinen virginischen Dorf die Kapitulationsurkunde.

Grant war der Held der Nation. 1866 wurde er in den neugeschaffenen Rang eines Generals erhoben. Und er machte verhaltene Schritte in Richtung Politik. Als Präsident Andrew ↑Johnson, der Nachfolger des kurz nach Kriegsende ermordeten Lincoln, seinen Kriegsminister 1867 in verfassungsrechtlich anzweifelbarer Manier seines Amtes enthob, ließ sich Grant zum vorläufigen Kriegsminister ernennen. Bald aber zerstritt er sich mit Johnson und rückte dem Republikanischen Lager näher. Der Lohn hierfür war die Aufstellung zum Republikanischen Präsidentschaftskandidaten 1868.

Der Bürgerkriegssieger wurde mit sicherer Mehrheit zum neuen Präsidenten gewählt. Während er aber die Armee mit Kompetenz geführt hatte, war dann seine Präsidentschaft, wie schon angedeutet, weniger rühmlich. In mancher Hinsicht wurde sie sogar ein vollkommenes Desaster. Schon früh kamen Zweifel auf hinsichtlich Grants politischer Qualifikation. Statt sich durch wohlbedachte Ministerernennungen abzusichern, berief er in sein Kabinett vorwiegend persönliche Freunde ohne fachliche Fähigkeiten oder auch Geldleute, die seinen Wahlkampf finanziert hatten.

Von Anfang seiner Regierung an verkündete Grant, daß er sich mit dem Kongreß nicht anlegen wolle, sondern »den Volkswillen« respektieren würde. So diktierten zuerst weiterhin die Radikalen seiner Partei, sehr zum Verdruß der weißen Mehrheit im Süden, die dortige Bundespolitik; dann aber sah Grant zu, wie diese Mehrheit ziemlich rasch wieder die Oberhand gewann und die Bürgerkriegsgewinne beschnitt. Viel Schelte erhielt seine Geldpolitik. In der expandierenden Wirtschaft zeigten sich deflationäre Tendenzen. Statt nun aber für eine Ausweitung des Währungsvolumens zu sorgen, hörte Grant im Gegenteil auf Einflüsterer, die zu ihrem eigenen Vorteil eine Politik des harten Geldes forderten. Zweifelhaften Finanziers, Jay Gould und James Fisk, gelang es 1869 beinahe, den Goldmarkt zu monopolisieren. Der aufgeschreckte Grant konnte zur Abwendung der Gefahr gerade noch rechtzeitig den Verkauf von Regierungsgold veranlassen. Aber 1873 wurde die Silberausmünzung eingestellt und der Goldstandard voll etabliert; 1874 untersagte Grant mit seinem Veto die Ausgabe von Papiergeld. Es beeindruckte ihn dabei nicht, daß inzwischen die 1873 ausgebrochene Depression das Wirtschaftsleben lähmte.

Außenpolitisch hatte Grant es vor allem seinem Außenminister Hamilton Fish zu verdanken, einer der wenigen respektablen Persönlichkeiten in seinem Kabinett, daß Unannehmlichkeiten vermieden wurden. So beabsichtigte er, die aufständische Regierung in Kuba anzuerkennen. Fish verhinderte dies, um Schwierigkeiten mit Spanien zu vermeiden. In Verhandlungen mit Großbritannien gelang Fish 1871 eine gütliche Einigung über im Bürgerkrieg entstandene Schadenersatzfragen. Den fixen Wunsch Grants, das karibische Santo Domingo zu annektieren, also die heutige Dominikanische Republik, konnte ihm Fish allerdings nicht ausreden. Aber da verweigerte der Senat die Zustimmung.

Grant wollte gern eine zweite Amtszeit ableisten, und der Republikanische Nominierungsparteitag konnte ihm 1872 die Kandidatur nicht gut verweigern. Grants Einschätzung, daß seine Popularität im breiten Volk noch nicht sehr gelitten hatte, erwies sich dann als richtig. Obwohl sich ein Zweig der Republikaner, die sogenannten Liberal Republicans, darunter der Deutschamerikaner Carl Schurz, abgespalten hatte, wurde er mit wesentlich größerer Mehrheit als zuvor wiedergewählt. Danach aber brach ein Skandal nach dem anderen los. 1872/73 kam die unerfreuliche Crédit-Mobilier-Affäre in die Presse; die Eisenbahnbaugesellschaft hatte Baugelder veruntreut und Aktien billig an Kongreßmitglieder und auch an Grants Vizepräsident Schuyler Colfax abgetreten. Kriegsminister William W. Belknap hatte Bestechungsgelder von Händlern im Indianergebiet angenommen. Auch schmutzige Geschäfte im Marineministerium und im Schatzamt kamen ans Licht. Als der »Whiskey-Ring« aufflog, den betrügerische Destilleure gegründet hatten, wurde General Orville E. Babcock bloßgestellt, der Privatsekretär des Präsidenten.

Grant selbst konnte zwar nicht der Korruption bezichtigt werden, aber in der Öffentlichkeit wuchs die Überzeugung, daß diese Skandale zumindest präsidentieller Inkompetenz anzulasten waren. Grant selbst und einige Hintermänner wollten dies nicht so sehen und dachten sogar über eine dritte Amtszeit nach. Auch seine Gattin Julia wollte ihn zu erneuter Kandidatur überreden. Nach den langen und kargen Jahren als Soldatenfrau, die sie oftmals monatelang allein mit den Kindern hatte verbringen müssen, hatte sie die Zeit im Weißen Haus sehr zu schätzen gewußt. Witzig und lustig, hatte sie gern den Mittelpunkt der Empfänge, Feste und Dinners gebildet und wohl auch den Gegensatz zu ihrem eher sauertöpfischen Mann genossen. Doch nach einiger Überlegung stimmte Grant nicht zu.

Als der Nachfolger ins Weiße Haus eingezogen war, begab sich das Ehepaar Grant daher vielmehr auf eine zweijährige Weltreise und ließ sich vor allem in den Hauptstädten Europas bewillkommnen und feiern. Nach der Rückkehr schien dann Grant der Gedanke an eine erneute Präsidentschaft nicht mehr so abwegig. Aber er erhielt 1880 nicht genügend Stimmen für die Kandidatur und stand nun vor der Aufgabe, Mittel für seinen und seiner Familie Lebensunterhalt beschaffen zu müssen. Spendengelder verlor er in unklugen Investitionen, und 1884 mußte er sogar Bankrott anmelden. Da war es gut, daß der Kongreß ihn im März 1885 in den Generalstand zurückerhob und ihm damit ein Gehalt zukommen ließ. Dessen vermochte er sich aber freilich nur noch einige Monate lang zu erfreuen, denn im Juli erlag er einem Kehlkopfkrebs. Seine Witwe lebte danach von den Einkünften, welche ihr die Veröffentlichung von Grants Memoiren durch Mark Twain gewährte. Heute hält die amerikanische Nation den Sieger im Bürgerkrieg immer noch in hohen Ehren. Seine Präsidentschaft vergißt man dabei lieber.

Lit.: William S. McFeely, *Grant: A Biography* (1981); Geoffrey Perret, *Ulysses S. Grant: Soldier and President* (1997); Frank J. Scaturro, *President Grant Reconsidered* (1998); Josiah Bunting III, *Ulysses S. Grant* (2004).

Rutherford Birchard Hayes

19. Präsident (1877–1881)

Geboren	4.10.1822 Delaware, Ohio
Konfession	Getauft, aber nicht festgelegt
Heirat	30.12.1852 mit Lucy Ware Webb (1831–1889)
Kinder	Acht
Partei	Republikaner
Amtszeit	4.3.1877–4.3.1881
Gestorben	17.1.1893 Fremont, Ohio
Grab	Spiegel Grove, Fremont, Ohio

Rutherford Birchard Hayes war gewiß kein großer Präsident. Aber er erledigte seine Aufgabe solide und trotz schwierigen Beginns auf die Dauer zur Zufriedenheit einer beträchtlichen Mehrheit seiner Landsleute. Im Grunde haftete dem mittelgroß gewachsenen Mann etwas Durchschnittliches an. Der Ungepflegtheit seines seit seiner Teilnahme am Bürgerkrieg wallenden Bartes entsprach die Achtlosigkeit seiner Kleidung. Auch rhetorisch vermochte er nicht zu glänzen, wenn seine Mitmenschen ihn auch als kenntnisreichen, sich klar ausdrückenden Gesprächspartner schätzten. So ließen ihn am Ende der skandalträchtigen Präsidentschaft Ulysses S. ↑Grants vor allem seine erwiesene Ehrlichkeit, seine Geradlinigkeit und seine Prinzipientreue für das höchste Staatsamt geeignet erscheinen.

Hayes' Eltern waren fünf Jahre vor seiner Geburt von der Ostküste über die Appalachen in das noch wenig besiedelte Ohio gezogen. Man baute Getreide an und destillierte es, wie dort damals üblich, zu Whisky, um das Produkt auf den Markt bringen zu können. Aber der Vater starb zehn Wochen, bevor der kleine Rud zur Welt kam. Zum großen Glück übernahm ein vermögender Bruder der Mutter dann mehr oder weniger die Vaterstelle. So erhielt Hayes einigen Schulunterricht und konnte sogar Jura an der Harvard University studieren. 1850 ließ er sich als Rechtsanwalt in Cincinnati nieder und wurde dort 1859 zum Stadtsyndikus gewählt. Zuvor hatte er die für ihre Zeit hochgebildete Lucy Webb geehelicht, die ihn dann jahrzehntelang nicht nur in seinen beruflichen und politischen Ambitionen bestärkte, sondern ihm auch ihre festen religiösen Überzeugungen wenigstens so weit nahebrachte, daß er sich für das Wohl der Schwarzen und die Temperenzbewegung aktiv engagierte. Später im Weißen Haus sah sie darauf, daß dort auch bei noch so feierlichen oder geselligen Anlässen kein Alkohol ausgeschenkt wurde. Da sich die Gäste hieran rasch gewöhnten, erfreute sich »Lemonade Lucy« nichtsdestoweniger beträchtlicher Popularität.

Als der Bürgerkrieg ausbrach, wurde Hayes von Lucy sogar ermuntert, für die gute Unionssache ins Feld zu ziehen. Viel Glamouröses vollbrachte er dort nicht, doch stieg er immerhin zum Brigadegeneral auf und wurde daraufhin 1864 von der Republikanischen Partei in seinem heimatlichen Wahlbezirk für den Kongreß aufgestellt und prompt gewählt. Vor Kriegsende noch rasch zum Generalmajor befördert, war er zwischen 1865 und 1876 Abgeordneter im amerikanischen Repräsentantenhaus und dann mehrmals Gouverneur von Ohio. Dabei erwies sich der Wahlkampf 1875 um den Gouverneursposten als besonders hart. Gerade deshalb aber brachte er dem erfolgreichen Hayes so viel landesweite Beachtung, daß die Republikaner ihn 1876 in Cincinnati zu ihrem Präsidentschaftskandidaten erkoren. Niemand erahnte, daß nun eine der umstrittensten Wahlen der amerikanischen Geschichte bevorstand.

Zwar erhielt in dieser Wahl im November 1876 der Demokratische Kandidat Samuel J. Tilden beträchtlich mehr Stimmen als Hayes, aber von den 185 benötigten Wahlmännern hatte er damit nur 184 hinter sich. Hayes hatte deren 165, doch ihn unterstützten die raffinierteren Wahlstrategen. Diese wiesen in South Carolina, Florida und Louisiana genügend Verstöße vor allem gegen das Wahlrecht schwarzer Wähler nach, so daß das Ergebnis unklar blieb. Nach einigem Hin und Her entschied man im Kongreß, eine Schiedskommission zu berufen. Deren Mitglieder, acht Republikaner und sieben Demokraten, stimmten dann jeweils im Sinne ihres Parteiinteresses. Hayes erhielt auf diese Weise die 20 Wahlmännerstimmen der drei Staaten und war damit denkbar knapp (185 : 184) zum Präsidenten gewählt.

»Fraud« ist das englische Wort für Betrug. »His Fraudulency« nannten künftig manche den neuen Amtsinhaber, »Rutherfraud Hayes« andere. Dieser ließ sich allerdings hiervon nicht sonderlich anfechten. Um den Demokraten seine Präsidentschaft schmackhaft zu machen, hatte er versprochen, die im Süden noch verbliebenen Bundestruppen abzuziehen. Das tat er nun auch umgehend, woraufhin sich in diesem Landesteil auf Jahrzehnte hinaus eine Demokratische Vorherrschaft etablierte. Weiterhin nahm Hayes nicht nur einen südstaatlichen Demokraten in sein Kabinett auf, sondern übertrug ihm auch den in jenen Zeiten des Ämterschachers wichtigen, weil über die meisten Patronagemöglichkeiten verfügenden Posten des Postmaster General. Hayes' größtes Verdienst als Präsident ist zweifellos, daß es ihm gelang, dem Süden und damit der ganzen Nation auf diese Weise nun endlich Ruhe zur Erholung nach den schrecklichen Bürgerkriegswirren zuteil werden zu lassen.

Außerdem, und dies wird ihm bis heute ebenfalls sehr positiv angerechnet, ging Hayes den ersten Schritt zur Eindämmung eben dieser parteilichen Ämtervergabe und in Richtung auf die Etablierung eines ordentlichen Beamtentums. Unter dem Einfluß seines Innenministers, des aus Deutschland eingewanderten Carl Schurz, untersagte er Bundesangestellten, sich politisch zu betätigen; speziell bemühte er sich, die Praxis abzustellen, daß Bundesangestellte einen Prozentsatz ihres Gehalts an die Partei zu zahlen hatten, der sie ihr Amt verdankten. Weites Aufsehen in der Öffentlichkeit löste sein Vorgehen in diesem Sinn gegen die korrupte New Yorker Zollbehörde aus. Gegen den erbitterten Widerstand der dortigen

Republikaner setzte er unter anderem die Abberufung des obersten Zollbeamten durch, des späteren Präsidenten Chester A. ↑Arthur, was ihm in der Presse viel Beifall eintrug.

Zustimmung, freilich nur in konservativen Zirkeln, erhielt Hayes auch zu seiner Haltung im großen Eisenbahnerstreik und zu seiner Geldpolitik. Als 1877 mehrere Eisenbahnfirmen die Löhne kürzten, streikten deren Arbeiter in mehreren Staaten und lieferten sich blutige Kämpfe mit der Nationalgarde. Hayes entsandte Bundestruppen, welche die Lage schließlich befriedeten. Besonders in Farmer- und Unternehmerkreisen verlangte man immer mehr nach einer Vergrößerung des Geldvolumens, da dieses der expandierenden Wirtschaft nicht mehr genügte. Hayes freilich glaubte an den Goldstandard und setzte inflationären Gesetzgebungsbemühungen des Kongresses wiederholt sein Veto entgegen. Eine Geschäftserholung gegen Ende seiner Präsidentschaft schien ihm dann hierin auch recht zu geben.

Insgesamt empfanden die Zeitgenossen jedenfalls in ihrer großen Mehrheit durchaus, daß Hayes' Amtszeit einen Wechsel zum Besseren nach dem empörenden Durcheinander der unmittelbar voraufgegangenen Präsidentschaften darstellte. Er selbst hatte schon vor seinem Einzug ins Weiße Haus angekündigt, daß er nur vier Jahre in demselben verbringen werde. Er hielt sich an sein Wort und ging im März 1881 mit seiner Frau auf das von seinem Onkel ererbte Gut nahe des Eriesees zurück. Dort verbrachte er, bei gelegentlichem philanthropischem Engagement, abseits der Politik die letzten zwölf Jahre seines Lebens.

Lit.: Kenneth E. Davison, *The Presidency of Rutherford B. Hayes* (1972); Ari Hoogenboom, *The Presidency of Rutherford B. Hayes* (1988); Ari Hoogenboom, *Rutherford B. Hayes: Warrior and President* (1995); Hans L. Trefousse, *Rutherford B. Hayes* (2002).

James Abram Garfield

20. Präsident (1881)

Geboren	19.11.1831 Orange, Ohio
Konfession	Disciples of Christ
Heirat	11.11.1858 mit Lucretia Rudolph (1832–1918)
Kinder	Sieben
Partei	Republikaner
Amtszeit	4.3.-19.9.1881
Gestorben	19.9.1881 Elberon, New Jersey
Grab	Cleveland, Ohio

James Abram Garfield war einer der vier Präsidenten, die von Mörderhand starben. Daß ihn die Pistolenkugel nur wenige Monate nach seinem Amtsantritt traf, trägt wohl dazu bei, daß sich heute außer Fachhistorikern nur noch wenige Amerikaner seiner erinnern. In der kurzen Zeit, die ihm zur Verfügung stand, vermochte er sich nicht über den kleinlichen Parteienstreit seiner Epoche zu erheben. Wir können lediglich vermuten, daß der Vollblutpolitiker hierzu vielleicht doch das Zeug gehabt hätte.

Garfield konnte als letzter Präsident von sich behaupten, in einer Blockhütte geboren worden zu sein. Seine aus Neuengland stammenden Eltern betrieben in dem noch spärlich besiedelten Ohio eine Farm, als der Vater 1833 bei der Bekämpfung eines Waldbrandes umkam. Die Mutter brachte ihre fünf Kinder nur in Mühsal durch, doch gelang es ihr, James, ihrem Jüngsten, zu etwas Schulbildung zu verhelfen und ihm eine tiefe Religiosität zu vermitteln. Er durchlief ein College der Disciples of Christ, einer ökumenischen Sekte, und das Williams College in Massachusetts. Schulmann und Prediger, heiratete er 1858 seine Jugendfreundin Lucretia Rudolph. 1859 in den Senat von Ohio gewählt, stieg der eifrige Republikaner im Bürgerkrieg rasch vom Oberstleutnant zum Generalmajor auf, verließ aber das Militär, als er 1863 in das amerikanische Repräsentantenhaus gewählt wurde.

In Washington agierte Garfield gewandt vor und hinter den Kulissen der politischen Szene. Konservativ gesinnt, focht er in den Fehden der Reconstructionzeit auf der Seite der Radikalen für die Rechte der Schwarzen, half in der Währungsfrage bei der Abschaffung der im Krieg eingeführten papierenen Greenbacks und trat für eine die Industrie begünstigende Schutzzollpolitik ein. Freilich blieb er von den vielerlei Skandalen der Periode nicht unberührt. So konnte er nicht leugnen, von der inkriminierten Crédit-Mobilier-Gesellschaft Aktien erhalten zu haben. Aber dies kostete ihn, bezeichnend für die Atmosphäre der damaligen Zeit, kaum die Sympathien seiner Wähler. In der Hierarchie seiner Partei stieg er beständig empor. Er wurde in wichtige Kongreßausschüsse berufen, diente in der Kommission, die 1876 den Ausgang der Wahl Präsident Rutherford B. ↑Hayes' entschied und wurde 1880 in den amerikanischen Senat gewählt.

Bevor Garfield seinen Sitz im Senat einnehmen konnte, hob ihn allerdings seine politische Cleverness noch eine Stufe höher. Auf dem Nominierungsparteitag der Republikaner 1880 befürwortete er zuerst die Kandidatur anderer Bewerber. Als sich die Delegierten bis zum 34. Wahlgang nicht einigen konnten, trat er endlich als Kompromißkandidat ins Rampenlicht und wurde im 36. Wahlgang einstimmig aufgestellt. Die eigentliche Wahl im November konnte er dann zwar nur mit einer hauchdünnen Wähler-, aber doch mit einer soliden Wahlmännermehrheit gewinnen.

Es gab Gerüchte, wonach sich Garfield die Zustimmung des starken New Yorker Flügels der »Stalwarts« durch geheime Absprachen über Ämterverteilung nach der Wahl erkauft habe. Aber der Präsident enttäuschte jedenfalls die Stalwarts bitter. Das Amt des Außenministers ging an James G. Blaine, den Anführer einer konkurrierenden Gruppierung, und auch die erwarteten Ernennungen von Stalwarts im New Yorker Zollhaus blieben aus. Der Austrag dieser Händel bestimmte die ersten Amtswochen des Präsidenten, als am 2. Juli 1881 ein enttäuschter Postenaspirant, Anhänger der Stalwarts, auf einem Washingtoner Bahnhof zweimal auf ihn feuerte. Garfield siechte noch einige Monate dahin, bis er dann im September starb. Sein Mörder wurde gehängt.

Lit.: John M. Taylor, *Garfield of Ohio: The Available Man* (1970); Allan Peskin, *Garfield: A Biography* (1978); Justus D. Doenecke, *The Presidencies of James A. Garfield & Chester A. Arthur* (1981).

Chester Alan Arthur

21. Präsident (1881–1885)

Geboren	5.10.1829 North Fairfield, Vermont
Konfession	Episkopalkirche (anglikanisch)
Heirat	25.10.1859 mit Ellen Lewis Herndon (1837–1880)
Kinder	Drei
Partei	Republikaner
Amtszeit	20.9.1881–4.3.1885
Gestorben	18.11.1886 New York, New York
Grab	Albany, New York

Wäre James A. ↑Garfield nicht ermordet worden, hätte es Chester Alan Arthur wohl nie zum Präsidenten gebracht. Ein Mann von durchschnittlichen Fähigkeiten und nicht dem allerbesten Leumund, war er 1880 auf dem Wahlparteitag nur deshalb als Vizepräsident aufgestellt worden, weil die Strategen der Republikanischen Partei ein New Yorker Pendant zum Ohiomann Garfield benötigten. Arthur erfüllte das Hauptkriterium: Er gehörte zum New Yorker Parteiflügel der Stalwarts, die beschwichtigt werden mußten, nachdem ihr Präsidentschaftsfavorit Ulysses S. ↑Grant nicht nominiert worden war.

Ansonsten sprach 1880 nicht sehr viel für einen Vizepräsidentschaftskandidaten Arthur. In einem Nest in Vermont als Sohn eines aus Irland eingewanderten Baptistenpredigers geboren, hatte er mit 15 Jahren ein kleines College im Staat New York bezogen. Nach dem Studienabschluß schlug er sich als Schullehrer durch, bildete sich aber außerdem in der damals nicht unüblichen Weise nebenher im Rechtswesen aus. 1854 wurde er in New York City als Rechtsanwalt zugelassen und eröffnete bald darauf mit zwei Partnern eine Kanzlei, was ihm 1859 erlaubte, die 22jährige Ellen Lewis Herndon zu ehelichen, Tochter einer distinguierten virginischen Familie. Dem Paar wurden drei Kinder geboren, wovon eines schon als Kleinkind starb. Ellen selbst – der ihr sehr zugetane Gatte nannte sie Nell – erlag freilich ein Jahr, bevor Arthur Präsident wurde, einer Lungenentzündung.

Arthur begriff seinen Rechtsanwaltsberuf als Mittel zum Einstieg in die Politik. Wahlhilfe für den Gouverneur des Staates New York erbrachte Arthur 1861 den Posten des Chefingenieurs des Staates, und im kurz darauf beginnenden Bürgerkrieg erwarb er sich als Quartiermeister viel Anerkennung für seine organisatorische Leistung bei der Besorgung von Unterkünften, Verpflegung und Ausrüstung für die Miliz. 1863 zurück im Zivilleben, galt er bald als einer der verläßlichsten Gefolgsleute des New Yorker Parteibosses Roscoe Conkling.

Conkling verschaffte Arthur 1871 den lukrativen und einflußreichen Posten des Chefs des New Yorker Bundeszollamtes. Dieses erhob drei Viertel aller amerikanischen Einfuhrzölle und beschäftigte Tausende von Angestellten. Zum einen kontrollierte Arthur damit die Ernennung der im Zollamt Beschäftigten; zum anderen kassierte er die jährlichen Kontributionen der Ernannten an die Parteikasse. Diesen Geldfluß aufrechtzuerhalten war seine wichtigste Aufgabe. Er entledigte sich ihrer mit Talent und zur hohen Zufriedenheit des Parteiestablishments. Zu dessen Leidwesen wurde die Idylle allerdings Ende der 1870er Jahre empfindlich gestört. Präsident Rutherford B. ↑Hayes, obwohl auch mit Arthurs finanzieller Unterstützung ans Ruder gekommen, ordnete nach seinem Amtsantritt 1877 umgehend eine Untersuchung des ganzen Patronagewesens an. Arthur verlor unter Korruptionsverdacht seine Stelle und kehrte zurück in seine Kanzlei und zu dröger Parteiarbeit.

Aber diese Erfahrung mußte nicht das Ende der öffentlichen Karriere Arthurs bedeuten. Er verdankte seinen Aufstieg in der Hierarchie der Republikanischen Partei hauptsächlich seiner Tatkraft, seiner Anpassungsfähigkeit und seinem Talent, Beziehungen zu pflegen. Wenn auch persönlich eitel und stets nach der letzten Mode gekleidet, ließ er es sich jedenfalls angelegen sein, die Hohen und Wichtigen mit soignierter Gastlichkeit zu empfangen. Nach einem splendiden Mahl glänzte er bei Whiskey und Zigarren als amüsanter Raconteur, und man schätzte seine Zuverlässigkeit und seine Verschwiegenheit. So mochte die Nominierung zum Vizepräsidentschaftskandidaten nicht zuletzt eine Art Trostpflaster darstellen für die erlittene Unbill. Arthur, der die gesellschaftliche Aufwertung zu würdigen wußte, nahm die Offerte freudig an. Im Wahlkampf trug er dann durch Spendensammeln und organisatorische Aktivitäten seinen Teil zum entscheidenden Republikanischen Erfolg im Staat New York bei.

Die meisten Leute erwarteten, daß der Parteimann Arthur im Präsidentenamt die Korruption solide installieren würde. Aber nach dem Ableben Garfields überraschte er die Öffentlichkeit durch sein achtbares und honettes Verhalten. Über die Direktiven Conklings setzte er sich hinweg, und die Leute, die er mit leitenden Funktionen beauftragte, waren durchweg anerkanntermaßen kompetent, mochten sie auch in der großen Mehrzahl dem Stalwartflügel zugehören.

Überhaupt erwarb sich Arthur allmählich den Ruf eines ehrlichen und verantwortungsvollen Sachwalters der Republik. Ein Gesetz gegen die Polygamie bereitete den Boden für die spätere Aufnahme des Mormonenstaates Utah in die Union. Ein umfangreiches Ausgabengesetz des Kongresses, das im Land üppige Subsidien verteilen sollte, belegte Arthur mit seinem Veto und ebenso ein Verbot der Einwanderung von Chinesen. In beiden Fällen überstimmte der Kongreß zwar das präsidentielle Veto, aber die Gesetze wurden immerhin abgemildert. Und im größten Korruptionsprozeß Anfang der 1880er Jahre, dem sogenannten Star-Route-Skandal, in dem Subunternehmer der Post wegen ungerechtfertigter Bereicherung angeklagt waren, stärkte Arthur der Staatsanwaltschaft erfolgreich den Rücken.

Zwei während der Amtszeit Arthurs getroffene Maßnahmen stießen Entwicklungen an, die noch jahrzehntelang wirkten. Da sich die Regierung in der erfreulichen Lage befand, mehr Einnahmen als Ausgabeverpflichtungen zu haben, veranlaßte der Präsident die Kiellegung mehrerer großer Kriegsschiffe, was schließlich in die gewaltigen Marinebauprogramme des nächsten Jahrhunderts mündete. Der vielleicht verdienstvollste gesetzgeberische Schritt war die unter maßgeblicher präsidentieller Beteiligung zustande kommende Verabschiedung des sogenannten Pendleton Act. Dieses Gesetz schwächte durch die Einführung von Prüfungen und Beschäftigungsgarantien im Bundesdienst das herrschende Patronagewesen und schuf die Grundlage für ein modernes Beamtensystem.

So erhoffte sich Arthur 1884 noch weitere vier Jahre als Präsident. Es zeigte sich jedoch, daß seine Amtsführung viele ehemalige Freunde in der eigenen Partei vergrätzt hatte, und er vermochte sich auf dem Nominierungsparteitag in Chicago nicht durchzusetzen. Es konnte ihm kein Trost sein, daß dann bei der eigentlichen Wahl im November gar kein Republikaner das Rennen machte, sondern der Demokrat Grover ↑Cleveland. Er selbst kehrte in seine Rechtsanwaltskanzlei zurück, doch starb er schon im nächsten Jahr an einer Nierenkrankheit. Manche hatten zu seinen Lebzeiten in ihm vornehmlich den Parteikalfaktor gesehen und den Stutzer mit gelocktem Backenbart und fein polierten Stiefeletten. Heute sieht man ihn vor allem als zwar wenig brillanten, aber um das Wohl seines Landes ehrlich bemühten und durchaus nicht verdienstlosen Politiker.

Lit.: Thomas C. Reeves, *Gentleman Boss: The Life of Chester Alan Arthur* (1975); Justus D. Doenecke, *The Presidencies of James A. Garfield & Chester A. Arthur* (1981); Zachary Karabell, *Chester Alan Arthur* (2004).

Stephen Grover Cleveland

22. Präsident (1885–1889) und
24. Präsident (1893–1897)

Geboren	18.3.1837 Caldwell, New Jersey
Konfession	Presbyterianer
Heirat	2.6.1886 mit Frances Folsom (1864–1947)
Kinder	Fünf
Partei	Demokrat
Amtszeit	4.3.1885–4.3.1889; 4.3.1893–4.3.1897
Gestorben	24.6.1908 Princeton, New Jersey
Grab	Princeton, New Jersey

Stephen Grover Clevelands Reputation hat Wandlungen durchgemacht. Zu seinen Lebzeiten hatte er viele Bewunderer und viele Gegner. Danach, vor allem in den 1920er und 1930er Jahren, sah man ihn allgemein als einen der großen, oder doch der beinahe großen Präsidenten, vor allem, weil er sich mannhaft mit einem oft widerspenstigen Kongreß anlegte. Aber nach dem Zweiten Weltkrieg sank er dann wieder in der Gunst der Betrachter, die seinen Verzicht auf größere Regierungsaktivität und sein Eintreten für den Goldstandard als den Bedürfnissen seiner Zeit nicht gerecht erachteten. Heute ist das Pendel erneut etwas zurückgeschwungen, und in den vielerlei ständig veranstalteten Einschätzungen rangiert er etwas über dem Durchschnitt.

Dabei ist zu bemerken, daß auch in Amerika Nichthistoriker meistens nicht allzuviel von Cleveland wissen. Gebildeten ist bekannt, daß er der einzige Präsident war, der zwei nicht aufeinander folgende Amtzeiten ableistete. Und man erinnert sich zumeist seiner in den Schulbüchern abgebildeten massigen Gestalt – er wog fast 120 Kilogramm – und seines buschigen Schnauzbarts. Aber während seiner Präsidentschaft geschahen weder große Taten, noch gab es wüste Skandale. Für klare Meinungen über ihn mangelt es daher an markanten Anhaltspunkten. Dabei war er ein Mann solider Prinzipien, die er nicht nur predigte, sondern auch einhielt. Und er hat sein Land besser auf gutem Kurs gehalten, als manche Amtsinhaber vor ihm und nach ihm, deren man sich eher entsinnt.

Der Sohn eines presbyterianischen Geistlichen erhielt keine gründliche Schulbildung, da der Vater der elfköpfigen Familie schon 1853 starb. Ein Onkel in Buffalo besorgte dem Sechzehnjährigen eine Stelle in einem Rechtsanwaltsbüro. 1859 wurde Cleveland als Anwalt zugelassen. Im Bürgerkrieg veranlaßte ihn die Notwendigkeit, auch für seine Mutter mitsorgen zu müssen, zur Bezahlung eines Ersatzmannes, der an seiner Stelle den Militärdienst ableistete. Dies war damals zwar legal, doch konnten ihm später politische Kontrahenten deshalb Drückebergerei vorwerfen. Denn Cleveland zog es bald in die Politik, und da er für gewöhnlich direkt und rundheraus seine Meinung sagte, mangelte es ihm nie an Gegnern.

Schon vor dem Krieg hatte Cleveland sich den Demokraten angeschlossen, deren konservative Etabliertheit ihm mehr zusagte als die noch andauernde Selbstsuche der jungen Republikanischen Partei. So diente er ein paar Jahre lang in seinem Distrikt im Staat New York erst als Hilfsstaatsanwalt und dann als Sheriff. Zum Aufgabenbereich des letzteren gehörte auch die Funktion des Henkers, und zweimal mußte er persönlich unter zum Galgen Verurteilten die Falltür öffnen.

Aber er zeigte sich als ehrliche und vertrauenswürdige Persönlichkeit, und das gewann ihm Ansehen in jener von Korruption und Parteienfilz gekennzeichneten Zeit. 1881 forderte ihn eine Gruppe reformwilliger Bürger in Buffalo auf, für das Amt des Bürgermeisters zu kandidieren. Er wurde gewählt und rechtfertigte das Vertrauen, indem er öffentlichkeitswirksam unter anderem eine beträchtliche Anzahl betrügerischer Liefer- und Dienstleistungsverträge blockierte. Prompt schlug man ihn zur Gouverneurswahl vor, und trotz des Widerstandes des alteingesessenen Demokratischen Parteiestablishments wurde er gewählt.

War Clevelands rascher Aufstieg bis dahin beeindruckend genug gewesen, so erhielt er nun meteorhaften Charakter. Bewunderer in der Demokratischen Partei drückten 1884 seine Nominierung zum Präsidentschaftskandidaten durch. Sein Republikanischer Gegner war ein altgedienter, mit Bestechungsaffären behafteter Politiker namens James G. Blaine. Der Wahlkampf wurde dann wie so oft mit Gift und Galle geführt. Clevelands Chancen schienen zu schwinden, als Vorwürfe laut wurden, er habe vor Jahren ein uneheliches Kind gezeugt. Doch man erfuhr, daß er die Vaterschaft übernommen hatte, obwohl dieselbe gar nicht voll bewiesen war. Die Entscheidung des Wahlvolks war schließlich denkbar knapp, lediglich 0,3 Prozent der Stimmen trennten den Sieger vom Besiegten. Der erstere aber hieß Cleveland, und im Wahlmännerkollegium erhielt er eine solide Mehrheit.

Der neue Präsident blieb seinen bislang verkündeten und gelebten Regierungsprinzipien treu. Eines davon war die in Amerika als konservativ geltende Ansicht, daß der Bürger für sein Wohl zuerst selbst zu sorgen habe. »Das Volk finanziert die Regierung«, war sein Wort, »und nicht die Regierung das Volk.« Er verhinderte daher nach Möglichkeit selbst kleine Regierungssubventionen. Über hundertmal legte er sein Veto ein gegen Pensionszuwendungen an einzelne Bürgerkriegsveteranen, obwohl sich noch kein Präsident vor ihm solchen Ansinnen verweigert hatte. Nach Kräften wehrte er sich auch gegen den enormen Ansturm von Postenjägern. Die Demokratische Partei war ja zum ersten Mal seit zwei Jahrzehnten wieder an der Regierung, und viele von Clevelands Parteifreunden hatten gehofft, daß nun in der üblichen Manier die Republikanischen Amtsinhaber zugunsten von Demokraten entlassen würden. Cleveland rettete nur ein Drittel der Posten vor der Auswechslung, setzte aber damit doch ein Beispiel für die Professionalisierung der öffentlichen Amtsinhaber in Amerika.

Der Präsident fürchtete Kritik nicht. Seinen bemerkenswertesten Schritt tat er in der Frage des Zolltarifs, in der er offenbar den

Süden begünstigte, der ja traditionell freihändlerisch eingestellt war. Schon seit geraumer Zeit quoll die Kasse der Bundesregierung wegen üppiger Zolleinnahmen über. Einige Marinebauten unter Präsident Chester A. ↑Arthur hatten wenig Abhilfe geschaffen. Da Cleveland Ausschüttungen zuwider waren, suchte er nun die oft noch aus Bürgerkriegszeiten stammenden hohen Einfuhrzölle abzubauen. Das mußte breiten Käuferschichten zugute kommen. Die Absicht verärgerte aber die Industriekreise im Nordosten des Landes. Ein entsprechender Gesetzentwurf ging 1888 zwar glatt durch das Repräsentantenhaus, doch der Republikanisch beherrschte und protektionistisch gesinnte Senat wollte den nächsten Präsidentschaftswahlkampf mit dieser Frage bestreiten und lehnte zum präsidentiellen Mißfallen das Gesetz ab.

Im Wahljahr 1888 wurde Cleveland von seiner Partei dennoch erneut nominiert. Aber seine Siegesaussichten erschienen nun fraglich, hatte er doch zu viele Wünsche nicht erfüllt und zu viele Empfindlichkeiten mißachtet. Die Republikaner stellten Benjamin ↑Harrison auf, den Enkel des Siegers von Tippecanoe. Dessen Wahlmanager Matthew S. Quay hatte die größere Summe Geld zur Verfügung, da die um ihren Zollschutz fürchtende Industrie nicht knauserte. Es war wiederum ein Wahlkampf voller Schiebungen, Bestechungen und Pressionen. Am Schluß lag Harrison mit 0,7 Prozent vorn, und der Amtsinhaber mußte sich in seine Rechtsanwaltspraxis zurückziehen.

Cleveland und seine junge Frau wären gern im Weißen Haus geblieben. Er hatte seine Präsidentschaft noch als Junggeselle angetreten. Aber eines Tages Ende Mai 1886 hatte er die Öffentlichkeit mit der Ankündigung überrascht, daß er sich in der kommenden Woche verehelichen würde. Die Auserwählte, Frances Folsom, war 27 Jahre jünger als er und die Tochter eines lange verstorbenen Kanzleipartners, für die er Fürsorgepflichten ausgeübt hatte. Mancherlei Häme wurde laut, doch das Paar kam offensichtlich gut miteinander zurecht. Kinder wurden geboren, und die junge First Lady erfüllte ihre gesellschaftlichen Verpflichtungen mit Kompetenz und Charme. Beim Abschied aus dem Weißen Haus kündigte sie an, daß sie in vier Jahren zurückkehren werde.

Und so kam es. 1892 stellten die Demokraten Cleveland nochmals auf. Wieder war Harrison sein Republikanischer Gegenkandidat. Aber zu dieser Zeit, in der die Währungsfrage die Öffentlichkeit wie fast kein anderes Problem beschäftigte, erschien Cleveland als der Standfestere, der einer Aufweichung des Dollars bestimmt entgegenwirken würde. Er siegte. Kaum waren er und seine Familie 1893 wieder ins Weiße Haus eingezogen, stürzte freilich eine Wirtschaftskrise, die sich bald als die schwerste des Jahrhunderts erweisen sollte, das Land in Chaos und Elend.

Die Misere blieb das dominierende Thema der zweiten Amtszeit Clevelands. Für Reformen ergab sich da wenig Gelegenheit. So sah es zumindest der Präsident, der sich mehr denn je an seine alten, der klassischen Volkswirtschaftstheorie geschuldeten Grundsätze klammerte. Deren wichtigste waren ihm Sparsamkeit und fiskalische Probität. Und so widerstand er nach aller Möglichkeit den inflationären Bestrebungen anderer innerhalb und außerhalb seiner Partei, die durch freies Ausmünzen von Silber die Wirtschaft ankurbeln wollten. Wenn der Staat zu handeln hatte, so lediglich zur Bewahrung der Ordnung. Als 1894 der landesweites Aufsehen erregende Streik der Arbeiter in den Pullmanwerken in Chicago, denen die Löhne um 25 Prozent gekürzt worden waren, den Eisenbahnverkehr lahmlegte, sandte Cleveland Bundestruppen, die den Ausstand beendeten.

Stimmte Clevelands innenpolitischer Haltung nur ein Teil der Amerikaner zu, so erhielten auch seine außenpolitischen Aktionen nicht immer Beifall. Viele Leute mißbilligten seine Weigerung 1893, einen Vertrag zur Annexion von Hawaii zum Senat gehen zu lassen, der noch unter Harrison mit Aufständischen abgeschlossen worden war. Und ebensowenig befriedigte er alle Seiten, als er Rufen zur Unterstützung kubanischer Rebellen gegen Spanien keine Folge leistete. Am ehesten fand noch seine Initiative im Venezueladisput Zustimmung. Die britische Regierung stritt mit dem südamerikanischen Staat um den Besitz eines Streifens im Grenzland von Britisch-Guyana, als dort Gold gefunden wurde. Cleveland pochte auf die von Präsident James ↑Monroe verkündete Doktrin, die europäische Kolonisierung in der westlichen Hemisphäre ausschloß. Er verlangte, daß die Frage einem Schiedsgericht vorgelegt wurde. London weigerte sich lange, stimmte aber 1897 schließlich zu.

Dieser kleine Erfolg verbesserte Clevelands durch die Depression ramponiertes Renommee nicht sonderlich. Im Wahljahr 1896 dachte niemand ernsthaft an eine weitere Amtszeit, und so zog er sich im März 1897 wieder in seine Rechtsanwaltstätigkeit zurück. Hierzu ließ er sich mit seiner Familie in Princeton, New Jersey nieder. Obwohl man ihm schon 1893 wegen eines Krebsgeschwürs eine Kieferhälfte hatte entfernen müssen, lebte er dort noch in annehmbarer Gesundheit und sich vielen öffentlichen Aufgaben widmend bis in sein 72. Lebensjahr.

Lit.: Richard E. Welch, Jr., *The Presidencies of Grover Cleveland* (1988); Alyn Brodsky, *Grover Cleveland: A Study in Character* (2000); H. Paul Jeffers, *An Honest President: The Life and Presidencies of Grover Cleveland* (2000); Henry F. Graff, *Grover Cleveland* (2002).

Benjamin Harrison

23. Präsident (1889–1893)

Geboren	20.8.1833 North Bend, Ohio
Konfession	Presbyterianer
Heirat	20.10.1853 mit Caroline Lavinia Scott (1832–1892); 6.4.1896 mit Mary Scott Lord Dimmick (1858–1948)
Kinder	Zwei (erste Frau); eines (zweite Frau)
Partei	Republikaner
Amtszeit	4.3.1889–4.3.1893
Gestorben	13.3.1901 Indianapolis, Indiana
Grab	Indianapolis, Indiana

Sehr umgänglich war »Little Ben«, wie der kurzgewachsene Oberst Benjamin Harrison bei seinen Untergebenen im Bürgerkrieg hieß, nicht gerade. Manche nannten ihn einen »human iceberg«, einen menschlichen Eisberg, und sein späterer Nachfolger Theodore ↑Roosevelt sah in ihm gar einen »kaltblütigen, engstirnigen, voreingenommenen, sturen, verklemmten, alten, psalmensingenden Politiker aus Indianapolis«.

Immerhin besaß dieser aber doch so viel Kontaktfähigkeit, daß er sich nicht nur im hauptstädtischen Personendickicht des ausgehenden 19. Jahrhunderts zu behaupten und 1888 die Präsidentschaftskandidatur der Republikanischen Partei zu gewinnen vermochte, sondern daß er dann auch noch den Sieg in der landesweiten Wahl davontrug. Zwar erhielt er in letzterer weniger Stimmen als gleichzeitig sein Demokratischer Vorgänger und Nachfolger Grover ↑Cleveland, aber er konnte sich dann doch, wie dies in den Vereinigten Staaten manchmal der Fall ist, im Wahlmännerkollegium mit solider Mehrheit durchsetzen.

Freilich war manches dran an Roosevelts wenig kollegialen Feststellungen. Harrison hatte in Indianapolis seit seiner Niederlassung als Rechtsanwalt 1855 seine politische Basis. Dort sang er zweifelsohne auch Psalmen, denn er unterrichtete in der Sonntagsschule, ging zur Bibelstunde und fungierte als einer der Kirchenältesten in der First Presbyterian Church. Seine vielfach bezeugte Distanziertheit mochte teilweise seinem Naturell entspringen; teilweise rührte sie aber vielleicht auch von einem kalvinistischen Bewußtsein von Auserwähltheit her, dokumentierte sich diese doch schon in der Tatsache, daß er der Enkel eines früheren Präsidenten (William H. ↑Harrisons) und der Sohn eines erfolgreichen Abgeordneten des amerikanischen Repräsentantenhauses war.

Harrisons Gattin Carrie, die Tochter eines presbyterianischen Geistlichen und Schulvorstandes, stand ihm an Selbstbewußtsein in nichts nach. Kaum war das Präsidentenpaar ins Weiße Haus eingezogen, holte sie ihre Tochter und deren zwei Kinder sowie andere Verwandte nach und verlangte vom Kongreß Mittel zur umfänglichen Erweiterung des Wohnquartiers. Dieser zeigte sich freilich knauserig und genehmigte nach langem Streit wenig anderes als Elektrifizierung. Das brachte dann Probleme mit sich, denn weder der Präsident noch die First Lady trauten sich, die Schalter zu berühren; sie ließen vielmehr das Licht über Nacht brennen, bis morgens ein Techniker zum Ausschalten kam.

Dabei war Harrison eigentlich nicht furchtsam. Im Bürgerkrieg hatte er ein Regiment ausgehoben und war dann als dessen Oberst mit ins Feld gezogen. Nach viel langweiliger Wacheschieberei war man 1864 vor Atlanta auch kurz zum Kampfeinsatz gekommen, und Harrison kehrte als Brigadegeneral zurück. Dies half ihm zwar nicht, bei einem Versuch 1876 die Gouverneurswahl in Indiana zu gewinnen, aber ab 1880 vertrat er dafür seinen Staat im amerikanischen Senat. Dort setzte er sich energisch für eine Erhöhung der Veteranenpensionen ein. Dies hob seine Popularität, und er erschien 1888, als sein stärkster Parteirivale, James G. Blaine, die Präsidentschaftskandidatur ablehnte, nunmehr als der aussichtsreichste Bewerber. Rasch aufgestellt, schaffte er, wie schon erwähnt, auch den Schritt ins Weiße Haus.

Will man übernehmen, was manche sagen, nämlich daß Harrison der beste Präsident seit Abraham ↑Lincoln gewesen sei, so wird man dies vor allem mit seiner Durchsetzung wichtiger Gesetzesvorhaben während seiner frühen Amtszeit begründen wollen. Ein Meilenstein, bis heute unvergessen, war zweifellos der 1890 verabschiedete Sherman Antitrust Act. Die heftige Industrialisierung der vorausgegangenen Jahrzehnte hatte zu Kartell- und Trustbildung geführt. Der Antitrust Act war ein erster Versuch, das Gemeinwohl über das Eigeninteresse der nach oligopol- oder gar monopolartiger Beherrschung des Marktes strebenden Wirtschaftskapitäne zu setzen. Auch wenn das Gesetz noch wenig konkrete Wirkung zeigte, so wurde doch der Bann gebrochen, und es konnten Erfahrungen gemacht werden, die dann im neuen Jahrhundert zu effektiveren Maßnahmen führten.

Als geschickter Politiker zeigte sich Harrison, als er die Verabschiedung des Sherman Silver Purchase Act förderte. Schon lange verlangten Farmer und andere kleine Schuldner die inflationäre Ausmünzung von Silber, um den Geldmangel zu lindern. Banken und östliche Geschäftskreise fürchteten dagegen eine Verwässerung der Währung. Das genannte Gesetz zeigte den Silberfreunden den guten Willen der Regierung, indem es Silberankauf mit Hilfe von Bundesschuldverschreibungen und damit praktisch eine Papiergeldausgabe dekretierte. Da das Volumen aber sehr beschränkt blieb, hatte die andere Seite keinen eigentlichen Grund zu großer Aufregung.

Ein drittes großes Gesetz in Harrisons zweitem Amtsjahr war das von Senator William ↑McKinley, dem späteren Präsidenten, gesponserte Zollgesetz. Es hob den Zolltarif im Durchschnitt auf 49,5 Prozent des Warenwerts, eine in der amerikanischen Geschichte bis dahin nie gekannte Höhe. Die Absicht war, die amerikanische Industrie vor Konkurrenz von außen zu schützen und damit auch Arbeitsplätze zu sichern. Im breiten Volk bemerkte man freilich vor allem die Teuerung, was den Republikanern in den darauffolgenden Kongreßwahlen dann erheblich schadete.

Harrison hätte es vielleicht gelingen können, durch außenpolitische Erfolge seiner von Anfang an nicht sehr großen Popularität aufzuhelfen. Der von ihm zum Außenminister bestellte Blaine arbeitete zielstrebig in diese Richtung, als er mit Harrisons Ermunterung zur ersten Internationalen Amerikanischen Konferenz einlud. Delegierte aus insgesamt 17 Staaten der westlichen Hemisphäre versammelten sich 1890 in Washington und gründeten die später Panamerikanische Union genannte Organisation. Da die Lateinamerikaner aber durchweg die Übermacht der Vereinigten Staaten fürchteten, wurde darüber hinaus kaum Konkretes beschlossen. Ein voller Flop war vollends der Versuch, Hawaii zu annektieren, als dort eine Revolution ausbrach. Demokratischer Widerstand im Senat brachte das Vorhaben 1893 zum Scheitern.

Als 1892 wieder Wahlen anstanden, konnten die Republikaner nicht umhin, Harrison nochmals aufzustellen. Aber sein Mangel an persönlicher Ausstrahlungskraft, entsprechende Apathie bei seinen Parteigenossen und die sich ankündigende wirtschaftliche Depression kosteten ihn den ohnehin kaum erhofften Sieg. Seine anschließende Rechtsanwaltstätigkeit in Indianapolis wurde dann noch einmal unterbrochen, als er, trotz großen Aufwandes ohne beeindruckenden Erfolg, 1899 Venezuela vor einem Schiedsgericht in Paris in einem Grenzstreit gegen Großbritannien vertrat. Einige Jahre vorher schon hatte er, gegen den Widerstand seiner zwei Kinder aus erster Ehe, die Nichte seiner ersten Frau geheiratet, da letztere noch während seiner Amtszeit an Tuberkulose gestorben war. Er selbst, von Jugend an ein starker Zigarrenraucher, erlag mit 67 Jahren einer Lungenentzündung.

Lit.: Harry J. Sievers, *Benjamin Harrison*. 3 Bde. (1952–68); Homer E. Socolofsky und Allan B. Spetter, *The Presidency of Benjamin Harrison* (1987).

William McKinley
25. Präsident (1897–1901)

Geboren	29.1.1843 Niles, Ohio
Konfession	Methodist
Heirat	25.1.1871 mit Ida Saxton (1847–1907)
Kinder	Zwei
Partei	Republikaner
Amtszeit	4.3.1897–14.9.1901
Gestorben	14.9.1901 Buffalo, New York
Grab	Canton, Ohio

Persönlich hatte William McKinley nichts Aufregendes an sich. Sein äußerlich auffallendstes Charakteristikum, seine Bartlosigkeit – er war der erste vollrasierte Präsident seit Andrew ↑Johnson –, konnte man als ebenso langweilig empfinden wie seine milde Unaufgeregtheit, seine ausdauernde Zielstrebigkeit und seine prosaische Nüchternheit. Freilich vermochte man ihm bei gutem Willen seine Humorlosigkeit großenteils nachzusehen, denn ein guter Teil davon war sicher seinem schwierigen Eheleben geschuldet. Aber seine Person verschwand und verschwindet jedenfalls weitgehend hinter den Ereignissen seiner Präsidentschaft, vor allem den außenpolitischen, obwohl er an denselben viel Anteil hatte.

In der Jugend McKinleys war sein Aufstieg ins höchste Amt der Nation nicht vorauszusehen. Der intelligente Junge, das siebte von acht überlebenden Kindern einer wenig begüterten Familie, wuchs im industriellen Nordosten Ohios auf. Er erhielt nicht allzuviel Schulbildung, und bei Ausbruch des Bürgerkrieges fiel es dem Achtzehnjährigen leicht, sich freiwillig zum Waffendienst anwerben zu lassen. Er diente sich, bei gelegentlichen Kampfeinsätzen, vom Gemeinen zum Major empor. Für sein künftiges Leben richtungsbestimmend wurde seine Bekanntschaft mit Oberst Rutherford B. ↑Hayes, dem späteren Präsidenten, dessen Stab er 1862 zugeordnet wurde. McKinley studierte nach dem Krieg Jura und ließ sich 1867 in Canton nieder, einer Kleinstadt nicht weit von seinem Geburtsplatz. Dort praktizierte er als Rechtsanwalt, dort begegnete er seiner späteren Frau Ida Saxton, und dort begann er seine politische Karriere in der Republikanischen Partei.

Ida, die Tochter eines Bankiers in Canton, war attraktiv und wohlgebildet, hatte schon eine Europareise gemacht und gab dem aufstrebenden McKinley gern ihr Jawort, als er darum bat. Geheiratet wurde im Januar 1871, im Dezember kam die erste Tochter zur Welt, im April 1873 die zweite. Innerhalb weniger Jahre starben nicht nur beide Kinder, sondern auch Idas Mutter. Ida, von Natur aus feinfühlig, verwand den Verlust nicht. Zusätzlich zu einer nicht mehr heilenden Phlebitis entwickelte sich bei ihr eine bald schwerer werdende Epilepsie. Stets Aufmerksamkeit erheischend, oft übelgelaunt, besitzergreifend ihren Ehemann kontrollierend, dessen Aufstieg sie andererseits begrüßte, war sie eine Herausforderung für ihre Umgebung. Der gläubige Methodist McKinley, und dies zeigt vielleicht mehr als anderes seine innere Größe, ertrug die nervöse Unberechenbarkeit seiner Frau mit christlicher Demut und liebender Hingabe, bemühte sich persönlich um sie, wenn Anfälle sie heimsuchten, entsprach ihren Wünschen, wo immer er konnte, und blieb ihr treu zeit seines Lebens.

Vielleicht hat die häusliche Erfahrung auch McKinleys Geduld und Festigkeit im Verfolg seiner politischen Ziele gestärkt. Jedenfalls klomm er beharrlich die Karriereleiter empor, sich präsentierende Möglichkeiten nutzend, kaum je entmutigt von gelegentlichen Rückschlägen, und das allmählich ins Auge gefaßte Ziel der Präsidentschaft nicht mehr aus dem Blick verlierend. Ein eifriger Parteiarbeiter im lokalen Umfeld, wurde er Anfang der 1870er Jahre einmal für zwei Jahre zum Staatsanwalt gewählt und saß dann ab 1877 mit kurzer Unterbrechung bis 1891 im amerikanischen Repräsentantenhaus. Hier erwarb er sich rasch den Ruf eines fleißigen, aufrichtigen und auf Ausgleich bedachten Abgeordneten. Schon 1880 berief man ihn in das die Finanzgesetzgebung steuernde Ways-and-Means-Komitee, 1889 wurde er dessen Vorsitzender. Diese Position gestattete ihm die Durchsetzung eines seiner wichtigsten Anliegen, eine substantielle Erhöhung der Zolltarifsätze. Ein hoher Zoll, der die einheimische Manufaktur schützte, war schon immer der Wunsch der Industriellen im Norden des Landes gewesen. Nach McKinleys Überzeugung nützte ein solcher jedoch nicht nur den Fabrikbesitzern, sondern auch den von ihnen beschäftigten Arbeitern. Das bis heute seinen Namen tragende Zollgesetz, der McKinley-Tarif von 1890, war das Ergebnis langer legislativer Vorarbeit. Seine Verabschiedung machte McKinley weit über Ohio und Washington hinaus bekannt.

Nicht alle Leute liebten den Hochzoll. Verbraucher mußten ja die durch ihn verteuerten Warenpreise bezahlen. Entsprechend hatte sich viel Gegnerschaft formiert, und McKinley bekam in der Kongreßwahl von 1890 die Quittung. Er verlor seinen Sitz im Repräsentantenhaus und mußte Washington verlassen. Doch wenn sein eigener Wahlkreis momentan auch meinte, auf die Vertretung durch ihn verzichten zu können, so war dies offenbar nicht die vorherrschende Stimmung in seinem Heimatstaat insgesamt. 1891 und nochmals 1893 wählte man ihn nun vielmehr zum Gouverneur. Diese Wahl war einerseits ein Resultat der soliden Basisarbeit, die er dort während der voraufgegangenen zwei Jahrzehnte geleistet hatte. Sie war andererseits dem Umstand zu verdanken, daß Marcus A. Hanna, ein sich als Königsmacher verstehender Wirtschaftskapitän, inzwischen auf ihn aufmerksam geworden war.

Der in Ohio beheimatete Hanna war ein Selfmademan, der in Geschäften mit Kohle, Eisen, Banken und Eisenbahnen ein beträchtliches Vermögen zusammengerafft hatte. Danach hatte er sich der Politik zugewandt. Er hatte schon James A. ↑Garfield assistiert und Ende der 1880er Jahre versucht, Senator John Sherman zum Präsidentschaftskandidaten aufzubauen. Das war mißlungen. Aber dann unterstützte er mit Rat und Geld McKinleys Gouverneursambitionen. Und als das Wahljahr 1896 herankam, fand sich nunmehr der nicht unwillige McKinley fürs höchste Amt ausersehen.

Auf dem Republikanischen Nominierungsparteitag ging alles glatt, und auch die Frage des Wahlprogramms war nicht schwer zu entscheiden. Demokratischer Gegenkandidat war der mit feuriger Rednergabe ausgestattete William Jennings Bryan. Er propagierte die ungehemmte Silberausmünzung, um mit diesem inflationären Mittel das Land aus der seit 1893 herrschenden Depression zu befreien. Die Republikaner entschlossen sich daher trotz einiger Bedenken, durch Festhalten am Goldstandard ihren Willen zur Solidität zu demonstrieren. Während Bryan durch das ganze Land reiste, empfing McKinley, aus Rücksicht auf seine Frau in Canton bleibend, vor seinem Haus unzählige Delegationen aus diversen Staaten, die ihm dort, aufgerufen durch Hannas Flugblätter und mobil gemacht durch seine Reisezuschüsse, ihre Reverenz erwiesen. Am Schluß gewann er mit solider Stimmenmehrheit.

McKinleys erste präsidentielle Maßnahme war 1897 die Unterzeichnung des Dingley-Tarifs, des höchsten Zolltarifs der amerikanischen Geschichte. Aber die Hauptaktivitäten seiner Regierung entfalteten sich auf außenpolitischem Gebiet. Hatte sein Vorgänger Grover ↑Cleveland die Annexion von Hawaii noch vereitelt, so unterbreitete er selbst noch 1897 dem Senat erneut einen Annexionsvertrag. Es erhoben sich zwar Widerstände, doch er überwand sie, indem er, wie schon von Präsident John ↑Tyler 1845 im Falle von Texas vorexerziert, den ganzen Kongreß im Juli 1898 eine entsprechende Joint Resolution annehmen ließ. Vielen Kongreßmitgliedern leuchtete inzwischen mehr als zuvor die Weisheit des Erwerbs der Inselgruppe mitten im Pazifik ein. Denn unterdessen war der Spanisch-amerikanische Krieg ausgebrochen, und am Westrand des Pazifiks gerieten spanische Besitzungen ins Visier amerikanischer Streitkräfte.

McKinleys Reputation steht und fällt auch heute noch mit der Beurteilung seiner Haltung Spanien gegenüber im Jahre 1898. Zuerst ging es um Kuba. Die vor Florida gelegene, sich in spanischem Besitz befindliche Insel hatte schon seit Generationen gelegentlich amerikanische Gelüste geweckt. Konkret war nie etwas unternommen worden, doch in den 1890er Jahren schien die Zeit reif zu werden. Vielleicht hatte dies mit überschüssiger wirtschaftlicher Kraft zu tun; oder mit hieraus resultierendem sozialem Druck; oder mit dem technischen Fortschritt der Presse, die nun Stimmungen besser anzuheizen und zu verbreiten vermochte. Jedenfalls nahmen die Amerikaner in den 1890er Jahren mit vermehrter Aufmerksamkeit die oft nicht sehr humanen Maßnahmen wahr, mit denen die Spanier Aufstandsversuche auf Kuba unterdrückten. Als im Februar 1898 das im Hafen von Havanna liegende amerikanische Schlachtschiff »Maine« explodierte und sank, beschuldigte in den Vereinigten Staaten insbesondere die Boulevardpresse die spanischen Autoritäten der Urheberschaft. McKinley selbst ließ sich trotz spanischen Entgegenkommens schließlich hinreißen. Seiner im April ausgesprochenen Bitte um eine Kriegserklärung entsprach der Kongreß prompt. Der amerikanische Erfolg stand dann nie in Frage. Vor Manila versenkte eine amerikanische Flotte die veraltete spanische; amerikanische Landetruppen hatten wenig Mühe, auf Kuba zu siegen. Der Friede zu Paris im Dezember brachte den Amerikanern den Besitz von Puerto Rico und den Philippinen und vorerst bleibenden Einfluß auf Kuba.

Der Krieg löste in Amerika zwar eine starke antiimperialistische Bewegung aus, aber McKinley hatte sich nun dazu durchgerungen, den imperialen Weg zu gehen. Sein Außenminister John M. Hay engagierte sich 1899 und 1900 mit der Politik der sogenannten Offenen Tür in der Chinafrage, und 1900 half ein amerikanisches Kontingent, die sogenannte Boxerrebellion in Peking niederzuschlagen. Die amerikanische Öffentlichkeit war durchaus beeindruckt und gab McKinley 1900 das Mandat für eine weitere Amtszeit.

Der wiedergewählte Präsident erhielt allerdings nicht die Möglichkeit, die Konsolidierung der territorialen Gewinne zu lenken oder, wichtiger noch, die Nation auf ihrem neuen weltpolitischen Kurs zu leiten. Im September 1901 besuchte er Buffalo. Bei einem Empfang auf dem dortigen Ausstellungsgelände trafen ihn zwei Kugeln eines Anarchisten. Die operierenden Ärzte konnten eine davon nicht entfernen, und er starb wenige Tage später am Wundfieber.

Ob man McKinley als fähigen Präsidenten würdigt, dessen Regierung seinem Lande nützte und der das Wohlergehen seiner Mitbürger, wo nicht gar anderer Völker steigerte, hängt sehr von der individuellen Einstellung des Betrachters ab. Unbestritten bleibt aber auf jeden Fall, daß sein gekonnter Umgang mit dem Kongreß die Kompetenzen seines Amtes ausweitete und er damit die Entwicklung zur modernen Stärke des Präsidenten ein entscheidendes Stück vorantrieb; und daß das von ihm eingeleitete territoriale Ausgreifen der Vereinigten Staaten über Nordamerika hinaus sein Land auf den Weg zur Weltmacht brachte. McKinleys Präsidentschaft, so könnte man etwas verkürzt sagen, stand nicht nur zeitlich an der Schwelle zum 20. Jahrhundert; sie zeigte auch inhaltlich den Kurs auf, den das Land danach nahm.

Lit.: Lewis L. Gould, *The Presidency of William McKinley* (1980); H. Wayne Morgan, *William McKinley and His America* (2003); Kevin Phillips, *William McKinley* (2003).

Theodore Roosevelt

26. Präsident (1901–1909)

Geboren	27.10.1858 New York, New York
Konfession	(Holländisch-)Reformiert
Heirat	27.10.1880 mit Alice Hathaway Lee (1861–1884); 2.12.1886 mit Edith Kermit Carow (1861–1948)
Kinder	Eines (erste Frau); fünf (zweite Frau)
Partei	Republikaner
Amtszeit	14.9.1901–4.3.1909
Gestorben	6.1.1919 Oyster Bay, New York
Grab	Oyster Bay, New York

Auf jeder Hochzeit wolle er die Braut sein, sagte Theodore Roosevelts Tochter Alice von ihm, und bei jedem Begräbnis der Leichnam. Der Unterschied zwischen dem Egotisten Roosevelt und seinem Vorgänger im Präsidentenamt hätte nicht augenfälliger sein können. Während William ↑McKinley farblos und uninspiriert wirkte, schien Roosevelt vor selbstbewußtem Tatendrang schier zu bersten. Dabei war sein Tun nicht reiner Aktionismus. Ungeduldig mit Früherem, hatte er ein Gespür für die aufkommenden Bedürfnisse und gesellschaftlichen Konflikte seines Landes, dessen Industrie in stupendem Aufschwung begriffen war und das einen gebührenden Platz in der Welt erheischte. Die moderne Präsidentschaft mit ihrem Machtanspruch nach innen und nach außen hatte in ihm ihren Ursprung.

Einer der Vorfahren Roosevelts war schon in der Mitte des 17. Jahrhunderts nach Amerika gekommen und hatte sich in der damals noch niederländischen Kolonie am Hudson-Fluß niedergelassen. Roosevelts Vater war ein vermögender Importkaufmann, der seiner Familie ein komfortables Leben bieten konnte. Der kränkelnde kleine Theodore litt allerdings in seinen ersten Jahren an Asthma und Kurzsichtigkeit. Dem bestimmenden Einfluß des Vaters, der im Gegensatz zur eher nachgiebigen Mutter auf körperliche Ertüchtigung und Leistungsstreben setzte, war es wohl zuzuschreiben, daß sich die ursprüngliche Hinfälligkeit allmählich auswuchs. Fast nur von Privatlehrern erzogen, bestand der junge Theodore mit 17 Jahren die Aufnahmeprüfung an der Harvard University, wo er 1880 den Bachelorgrad erwarb.

Kurz darauf heiratete Roosevelt die aus Massachusetts stammende Alice Hathaway Lee. Sie starb freilich schon 1884 im Kindbett, als die Tochter Alice geboren wurde. Damals saß er bereits einige Jahre im Parlament des Staates New York, denn das an der Columbia University begonnene Jurastudium hatte ihn nicht interessieren können. Jüngster der Abgeordneten, hatte er sich rasch zum Führer einer Gruppe von Sozialreformern aufgeschwungen. Aber seine Mutter starb am gleichen Tag wie seine Frau, und um hiervon Abstand zu gewinnen, gab er seinen Parlamentssitz auf und zog sich in den Mittelwesten zurück. In North Dakota an der kanadischen Grenze führte er zwei Jahre lang auf einer Ranch das Leben eines Viehzüchters und Jägers. 1886 kam er nach New York zurück und kandidierte für das Amt des Oberbürgermeisters, fiel aber durch.

Bei allem Tatendrang hatte Roosevelt auch Sinn für die eher zurückgezogene Arbeit des Bücherschreibens. Schon während seiner Harvardzeit hatte er eine *Naval History of the War of 1812* (Geschichte des Marinekriegs 1812–14) begonnen, die 1882 erschien und sogar fachliche Anerkennung fand. Nach seinen Ranchjahren verfaßte er die vierbändige Geschichte der Besiedelung des amerikanischen Westens (*Winning of the West 1769–1807*, 1889–96). Insgesamt schrieb er um die zwanzig Werke, darunter auch seine berühmte *Autobiography* (1913). Im Jahre 1886 verehelichte er sich erneut, diesmal mit einer Jugendfreundin. Edith Kermit Carow war eine intelligente und kultivierte Frau. Sie gebar ihm fünf weitere

Kinder, die später das Weiße Haus mit regem und lärmendem Leben erfüllten. Mit ihrer Stieftochter Alice kam Edith allerdings nicht sehr gut aus. Alice zeigte sich auf die Dauer als sehr eigenwillig, heiratete einen hohen Politiker und war auch nach dem Tod ihres Vaters noch eine Art Institution im amerikanischen gesellschaftlichen Leben. Edith ihrerseits legte wenig Wert auf eine starke Rolle in der Öffentlichkeit. Als ihre große Leistung als First Lady betrachtete sie die Umgestaltung des Weißen Hauses, das unter ihrer Leitung für ihre Familie und die wachsenden Aufgaben der Regierung renoviert und vergrößert wurde.

Daß Edith je die amtliche Wohnung an der Pennsylvania Avenue beziehen würde, war allerdings während der Pause, die sich ihr Mann nach seiner New Yorker Niederlage verordnet hatte, noch nicht abzusehen. Aber ab 1889 ging es wieder voran. Präsident Benjamin ↑Harrison, für den Roosevelt in den Wahlkampf gezogen war, berief ihn in die Civil Service Commission in Washington. Deren Aufgabe war die Entwicklung des Bundesbeamtentums. Hier fand sich Roosevelt in seinem Element. Bald an die Spitze der Kommission aufgestiegen, bekämpfte er mit Verve die nicht unübliche Korruption, vermehrte die Berufsbeamtenstellen und erschwerte die Eintrittsexamen. Seine erfolgreiche Arbeit brachte ihm 1895 die Ernennung zum New Yorker Polizeipräsidenten. Es wurden turbulente Jahre, da er sich mit den Ortsgrößen seiner eigenen Republikanischen Partei anlegte wie auch mit Tammany Hall, dem Hauptquartier der Demokraten. Diese beherrschten seit eh Polizistenernennungen und die Verfolgung beziehungsweise Nichtverfolgung von Straftätern. Roosevelt machte sich unbeliebt, da er etwa auf der Einhaltung des sonntäglichen Alkoholausschankverbots bestand und überhaupt dem Gesetz Geltung zu verschaffen suchte. Das politische Establishment trauerte ihm nicht sonderlich nach, als er nach zwei Jahren wieder nach Washington ging, wohin ihn die Regierung McKinleys als Assistant Secretary ins Marineministerium holte.

Hier begann Roosevelts eigentlicher Aufstieg zu nationaler Bekanntheit und Größe. Sein neuer Posten, früher wenig bedeutend, hatte seit dem Beginn des Flottenaufbaus in den 1880er Jahren an

Wirkungspotential gewonnen. Roosevelt war gesonnen, es zu nutzen. Als nach der Explosion des Schlachtschiffs »Maine« der Krieg mit Spanien zu nahen schien, schickte er auf eigene Faust die Pazifikflotte nach Hongkong mit dem Auftrag, nach einer Kriegserklärung die spanische Flotte in den Philippinen anzugreifen. Das tat sie in der Folge auch, während Roosevelt selbst seinen Ministerialdienst quittierte und ein Reiterregiment aufstellte zur Verwendung bei der Eroberung Kubas. Die »Rough Riders« erstürmten dann – wenn auch abgesessen, da die Pferde in Florida blieben – unter seiner kühnen Führung den San-Juan-Hügel über Havanna. Zum Oberst befördert, genoß er danach in den Vereinigten Staaten Heldenruhm und war damit zur landesweit bekannten Persönlichkeit geworden.

Roosevelt zögerte nicht, Kapital aus seiner neuen Prominenz zu schlagen. Im Staat New York stellte er sich zur Gouverneurswahl und wurde prompt gewählt. Auch hier zeigte er Reformgeist, brachte arbeiterfreundliche Gesetze durch, hob die Lehrergehälter an und ergriff Naturschutzmaßnahmen. Konservative Kreise fanden ihn bald unausstehlich und empfahlen ihm, sich bei der Präsidentschaftswahl 1900 um die Vizepräsidentenkandidatur zu bewerben. Erst zögerte er, weil Vizepräsidenten wenig Aktionsmöglichkeiten haben, willigte aber schließlich ein. Er wurde aufgestellt und dann an der Seite McKinleys auch gewählt. Als dieser wenige Monate später einem Mordanschlag zum Opfer fiel, wurde der Vizepräsident noch gleichen Tags in Buffalo als Nachfolger vereidigt.

Roosevelt war mit noch nicht 43 Jahren der jüngste Präsident, der je die Vereinigten Staaten regierte. Nicht alle Leute begrüßten den Aufstieg des ungestümen jungen Draufgängers. Senator Marcus A. Hanna, starker Mann der Republikaner hinter den Kulissen, entsetzte sich, daß »that damned cowboy« nun Präsident seines Landes war. Dieser versicherte deshalb eilends, daß er gesonnen sei, die vernünftige Politik seines Vorgängers fortzusetzen. Nichtsdestoweniger waren in seiner Amtsführung bald einige neue Zielsetzungen bemerkbar. Der andauernde Prozeß der Konzentration wirtschaftlicher Macht in wenigen Händen beunruhigte Roosevelt, und er begann, das Antikartellgesetz von 1890 effektiv durchzuführen. So wies er das Justizministerium an, die Northern Securities Company zu verklagen. Diese Eisenbahngesellschaft, geleitet von mächtigen Wirtschaftsmagnaten, nahm im Nordwesten des Landes eine monopolartige Stellung ein. Im Jahre 1904 befahl das Oberste Gericht die Zerschlagung der Firma, und Roosevelt sonnte sich von da an im Ruhme des »trust busters«, des Kartellzertrümmerers. 1903 brachte er den Kongreß dazu, im neugeschaffenen Handels- und Arbeitsministerium ein Bureau of Corporations einzurichten, das heißt eine spezielle Abteilung zur Überwachung der Aktiengesellschaften. Und er unterstützte die Verabschiedung des Elkins-Gesetzes, das die willkürliche Rabattgewährung der Eisenbahnen verbot.

Überhaupt fand sich Roosevelt gern in der Rolle des Wahrers der Interessen des Volkes. Als 1902 die Bergarbeiter in den Anthrazitbergwerken streikten, wurde er der erste Präsident, der je in einen Arbeitskampf eingriff. Seine Drohung, die Bergwerke zu beschlagnahmen, bewog die Eigentümer dazu, einem Schiedsverfahren zuzustimmen, und eine von ihm eingesetzte Schiedskommission fand dann eine für beide Seiten annehmbare Lösung. Auf lange Sicht ausgerichtet war sein Eintreten für den Umweltschutz. Das von ihm geförderte Newlands-Gesetz von 1902 sicherte die Finanzierung von Bewässerungsvorhaben in trockenen Gebieten. Später reorganisierte er den Bundesforstdienst; unter der Ägide seines Freundes Gifford Pinchot, des obersten Bundesförsters, wurden dann rund 50 Millionen Hektar Wald, dreimal so viel wie unter Roosevelts Vorgängern, vor privater Nutzung bewahrt.

Diese und ähnliche Maßnahmen ließen Roosevelts Popularität enorm steigen. Seine Nominierung im Wahljahr 1904 stand deshalb praktisch außer Frage, und auch im anschließenden Wahlkampf hatte er leichtes Spiel. Mit überwältigender Mehrheit zum Präsidenten gewählt – zuvor war er ja durch den Tod seines Vorgängers ins Amt gekommen –, riskierte er nun auch radikaleres Vorgehen. Mit seiner Ermutigung verabschiedete der Kongreß 1906 drei wichtige Reformmaßnahmen, nämlich das Hepburn-Gesetz, das die staatliche Kontrolle über das Preisgebaren der Eisenbahnen stärkte; den Pure Food and Drug Act, der den Verkauf verdorbener oder falsch etikettierter Lebensmittel und Medikamente untersagte; und den Meat Inspection Act, der Fleischbeschau nach der Schlachtung dekretierte. Als dann 1907 eine Bankpanik ausbrach, beschuldigten ihn manche, diese durch seine arbeitgeberfeindliche Politik herbeigeführt zu haben. Doch solche Anwürfe vermochten seine allgemeine Volkstümlichkeit nicht weiter zu beeinträchtigen, zumal er inzwischen auch eine Reihe außenpolitischer Aktionen mit Erfolg durchgeführt hatte.

Man möchte sogar sagen, daß Roosevelt außenpolitische Probleme noch kühner und kraftvoller anging als diejenigen im Lande selbst. Der Krieg mit Spanien 1898 hatte das amerikanische Augenmerk in bisher nicht gekanntem Maß auch auf ausländische und überseeische Angelegenheiten gerichtet. Roosevelt sah hier beständig Handlungsbedarf, und er engagierte sich mit Eifer.

Schon seit Jahrzehnten hegte man in den Vereinigten Staaten die Idee eines Atlantik und Pazifik verbindenden mittelamerikanischen Kanals. Roosevelt war der Präsident, der ihn baute. Ein Abkommen mit Großbritannien 1901 brachte dessen Zustimmung. Ein Vertrag mit Kolumbien, zu dem Panama damals gehörte, wurde allerdings vom dortigen Senat als unbefriedigend abgewiesen. Roosevelt sponserte daraufhin im stillen eine Revolution in Panama. Die revolutionäre Regierung sagte sich von Kolumbien los und schloß wenige Tage später einen Vertrag mit den Vereinigten Staaten ab, der letzteren eine 16 Kilometer breite Kanalzone gewährte. Der Kanal selbst wurde dann erst 1914 eingeweiht, aber Roosevelt nahm am Bau lebhaften Anteil; gelegentlich konnte man ihn auf Bildern in der Presse bewundern, die ihn hoch oben an den Kontrollhebeln eines Dampfbaggers zeigten.

Solche Interessen im lateinamerikanischen Raum galt es abzusichern. Die Schuldensituation in der Dominikanischen Republik gab Roosevelt den Anlaß, in seiner Jahresbotschaft an den Kongreß 1904 sein sogenanntes Korollar zur Monroe-Doktrin zu verkünden. Er beanspruchte für die amerikanische Regierung das Recht, mit Polizeigewalt nach dem Rechten zu sehen, wenn eine Nation der westlichen Hemisphäre durch Fehlverhalten hierzu einen Grund lieferte. »Rede sanft und trage einen dicken Knüppel«, von dieser afrikanischen Maxime hielt er viel. Das Korollar lieferte unter seinen Nachfolgern die Rechtfertigung für amerikanische Interventionen in der Karibik.

Auch sonst zeigte Roosevelt ambitioniert Flagge. 1905 lud er die Kontrahenten im russisch-japanischen Krieg zu Friedensverhandlungen in Portsmouth, New Hampshire ein. Für den erfolgreich herbeigeführten Friedensschluß erhielt er im nächsten Jahr den Friedensnobelpreis. Ebenso war er aktiv beteiligt an der Konferenz von Algeciras Anfang 1906, welche die erste Marokkokrise beilegte. Seine Vermittlung half, die Interessenten an den Verhandlungstisch zu bringen, und trug dazu bei, daß das Deutsche Reich der Regelung zustimmte. Vor allem um die aufstrebende Pazifikmacht Japan zu beeindrucken, ließ er die »Große Weiße Flotte«, das heißt einen substantiellen Teil der zielstrebig aufgerüsteten amerikanischen Marinestreitkräfte, von Ende 1907 bis Anfang 1909 um die Welt dampfen.

Nach seinem Wahlsieg 1904 hatte Roosevelt angekündigt, daß er 1909 abtreten werde. Und dies tat er auch prompt, nachdem er für die Wahl seines Nachfolgers William Howard ↑Taft gesorgt hatte. Kaum war dieser im Amt, begab sich Roosevelt mit einem seiner Söhne auf eine ausgedehnte Reise, die ihn nach Afrika und Europa führte. Im Juni 1910 war er wieder zurück. Eigentlich wollte er sich nun dem Bücherschreiben widmen, doch zerstritt er sich mit Taft und beschloß, 1912 nochmals für die Präsidentschaft zu kandidieren. Als die Republikanische Partei statt seiner wieder Taft nominierte, gründete er die Progressive Party und zog mit ihr in den Wahlkampf. Er erhielt dann zwar mehr Stimmen als Taft, doch bewirkte die Zersplitterung der Republikanischen Kräfte die Wahl des Demokraten Woodrow ↑Wilson. Nach Ausbruch des Ersten Weltkrieges befürwortete Roosevelt laut den Eintritt der Vereinigten Staaten auf der Seite der Alliierten und bat dann vergeblich, eine Freiwilligendivision aufstellen zu dürfen. Im Januar 1919 starb er an seinem Wohnort auf Long Island unerwartet an einem Herzinfarkt.

Trotz seiner außenpolitischen Bemühungen liegt die Bedeutung der Präsidentschaft Roosevelts wohl zuerst in seinem Bestreben, sein Amt für die Eindämmung und Regulierung der aus den Fugen geratenden Laissez-faire-Gesellschaft nutzbar zu machen. In einer Zeit, in der die Amerikaner sich zu empören begannen über die rücksichtslose Profitgier des Big Business, über die mit der Verschwendung der Rohstoffquellen einhergehende Verschandelung der Natur und allgemein über den Verlust traditioneller Werte, hob er die Präsidentschaft auf eine Ebene, die seit der Zeit Abraham ↑Lincolns nicht mehr erreicht worden war. Sein Handeln hatte gewiß nicht selten etwas Opportunistisches an sich, doch dieser Vorwurf focht ihn nicht an. Er verstand sich zu Recht als ein heilsamer Reformer und wurde allgemein auch so gesehen. Gelegentlich etwas schillernd, doch witzig, robust und ohne Schnörkel, erfreute er sich weit über seinen Tod hinaus außergewöhnlicher Volkstümlichkeit.

Lit.: William H. Harbaugh, *The Life and Times of Theodore Roosevelt* (1981); Lewis L. Gould, *The Presidency of Theodore Roosevelt* (1991); Edmund Morris, *Theodore Rex* (2001); Louis Auchincloss, *Theodore Roosevelt* (2002).

William Howard Taft

27. Präsident (1909–1913)

Geboren	15.9.1857 Cincinnati, Ohio
Konfession	Unitarier
Heirat	19.6.1886 mit Helen Herron (1861–1943)
Kinder	Drei
Partei	Republikaner
Amtszeit	4.3.1909–4.3.1913
Gestorben	8.3.1930 Washington, D.C.
Grab	Arlington, Virginia

Möglicherweise hätten seine Zeitgenossen William Howard Taft als einen guten und bedeutenden Präsidenten empfunden, hätte er nicht ärgerlicherweise das Mißgeschick gehabt, unmittelbar auf den so spektakulär aktiven und in brillanter Manier mediengerechten Theodore ↑Roosevelt zu folgen. Allerdings, und hierdurch verliert eine solche Frage viel von ihrer Berechtigung, ohne Roosevelt wäre Taft wohl nie Präsident geworden. Denn es waren eigentlich nur dessen Ermunterung und Förderung, die ihn in das höchste Amt der Nation brachten. Und so kann man wohl eine Art ausgleichender Gerechtigkeit – von Roosevelt sicher bewußt angestrebt oder zumindest in Kauf genommmen – darin sehen, daß es auch dessen Aktion war, durch die Taft das Amt wieder verlor.

Wie kam es hierzu? Tafts innigster Lebenswunsch war nie die Erringung der Präsidentschaft gewesen. Sinn und Herz standen ihm vielmehr nach einer Karriere als Richter, denn er fand, daß solche Tätigkeit seinem auf Ausgleich bedachten und im Grunde gutmütigen Naturell eher entsprach als die ehrgeizige Hektik, die für gewöhnlich den Politiker kennzeichnet. So waren es vor allem sein Vater und seine Gattin, die ihn anspornten, den politischen Erfolg zu suchen. Ersterer hatte selbst bedeutende öffentliche Positionen inne, erst in seinem Heimatstaat Ohio und danach auf Bundesebene. So diente er unter Präsident Ulysses S.↑Grant als Kriegs- und Justizminister; in den 1880er Jahren war er amerikanischer Gesandter in Wien, danach in Sankt Petersburg. Sohn William wurde auf die Yale University geschickt und kam dann zum Jurastudium nach Cincinnati zurück. Beide Ausbildungsstufen absolvierte er mit vorzeigbaren Zeugnissen, und 1880 wurde er als Rechtsanwalt zugelassen. Aufgrund väterlicher Verbindungen erhielt er zunächst untergeordnete Positionen im Justiz- und Finanzdienst, praktizierte eine Weile lang auch als Rechtsanwalt, bevor er 1887 zum Richter am Obergericht von Ohio ernannt wurde.

Zu diesem Zeitpunkt hatte Taft bereits die ebenfalls aus prominentem Hause kommende, attraktive Helen Herron geheiratet. Sie hatten einander bei einer vergnüglichen Schlittenpartie kennengelernt; von der Eheschließung an jedoch ließ Helen es sich angelegen sein, ihren eher lockeren und gesellig veranlagten Gatten zu zielbewußter Strebsamkeit zu animieren. Sie war als Teenager einmal mit ihrer Familie im Weißen Haus gewesen, und der Wunsch, dort Hausherrin zu werden, ließ sie seither nicht mehr los. An der Seite ihres Mannes daselbst einzuziehen, war ihr fest gefaßter Entschluß.

Im Jahre 1890 wurde eine erste deutliche Wegstation erreicht, als Taft von Präsident Benjamin ↑Harrison zum Solicitor General ernannt wurde. In dieser Eigenschaft hatte er bei Gerichtsverfahren, die den Bund involvierten, dessen Interessen zu vertreten. Es war eine herausgehobene Position, und er hätte sie wohl länger innehaben können. Doch als sich 1892 für ihn die Möglichkeit ergab, zum Richter in einem neu eingerichteten Bundesgerichtsbezirk mit Sitz in Ohio ernannt zu werden, nahm er freudig an trotz des Widerstandes seiner Frau, die lieber im karriereträchtigen Washington geblieben wäre. Acht lange, von ihm gern in der Provinz zugebrachte Jahre mußte sie warten, bis die Gelegenheit zur Veränderung kam.

Der Krieg gegen Spanien 1898 hatte unter anderem die Philippinen in amerikanischen Besitz gebracht. Die Militärregierung dort konnte nicht immer bestehen bleiben, zumal die Filipinos blutig revoltierten. Im Jahre 1900 wurde Taft von Präsident William ↑McKinley, der ihn aus der Washingtoner Zeit kannte, mit der Leitung einer Kommission zur Vorbereitung einer philippinischen Selbstverwaltung beauftragt. Er zog samt Familie – inzwischen waren drei Kinder angekommen – nach Manila. 1901 zum Gouverneur befördert, zeigte er große Hinwendung an seine Aufgabe; unter anderem führte er eine Landreform durch und sorgte für sanitäre Verbesserungen sowie den Ausbau der Infrastruktur. Obwohl zeitweilig krank – fast 1,90 m groß und 150 Kilogramm schwer, litt er sehr unter der Hitze –, gab er seinen Posten doch nur ungern auf, als ihn 1904 Präsident Roosevelt als Kriegsminister in sein Kabinett nach Washington zurückholte.

Die folgenden Jahre wurden die unmittelbare Vorbereitung auf Tafts Präsidentschaft. Es war nicht so, daß er persönlich konsequent auf dieses Ziel hingearbeitet hätte. Aber es zeigte sich, daß er und Roosevelt sich bald aufs beste verstanden. Letzterer, impulsiv, ungeduldig und ungestüm, fand in dem integren, loyalen und mit sich selbst zufriedenen Taft eine offensichtlich fast ideale Ergänzung. Sie wurden enge Freunde, und Roosevelt betraute Taft immer mehr auch mit Aufgaben, die nicht eigentlich in dessen Ressort fielen. Etwa 1906 wußte der Präsident, daß er sich Taft als Nachfolger wünschte. Taft selbst wäre lieber Vorsitzender am Obersten Gericht geworden. Aber diese Stelle war nicht frei, und sowohl Roosevelt als auch Gattin Helen bedrängten Taft so lange, bis er in die Kandidatur einwilligte. Roosevelts Prestige trug ihn dann problemlos ins Weiße Haus.

Roosevelt hatte Taft ausersehen, damit dieser die bisherige progressivistische Linie fortführen würde. Und in gewisser Weise tat Taft dies auch. Unter ihm strengte das Justizministerium sogar 75 Verfahren gegen Trustbildung an, gegenüber nur 40 unter seinem als »trust buster« bekannten Vorgänger. Taft unterstützte die Passage des Einkommensteuern genehmigenden 16. Verfassungszusatzes; er förderte die Einführung eines Postsparkassensystems und die Verabschiedung des Mann-Elkins-Gesetzes, das die Regierungskontrolle der Eisenbahntarife erweiterte und auch Telefon, Telegrafie und Funkverkehr staatlicher Jurisdiktion unterstellte; und er setzte sich für diverse soziale Reformen ein, darunter eine Arbeitsunfallversicherung und einen Achtstundentag für Beschäftigte der Bundesregierung.

Aber in der breiten Öffentlichkeit wurden diese anerkennenswerten Aktivitäten weniger wahrgenommen als vielmehr die Probleme und Fehlschläge der Regierung. Eine der Ursachen mochte wohl in Tafts Mangel an inspiratorischer Kraft liegen; wohlmeinend, jovial und im Grunde ein guter Redner, fehlte es ihm doch an mitreißendem Charisma, und er entbehrte so gänzlich der siegesgewissen Ausstrahlung seines Amtsvorgängers. Die eigentlichen Schwierigkeiten erwuchsen ihm aber aus dem Umstand, daß sich innerhalb der Republikanischen Partei nunmehr die gegensätzlichen Strömungen des Zeitalters recht unversöhnlich begegneten. Roosevelt hatte noch gekonnt zwischen den konservativen Kräften des Nordostens und den vor allem im Mittelwesten beheimateten Progressivisten jongliert. Taft verfügte hier über weniger Geschick, wie die Auseinandersetzung um den Payne-Aldrich-Tarif zeigte. Noch 1908 hatte Taft eine Senkung des Zolltarifs versprochen. Nach seinem Amtsantritt 1909 berief er zu diesem Zweck eine Sondersitzung des Kongresses ein. Das Repräsentantenhaus ging mit, aber der Senat erhöhte die Sätze wieder zugunsten der Industriezirkel des Nordostens. Tafts ungeschickter Vermittlungsversuch erbrachte nicht viel, und die Öffentlichkeit feixte bei seiner Einschätzung, daß das Ergebnis »ein wirklich gutes Gesetz« sei. Der Unwille besonders im Mittelwesten wuchs, als Taft 1911 eine partielle Zollunion mit Kanada anstrebte; man fürchtete die Agrar- und Rohstoffkonkurrenz und sah nur Vorteile für die amerikanische exportierende Industrie. Als die Kanadier zu guter Letzt ebenfalls Bedenken bekamen und das Abkommen unratifiziert ließen, setzte dies den Präsidenten gar der Lächerlichkeit aus.

Auch anderweitig zerstritt sich Taft mit den Fortschrittlichen. Erst gab er ihnen zu verstehen, daß er ihre Rebellion gegen »Uncle Joe« Joseph G. Cannon unterstützen würde, den Präsidenten des

Repräsentantenhauses, der seine Macht in quasi-diktatorischer Weise zum Vorteil der konservativen »alten Garde« nutzte; aber dann zog er sich doch zurück. Verärgert reagierten die Progressivisten weiterhin auf die sogenannte Dollar-Diplomatie, die in politischem Druck zugunsten amerikanischer Geschäftsleute in Lateinamerika und Ostasien bestand und unter anderem 1912 amerikanische Truppen nach Nicaragua brachte. Und vollends unbeliebt machte sich Taft in Roosevelts geheiligter Domäne, der Umweltpolitik, als er sich mit Naturschutzkreisen wegen einiger Kohlefelder in Alaska überwarf. Der von ihm geschaßte oberste Förster Gifford Pinchot reiste prompt nach Europa, um dem dort gerade seine Honneurs machenden Roosevelt direkt von den präsidentiellen Untaten zu berichten.

Roosevelts Unmut wuchs schon seit längerem, und nach seiner Rückkehr entschloß er sich, bei der Präsidentschaftswahl 1912 erneut selbst anzutreten. Er erhielt in der Öffentlichkeit auch beträchtlichen Zuspruch. Auf die Dauer erwies sich freilich, daß Taft, der im Amt bleiben wollte, den Parteiapparat fest in der Hand hatte. Als die Republikanische Delegiertenkonferenz Taft als ihren Kandidaten aufstellte, zog Roosevelt kurzerhand mit seinen frenetisch jubelnden Anhängern aus und gründete die Progressive Party, die ihn nunmehr ihrerseits nominierte. Diese Zersplitterung des Republikanischen Lagers brachte dann den Demokraten Woodrow ↑Wilson ins Weiße Haus.

Solchermaßen wenig glorreich aus dem Amt gedrängt, übernahm der 56jährige Taft eine Rechtsprofessur an der Yale University. Als 1921 wieder die Republikaner ans Ruder kamen, berief ihn Präsident Warren G. ↑Harding endlich in den schon so lange angestrebten Vorsitz des Obersten Gerichts. Ohne durch stark richtungweisende Entscheidungen große Aufmerksamkeit zu erregen, erfüllte er diese Aufgabe durchaus kompetent, bis Krankheit ihn Anfang 1930 zum Rücktritt zwang. Er starb im Schlaf. Alte Gegnerschaft war inzwischen so gut wie vergessen, und man erinnert sich seither seiner als eines Präsidenten ohne Arg, aber auch ohne viel Fortüne.

Lit.: Donald F. Anderson, *William Howard Taft: A Conservative's Conception of the Presidency* (1973); Paolo E. Coletta, *The Presidency of William Howard Taft* (1973); Judith Icke Anderson, *William Howard Taft: An Intimate History* (1981); David H. Burton, *William Howard Taft: In the Public Service* (1986).

(Thomas) Woodrow Wilson

28. Präsident (1913–1921)

Geboren	28.12.1856 Staunton, Virginia
Konfession	Presbyterianer
Heirat	24.6.1885 mit Ellen Louise Axson (1860–1914); 18.12.1915 mit Edith Bolling Galt (1872–1961)
Kinder	Drei (erste Frau)
Partei	Demokrat
Amtszeit	4.3.1913–4.3.1921
Gestorben	3.2.1924 Washington, D. C.
Grab	Washington, D. C.

Woodrow Wilson (seinen ersten Vornamen Thomas ließ er 1879 fallen) ist den Deutschen vor allem bekannt als der amerikanische Präsident, der 1918 die Vierzehn Punkte zur Beendigung des Ersten Weltkriegs verkündete, die dann zu Deutschlands Nachteil im Frieden von Versailles nur teilweise berücksichtigt wurden. Zum wortbrüchigen Hypokriten, der ja auch zuvor schon von Neutralität sprach und dabei die Ententemächte massiv unterstützte, stempelte ihn dann in Deutschland jahrzehntelang besonders die rechtsgerichtete Presse.

In Amerika sieht man Wilson naturgemäß etwas anders. Hier steht bei der Bewertung seiner Leistung der innenpolitische Bereich im Vordergrund. In bezug auf das Ende des Ersten Weltkrieges erinnert man sich vor allem seines Mißerfolgs in der Völkerbundfrage. Und den Vorwurf, daß er bewußt die Deutschen hereingelegt habe, kann man, wenn er denn überhaupt wahrgenommen wird, schon deshalb nicht verstehen, weil er augenscheinlich auf einer Unkenntnis der Psyche Wilsons beruht.

Wilson war eine komplexe Persönlichkeit. Intelligent, selbstbewußt und zielstrebig bis zur Sturheit, wollte er auf jeden Fall nur das nach eigenem Verständnis definierte Beste für sein Volk und die Menschheit. Hierfür erwartete er, bedingungslos geliebt und anerkannt zu werden. Jedoch fanden sich weder in seiner weiteren noch näheren Umgebung viele Personen, die ihm die verlangte treue Ergebenheit zuteil werden lassen wollten. Seine enge emotionale Bindung vor allem an seine zweite Frau mochte hier eine Ursache haben.

Bestimmend für Wilsons späteres Leben wurde zuerst sein Elternhaus. Seine Mutter, welcher der Ruf der Streitbarkeit anhing, war die Tochter eines aus Schottland eingewanderten presbyterianischen Geistlichen. Sein Vater war ebenfalls presbyterianischer Pastor. In dem streng religiösen Haushalt nahm der junge Thomas, das dritte von vier Kindern, die kalvinistische Überzeugung der göttlichen Vorherbestimmung des Menschen willig in sich auf. Mit 17 Jahren wurde er offiziell in die presbyterianische Gemeinschaft aufgenommen und blieb dann bis an sein Ende ihr aktives Mitglied. Auch im Weißen Haus las er täglich in der Bibel, betete morgens und abends auf den Knien und fungierte als Kirchenältester in einer lokalen Pfarrei.

In der Jugend schwächlich und öfters krank, hatte Wilson Mühe mit der Collegeausbildung, schloß aber dann doch 1879 sein Bachelorstudium an der späteren Princeton University als 38. von 167 Studenten seines Jahrgangs ab. Nach Jurastudien an der University of Virginia arbeitete er eine Weile als Rechtsanwalt in Atlanta, doch blieb er recht erfolglos und schrieb sich daher 1883 für Verwaltungs- und Politikwissenschaft an der Johns Hopkins University in Baltimore ein. Dort promovierte er 1886 mit einer Arbeit mit dem Titel *Congressional Government*. Das schon im Vorjahr veröffentlichte Buch hatte in der Fachwelt wegen der Klarheit, mit der es die Schwächen des amerikanischen Regierungssystems aufzeigte, beträchtliche Anerkennung gefunden. Im gleichen Jahr 1885 heiratete Wilson Ellen Louise Axson, die Tochter eines presbyterianischen Geistlichen aus Georgia. Ellen war eine liebenswürdige, mütterliche Frau, die ihren Haushalt mit den bald drei Kindern in ruhiger Gelassenheit führte, gern malte und als First Lady, erst in New Jersey und dann im Weißen Haus, ihre sozialen Pflichten kompetent erfüllte.

Nicht zuletzt der Rückhalt bei seiner Frau und die Ermutigung durch sie beförderten Wilsons Karriere. Eine Lehrposition an einem Frauencollege nahe Philadelphia gab er nach drei Jahren zugunsten der Wesleyan University in Connecticut auf. 1890 holte man ihn als Professor für Jura und Politische Ökonomie nach Princeton. Die Studenten gingen gern zu seinen Vorlesungen, und er schrieb unaufhörlich Artikel und Bücher. Als man ihm 1902 den Posten des Universitätspräsidenten anbot, akzeptierte er begeistert. Wilson war der erste Nichtgeistliche an der Spitze der von Presbyterianern gegründeten, damals noch recht unbedeutenden Institution. Er begann unverzüglich mit der Durchsetzung großangelegter Reformen. Ein Kernstück war die Einführung des Präzeptorialsystems, das Tutorenunterricht statt Vorlesungen betonte und dann auch anderwärts kopiert wurde. Eine weitere Neuerung, die Etablierung größerer Lehr- und Wohneinheiten für die Studierenden, scheiterte am Widerstand der geldgebenden Ehemaligen.

Die Auseinandersetzungen auf dem Campus waren aufreibend, und Wilson zeigte sich allmählich offen für Veränderungsmöglichkeiten. Diese boten sich in der Politik. Sein Beharrungswille hatte in der Öffentlichkeit Eindruck gemacht, und die Demokraten New Jerseys luden ihn 1910 ein, für den Gouverneursposten zu kandidieren.

Mit Hilfe des Parteiapparates gewann Wilson problemlos. Doch statt ein gehorsames, konservatives Instrument der Parteioberen zu sein, begann er im Staat nun ebenfalls mit tiefgreifenden Neuerungen. Mit Rednertalent und politischem Druck brachte er eine Reform des Vorwahlensystems, ein Antikorruptionsgesetz, ein Arbeitsunfallversicherungsgesetz und die Regulierung der öffentlichen Versorgungsbetriebe durch das Staatsparlament. Das ganze Land schaute auf diesen sich in atemberaubenden Tempo ereignenden, beinahe einzigartigen Vorgang.

Als die Präsidentschaftswahl 1912 herannahte, bestanden die progressiven Elemente in der Demokratischen Partei auf Wilsons Bewerbung. Voller Sendungsbewußtsein akzeptierte er die Herausforderung. Auf dem Parteitag in Baltimore war seine Nominierung allerdings lange in der Schwebe, ehe er sich schließlich im 46. Abstimmungsgang durchsetzte. Daß er daraufhin auch die Präsidentschaftswahl gewann, hatte er vor allem der Aufspaltung des Republikanischen Lagers zu verdanken, wo der amtierende Präsident William H. ↑Taft und dessen Vorgänger Theodore ↑Roosevelt einander Konkurrenz machten. Am Ende siegte Wilson als lachender Dritter mit überwältigender Wahlmännermehrheit. Daß er freilich nur 42 Prozent der Stimmen erhielt, gegenüber 28 für Roosevelt und 23 für Taft, focht ihn in keiner Weise an. Der Wille des Herrn, so empfand er, manifestierte sich eben auf seine eigene Weise.

Dies war das Zeitalter des Progressivismus, das heißt des Bemühens fortschrittlicher Kreise in Amerika, das nun nicht mehr zeitgemäße Laissez-faire-Denken des 19. Jahrhunderts durch neue Konzepte und deren Implementierung zu ersetzen. Im Grunde lief dies zumeist auf stärkere Regierungsintervention im sozialen Bereich hinaus. Wilson, der den politischen Progressivismus für sich erst wenige Jahre zuvor entdeckt hatte, ging nun auch als Präsident entsprechende Aufgaben mit großem Schwung an. Sofort nach Zusammentritt des Kongresses im April 1913 erschien er vor den versammelten beiden Kammern – ein bis dahin einmaliges Ereignis in Washington – und verlangte eine Zolltarifsenkung. Der resultierende Underwood-Simmons-Tarif brachte die erste Zollreduktion seit dem Bürgerkrieg und führte auch – nach einer kurzlebigen Vorgängerin im Bürgerkrieg – die erste, wenn auch bescheidene, gestufte Einkommensteuer ein. Noch im gleichen Jahr wurde auch der schon lange überfällige Federal Reserve Act angenommen, der das amerikanische Währungs- und Bankensystem auf eine neue Grundlage stellte. Und 1914 folgte ein Antitrust-Gesetz, das die nicht sehr effektiven Bestimmungen des Sherman-Gesetzes von 1890 verschärfte und im Grunde bis heute gültig ist. Als 1916 erneut Wahlen herannahten, unterzeichnete Wilson unter anderem noch ein Gesetz, das die Kreditvergabe an Farmer erleichterte, ein Kinderarbeitsschutzgesetz und ein Gesetz, das auf Eisenbahnen – nur hier hatte der Bund legislative Kompetenz – den Achtstundentag einführte.

Dies waren eindrucksvolle gesellschaftspolitische Leistungen, und um sie zu vollbringen, hätte es schon des ganzen präsidentiellen Einsatzes bedurft. Doch noch auf einem anderen Feld, nämlich dem außenpolitischen, wurden Wilsons Fähigkeiten in nicht gewöhnlichem Maß geprüft. Kleinere Probleme im Fernen Osten, wo es japanischen Begehrlichkeiten in China entgegenzutreten galt, und in der Karibik, wo militärisches Eingreifen in Haiti und der Dominikanischen Republik notwendig wurde, hielten sich noch im üblichen Rahmen. Darüber hinaus ging bereits die Auseinandersetzung mit Mexiko, wo die Revolution von 1913 chaotische Zustände schuf. Ein Zwischenfall dort im April 1914 veranlaßte Wilson, die Erstürmung von Veracruz durch amerikanische Truppen anzuordnen. Im Jahre 1916 entsandte er den amerikanischen General John J. Pershing, der mit 6000 Mann auf mexikanisches Gebiet vordrang und mit dem dortigen Machthaber Venustiano Carranza zusammenstieß. Im Januar 1917 aber zog Wilson Pershing ab und erkannte Carranzas Regierung in Mexiko an.

Der eigentliche Grund für den Rückzug lag nicht in Mexiko, sondern in Europa. Denn Wilson mußte nunmehr die volle Verwicklung in den Ersten Weltkrieg gewärtigen. Er hatte sich seit Ausbruch dieses Konflikts im August 1914 bemüht, die Vereinigten Staaten von den Kampfhandlungen fernzuhalten. Nicht nur entsprach dieses Bestreben dem Willen der großen Mehrheit seiner Landsleute, sondern er fühlte sich auch innerlich zu Friedfertigkeit verpflichtet. Obwohl seine Sympathien, und darüber bestand kein Zweifel, auf seiten der demokratisch regierten Ententemächte lagen, rief er die Amerikaner dazu auf, unparteiisch in Gedanken wie auch im Handeln zu bleiben, und später sandte er seinen vertrauten Mitarbeiter, Oberst Edward M. House, zu einer freilich dann mißlingenden Friedensmission nach Europa. Aber die Fortdauer der Feindseligkeiten machte es immer schwieriger, den Abstand zum Kriegsgeschehen zu wahren. Die britische Blockade der deutschen Küste verstieß gegen das geltende internationale Recht, und die amerikanische Regierung beschwerte sich in London. Die deutschen U-Boot-Operationen waren ebenfalls illegal, verursachten aber unmittelbar Verluste an Menschenleben. Wilson warnte nach der Versenkung des britischen Ozeanriesen »Lusitania« im Mai 1915, bei der 128 Amerikaner umkamen, vor einer Wiederholung solcher Aktivitäten. Im Mai 1916, nach der Versenkung der »Sussex«, verlangte und erhielt er von der deutschen Regierung das Versprechen, keine Handelsschiffe mehr ungewarnt anzugreifen.

Wilson fand, daß er nach beiden Seiten gerecht handelte, und ließ sich auf keine diesbezüglichen Diskussionen ein. Auch der Umstand, daß die Ententeländer sich im Gegensatz zu den Mittelmächten großer amerikanischer Materiallieferungen und entsprechender Kreditgewährung erfreuten, brachte ihn nicht aus dem Konzept, und ebensowenig beirrte ihn, daß diese faktische Einseitigkeit seines Vorgehens seinen Außenminister William J. Bryan schon 1915 zum Rücktritt veranlaßte. Im Präsidentschaftswahljahr 1916 bestritten die Demokraten den Wahlkampf mit dem Motto »He Kept Us Out of War«, und Wilson gab zu verstehen, daß er Amerika auch künftig abseits der Kriegsereignisse zu halten gesonnen sei. Sein Republikanischer Rivale Charles E. Hughes konnte auf keine solche Leistung verweisen und verlor die Wahl, wenn auch knapp.

Von da an drängte das Kriegsgeschehen jedoch mit Macht auch nach Amerika, und Wilsons zweite Amtszeit war weitgehend mit der Bewältigung der hieraus entstehenden Aufgaben angefüllt. Der bevorstehende Zusammenbruch Rußlands veranlaßte die deutsche Regierung, Anfang Februar 1917 den uneingeschränkten U-Boot-Krieg wieder aufzunehmen. Das vom britischen Geheimdienst abgefangene Telegramm des deutschen Außenministers Arthur Zimmermann, der Mexiko bei Kriegseintritt die Zusammenarbeit anbot, diente Wilson dann als weiterer Anlaß, Anfang April vom Kongreß eine Kriegserklärung an das Deutsche Reich zu erbitten. Die Welt, so hieß es in seiner Botschaft, müsse »safe for democracy« gemacht werden. Der Kongreß stimmte mit überwältigender Mehrheit umgehend zu. Die Entwicklung der Präsidentschaft im weiteren 20. Jahrhundert wurde antizipiert in den umfassenden

Vollmachten, die Wilson nun erhielt und zu einer eindrucksvollen Mobilisierung der amerikanischen Wirtschaft und Gesellschaft nutzte. Zur Bundeskontrolle über Industrie, Transportwesen, Arbeitskräfte, Lebensmittel und Preise kam noch 1917 der Selective Service Act, der die Registrierung aller jungen Männer stipulierte und deren mögliche Einberufung vorsah. Die ersten Truppen gingen vor Ende des Jahres nach Europa, und Mitte 1918 griffen sie in großem Umfang in die Kämpfe in Frankreich ein.

Wilsons ganz persönlicher Beitrag zur Kriegführung war aber wiederum seine Arbeit für den Frieden. Diesem Ziel dienten nicht nur verschiedene diplomatische Initiativen, sondern am spektakulärsten die Verkündung seiner Vierzehn Punkte im Januar 1918. Die ersten fünf Punkte forderten unter anderem offene Vertragsverhandlungen und die Freiheit der Meere, die Punkte 6 bis 13 befaßten sich mit Territorialfragen. Das Kernelement des Friedensprogramms war Punkt Vierzehn, in dem Wilson die Gründung des Völkerbunds vorschlug. Anfangs wurden die Punkte von den Ententemächten wie auch vom Deutschen Reich praktisch ignoriert, doch als letzteres im November Waffenstillstand schloß, tat es dies mit Bezug auf Wilsons Programm. Dieser hätte den dann in Paris ausgehandelten Friedensvertrag gewiß auch gern nach seinen Vorschlägen gestaltet. Daß ihm dies in wesentlichen Teilen nicht gelang, lag am Widerstand der anderen Siegermächte, insbesondere Frankreichs. Jedenfalls aber konnte er seinen Völkerbundsplan in den Vertrag inkorporieren, und zwar als dessen ersten Teil.

Der amerikanische Präsident war persönlich zu den Verhandlungen zweimal zu Schiff nach Europa gefahren. Nach seiner endgültigen Rückkunft Anfang Juli 1919 legte er den Vertrag sofort dem Senat zur Ratifikation vor. Nun aber zeigte sich, daß er bei allem Engagement für sein hehres Ziel kurzsichtig und unpolitisch gearbeitet hatte. Im November 1918 hatten Kongreßwahlen stattgefunden, und beide Kammern waren mit Republikanischen Mehrheiten aus diesen hervorgegangen. Schon normale Voraussicht hätte eine Einbindung der Republikaner in die Vertragsvorbereitungen diktiert. Doch daran mangelte es Wilson offenbar. Er war ohne einen einzigen Republikaner in der Delegation nach Paris gereist, und er vernachlässigte es auch nach der Rückkunft, die Republikaner entsprechend zu hofieren. Von ihnen kam aber entschiedener Widerstand, der sich zum einen an Sachfragen festmachte, so insbesondere an Artikel X der Völkerbundssatzung, der eine internationale Interventionsverpflichtung etablierte, sich zum anderen jedoch wohl auch aus Empörung über die Arroganz Wilsons speiste.

Die Ratifikationsschlacht wogte dann viele Monate. Die Republikanische Seite, angeführt von Senator Henry Cabot Lodge aus Massachusetts, verlangte substantielle Änderungen. Wilson zeigte sich zu solchen nicht bereit, sondern begab sich vielmehr im September 1919 auf eine strapaziöse Tour durch den amerikanischen Mittelwesten und Westen, um an das Volk selbst zu appellieren. In Colorado erlitt er einen leichten Schlaganfall, nach der sofortigen Rückkehr nach Washington einen weiteren starken und blieb von da an teilweise gelähmt. Auch vom Krankenbett aus führte er den Kampf weiter, allerdings mit dem Unterschied, daß er nun nicht mehr direkt mit der Außenwelt verkehrte, sondern nur noch durch seine Frau. Wilson hatte nämlich Ende 1915 nochmals geheiratet. Edith Bolling Galt war die Witwe eines Juweliers, durchaus ansehnlich und in der Lage, die in Kriegszeiten ohnehin geringen gesellschaftlichen Pflichten im Weißen Haus wahrzunehmen. Nun aber übernahm sie praktisch die Regierungsgeschäfte, zwar nicht direkt, aber durch strikte Kontrolle des Zugangs zu ihrem körperlich behinderten Ehemann und der Nachrichten, die zu ihm gelangten. Das Ergebnis war bitter für Wilsons Sache. Der Senat verwarf den Versailler Vertrag im November 1919 und dann nochmals im März 1920. Wilson versuchte ein letztes Mittel und erklärte die Präsidentschaftswahlen 1920 – man redete ihm nur mühsam eine nochmalige Kandidatur aus – zum Plebiszit bezüglich einer Vertragsannahme. Die Antwort hätte nicht deutlicher ausfallen können. Der Demokratische Kandidat James M. Cox erhielt lediglich 34 Prozent der Stimmen.

Wilson zog sich mit seiner Frau zurück, zu hinfällig, um weiter öffentlich aktiv zu sein, und drei Jahre später erlöste ihn der Tod. In der folgenden Zeit litt seine Reputation sehr, da man ihm die nun als unnötig erachtete Teilnahme am Weltkrieg und die daraus entstandenen Schwierigkeiten vorwarf. Während des Zweiten Weltkrieges freilich setzte eine Art Apotheose ein, da er nun als Prophet erschien, dessen Botschaft man hätte beachten sollen. Die Begeisterung, mit der die Vereinten Nationen ins Leben gerufen wurden, war nicht zum wenigsten von dem Gedanken begleitet, daß hier nun auch Wilsons Vorarbeit gewürdigt würde. Während des Kalten Krieges erschien er dann wieder manchen als naiver Idealist, aber insgesamt überwiegt weiterhin das Bild eines großen Präsidenten des 20. Jahrhunderts, der im Landesinnern dringend notwendige Reformen auf den Weg gebracht und in der Welt auf seine Weise ehrlich den Frieden zu sichern sich bemüht hat.

Lit.: Arthur S. Link, *Wilson*. 5 Bde. (1947–65); Jan Willem Schulte Nordholt, *Woodrow Wilson: A Life for World Peace* (1991); Kendrick A. Clements, *The Presidency of Woodrow Wilson* (1992); H.W. Brands, *Woodrow Wilson* (2003).

Warren Gamaliel Harding

29. Präsident (1921–1923)

Geboren	2.11.1865 Corsica (heute Blooming Grove), Ohio
Konfession	Baptist
Heirat	8.7.1891 mit Florence Kling DeWolfe (1860–1924)
Kinder	Keine
Partei	Republikaner
Amtszeit	4.3.1921–2.8.1923
Gestorben	2.8.1923 San Francisco, California
Grab	Marion, Ohio

Warren Gamaliel Harding war kein Halunke. Aber er umgab sich mit solchen, oder, vielleicht besser gesagt, sie plazierten ihn in ihre Mitte, und er war zu willensschwach und leichtgläubig, um sich von ihnen abzusetzen. Und so rangiert er auf so gut wie allen Bewertungslisten, die Historiker für die amerikanischen Präsidenten erstellen, auf dem letzten Platz.

Dabei zeichnete Harding mindestens ein Attribut aus, das ihn vor seiner Wahl als geeigneten Präsidenten erscheinen ließ: Er war einer der bestaussehenden Politiker seiner Zeit. Als Harry M. Daugherty, einer der Granden der Republikanischen Partei, ihn auf einer Tagung erstmals sah, fuhr es ihm, wie er sich später erinnerte, durch den Kopf: »Gee, what a President he would make!« Daß er eine schmucke Möglichkeit darstellte, dachte gewiß auch die fünf Jahre ältere Florence Kling DeWolfe, Tochter eines Kleinstadtbankiers und geschiedene Mutter eines Sohnes aus erster Ehe. Resolut umwarb sie den Unentschlossenen in beider Heimatort Marion, Ohio so lange, bis es 1891 zur Eheschließung kam. Auch danach zeigte sie, nicht zum Nachteil zumindest des materiellen Wohlergehens der Familie, anerkennenswerte Zielstrebigkeit. Harding selbst besaß keine vorzeigbare Berufsausbildung und hatte, bevor er Flossie begegnete, mit geborgtem Geld ein kleines, schlecht gehendes Lokalblatt in Marion erworben. Wie selbstverständlich übernahm sie nun die Leitung der Zeitung, verlieh den Angestellten frischen Schwung, warb neue Anzeigenkunden, straffte den Vertrieb und brachte das Unternehmen derart voran, daß es dann über die Jahre einen ansehnlichen Gewinn abwarf.

Positiv wirkte sich allerdings für den Erfolg des Blattes auch aus, daß Harding von Anfang an klar die Republikanische Partei unterstützte. In deren führenden Kreisen begann man allmählich, auf den liebenswürdigen und umgänglichen, regelmäßig zur Kirche gehenden Pressemann aufmerksam zu werden. Es war der genannte Daugherty, der ihn bei einer erfolgreichen Kandidatur zum Staatssenator in Ohio 1898 unterstützte. Hardings Stärke, das zeigte sich von da an deutlich, war nicht das kraftvolle Eintreten für bestimmte Ziele, sondern vielmehr die Vermittlung zwischen sich streitenden Opponenten, das konziliante, auf Ausgleich zielende Wort. So übernahm er danach auch gern das einflußlose Amt des Vizegouverneurs von Ohio, und es schadete ihm nicht weiter, daß seiner Bewerbung um den Posten des Gouverneurs 1910 der Erfolg versagt blieb.

Der große Durchbruch kam im Jahre 1914. Nach Inkrafttreten des 17. Verfassungszusatzes wurden jetzt Senatoren erstmals durch das Volk und nicht mehr durch die Staatsparlamente gewählt. In Ohio war der Wahlkampf besonders häßlich. Die Republikaner warfen dem katholischen Kandidaten der Demokratischen Partei vor, daß er den Staat an Rom ausliefern würde. Harding jedenfalls siegte. Während seiner sechs Jahre im Senat in Washington zeigte er so gut wie keine Eigeninitiative, doch gewann er durch sein verbindliches und leutseliges Wesen viele neue Freunde hinzu. Dies erwies sich als nützlich, als 1920 Präsidentschaftswahlen anstanden. An sich gab es bei den Republikanern zwei bekannte und fähige Bewerber. Auf dem Nominierungsparteitag stimmten aber ihre Anhänger jeweils so hartnäckig gegeneinander, daß keiner die Mehrheit erhalten konnte. Schließlich kamen die maßgeblichen Parteigrößen nach Mitternacht in einem Hotelzimmer überein, den gegnerlosen Harding vorzuschieben. Am nächsten Tag wurde er prompt als Kandidat aufgestellt. Frau Flossie sträubte sich zuerst dagegen, weil sie nach der Aufdeckung einer außerehelichen Affäre ihres Mannes glaubte, sich seiner erst recht in einem solchen Amt nicht mehr sicher sein zu können. Doch rasch genug gewann ihr Ehrgeiz die Oberhand, und sie stand von da an voll hinter Hardings Ambitionen.

Im Wahlkampf war das große Thema der mögliche Beitritt der Vereinigten Staaten zu dem von Präsident Woodrow ↑Wilson propagierten Völkerbund. Während der Demokratische Kandidat, Wilson folgend, die amerikanische Mitgliedschaft befürwortete, blieb Harding vage. Nachdem er mit überwältigender Volksstimmenmehrheit gewählt worden war, interpretierte er jedoch diesen Erfolg als Ablehnung des Völkerbundes und hielt sein Land von da an abseits. Immerhin aber war das eine große Begebnis, das seiner Präsidentschaft als Verdienst zugeschrieben werden kann, außenpolitischer Natur. Harding ließ seinem fähigen Außenminister Charles E. Hughes freie Hand bei der Leitung der großen Flottenkonferenz, die im Winter 1921/22 in Washington tagte und ein Marineabrüstungsprogramm der Großmächte beschloß.

Ansonsten jedoch erinnern sich die Amerikaner an Hardings Amtszeit vor allem wegen der skandalösen Machenschaften, die ein Teil seiner Regierungsmannschaft zu verantworten hatte. Die Öffentlichkeit erfuhr hiervon in vollem Umfang freilich erst nach Hardings Tod. Dabei gab es in seinem Kabinett durchaus auch tüchtige und honorige Leute, so den erwähnten Hughes, Finanzminister Andrew W. Mellon oder den Handelsminister und nachmaligen Präsidenten Herbert C. ↑Hoover. Aber die spätere Sensationslust bedienten vor allem Mitglieder der »Ohio Gang«, der Ohiobande, wie die Presse Freunde des Präsidenten aus seinem Heimatstaat (und einige von außerhalb) bald nannte. Sie waren häufige Gäste im Weißen Haus, wo der Präsident lockere Pokerparties veranstaltete, bei denen trotz Prohibition der Alkohol reichlich floß, des öfteren gern ausgeschenkt von Gemahlin Flossie. Zu diesem Kreis gehörten Daugherty, inzwischen Justizminister, der dann einer Haftstrafe wegen Korruption nur entkam, weil er belastende Unterlagen rechtzeitig vernichtete; Innenminister Albert B. Fall, der gegen Geld staatliche Marineölreserven bei Teapot Dome in Wyoming für private Zwecke freistellte und dafür ein Jahr Gefängnis erhielt; und Marineminister Edwin Denby, der im Zusammenhang damit zurücktreten mußte.

Als 1923 Gerüchte über diese Vorgänge in die Presse drangen, fand Harding, daß eine Goodwilltour von Nutzen sein könnte. Im Juni begaben er und die First Lady sich auf eine Reise quer durch das Land. Hoher Blutdruck machte ihm zu schaffen, und auf der Rückreise von Alaska wurde ihm in San Francisco unwohl. Am folgenden Tag erlitt er einen Herzschlag und verschied, fast zweieinhalb Jahre nach seinem Amtsantritt. Hier und da laut werdende Verdächtigungen, seine Frau habe ihn vergiftet, waren sicher böswillig aus der Luft gegriffen. Als nach seinem Tod dann Skandal um Skandal die Allgemeinheit beschäftigte, vermuteten viele Amerikaner, daß auch Harding selbst Teil gehabt habe an den üblen Machenschaften. Die Untersuchungen ergaben dann aber keine Nachweise hierfür. Was blieb, war das Bild eines gutwilligen, intellektuell mediokren Mannes, der in ein Amt gehoben worden war, das sich als einige Nummern zu groß für ihn erwies.

Lit.: Robert K. Murray, *The Harding Era: Warren G. Harding and His Administration* (1969); Eugene P. Trani und David L. Wilson, *The Presidency of Warren Gamaliel Harding* (1977); Charles L. Mee, Jr., *The Ohio Gang: The World of Warren G. Harding* (1981); John W. Dean, *Warren G. Harding* (2004).

Calvin Coolidge

30. Präsident (1923–1929)

Geboren	4.7.1872 Plymouth Notch, Vermont
Konfession	Kongregationalist
Heirat	4.10.1905 mit Grace Anna Goodhue (1879–1957)
Kinder	Zwei
Partei	Republikaner
Amtszeit	3.8.1923–4.3.1929
Gestorben	5.1.1933 Northampton, Massachusetts
Grab	Plymouth Notch, Vermont

Calvin Coolidge regierte in einem turbulenten Jahrzehnt. Die »Roaring Twenties«, die tosenden Zwanzigerjahre, hat man jene Epoche genannt. Aufregung riefen hierbei nicht nur Jazz und Promiskuität, illegaler Alkoholkonsum und anderer tumultuarischer Nonkonformismus in den städtischen Zentren hervor, sondern ebenso die sich hiergegen vor allem auf dem breiten Land erhebende Reaktion in Form von religiösem Fundamentalismus, von Prohibition und Xenophobie bis hin zu den Flammenkreuzen des Ku-Klux-Klan. Präsident Coolidge bezog hier eindeutig Stellung. Er berief sich auf die überkommenen amerikanischen Werte; Fleiß und Sparwille waren für ihn die Kerntugenden des Amerikanertums, die Einhaltung von Ordnung und gesetzestreuer Ruhe durch den einzelnen Bürger garantierte den wirtschaftlichen und damit den gesellschaftlichen Erfolg. Aufgabe der Regierung war es, hierzu Hilfestellung zu geben. Weiter ging seiner Auffassung nach der gouvernementale Auftrag prinzipiell nicht.

Diese Lebensauffassung war Coolidge, einem Sohn des puritanischen Neuengland, mit in die Wiege gelegt worden. Manche seiner Vorfahren waren schon im frühen 17. Jahrhundert von England aus in Massachusetts eingewandert, und einige waren dann im Lauf der Generationen nach Vermont weitergezogen. In dem ländlichen Flecken im hügeligen südlichen Teil des Staates, wo der junge Calvin aufwuchs, unterhielt die Familie eine kleine Landwirtschaft, man reparierte wohl auch Maschinen und betrieb einen Dorfladen. Der Vater erwarb einige politische Prominenz, fungierte als Steuereinnehmer oder Notar und saß auch mehrere Jahre lang im Staatsparlament. Die offenbar sehr empfindsame und gefühlsbetonte Mutter starb an Tuberkulose, als Calvin zwölf Jahre alt war. Er verwand den Verlust nie völlig, und seine Insichgekehrtheit und oft sichtbar werdende scheue Reserviertheit mochten hierin eine ihrer Wurzeln haben.

In der Schule brillierte der junge Coolidge nicht, und die Aufnahmeprüfung ins renommierte Amherst College in Massachusetts bestand er erst beim zweiten Anlauf. Aber eine seiner Tugenden war Beständigkeit, und er beschloß nicht nur seine College-Zeit mit gutem Erfolg, sondern wurde nach einer Juraausbildung 1897 auch als Rechtsanwalt zugelassen. Anfangs verdiente er sich dann in dem nahe dem Amherst College gelegenen Northampton mit notariellen Diensten mehr schlecht als recht seinen Unterhalt. Aber schon als Student war er, sich in die väterliche Richtung orientierend, dem lokalen Republikanischen Club beigetreten. 1898 wurde er in den Rat der Stadt gewählt, und von da an blieb er der Politik verbunden.

Der aufstrebende Jurist und Jungpolitiker hatte allmählich genügend Einkünfte, um an eine Familiengründung denken zu können. 33jährig hielt er, nach einigem Zögern, um Grace Anna Goodhues Hand an. Sie waren sich in den kongregationalistischen Jugendkreisen der Kleinstadt begegnet. Sie war lebhaft und charmant und ein gutes Komplement zu dem zumeist wortkargen Coolidge. Im Herbst 1905 wurde geheiratet, und bald kamen zwei Söhne. Einer davon starb 1924 an einer Blutvergiftung, als Coolidge gerade im Wahlkampf stand. Er erschien danach noch freudloser als zuvor.

Ein Jahr nach seiner Heirat wurde Coolidge in den General Court gewählt, das heißt in das Repräsentantenhaus von Massachusetts, und 1910 zum Bürgermeister von Northampton. 1911 gelangte er in den Staatssenat, wo man ihn 1914 auch zum Präsidenten erkor. Man schätzte seine nüchterne Sachlichkeit, seine offenkundige Unbestechlichkeit und seine beflissene Hingabe an den Wählerauftrag. So erstaunte es nur wenige, daß er 1915 zum Vizegouverneur des Staates gewählt wurde. Diese Position war ein fast natürliches Sprungbrett nach oben, und in den Novemberwahlen 1918 wählte man ihn zum Gouverneur.

Der Erste Weltkrieg war gerade zu Ende gegangen, als Coolidge Anfang 1919 sein Amt antrat. Es war ein Jahr der Aufgeregtheiten im ganzen Land, mit Demobilisierungsturbulenzen, örtlichen Generalstreiks und Kommunistenhatz. Auch Coolidge hatte sich mit den Problemen zu befassen, denn im September verlangte die Polizei in Boston bessere Bezahlung und Arbeitsbedingungen. Coolidge, der an den Verhandlungen nicht direkt beteiligt war, fand die Forderungen nicht unvernünftig. Als die Polizei aber in Streik trat und in den Straßen Bostons wilde Anarchie ausbrach, schritt er ein. Durch die Staatsmiliz ließ er die Ordnung wiederherstellen, unterstützte die Entscheidung, die Streikenden zu entlassen, und schrieb einem protestierenden Gewerkschaftsführer den denkwürdigen Satz: »Gegen die öffentliche Sicherheit zu streiken hat niemand ein Recht, nirgendwo und niemals.«

Bislang nur im eigenen Staat bekannt, wurde Coolidge durch diese Vorfälle zur landesweit renommierten Persönlichkeit. Manche sprachen schon davon, daß er 1920 zum Republikanischen Präsidentschaftskandidaten nominiert werden solle. Hier wurde ihm dann zwar Warren G. ↑Harding vorgezogen, aber Coolidge wurde auf dessen Ticket für den Vizepräsidentenposten gesetzt. Und diesen nahm er dann nach Hardings Sieg ab März 1921 auch ein.

Coolidge rechnete sicher nicht damit, daß er bald selbst auf dem Präsidentenstuhl sitzen würde. Doch während er Anfang August 1923 Ferien in seinem Geburtsort Plymouth Notch verbrachte, kam nachts die Nachricht vom plötzlichen Tod Hardings. Coolidge wurde von seinem Vater geweckt, und letzterer – er war Friedensrichter – nahm ihm nach einem kurzen Gebet den Amtseid ab.

Zu dieser Zeit befand sich die Republikanische Partei gerade in einer schwierigen Phase. In den Farmregionen des Mittleren Westens, traditionell Republikanisches Gebiet, herrschte große Unzufriedenheit über den Niedergang der Agrarpreise nach den Boomjahren des Krieges. Die Skandale aus Hardings Amtszeit kamen gerade erst vollends ans Licht. Doch Coolidge gelang es, die Stimmung zu drehen. Fünfzehn Monate später wurde er in den Präsidentschaftswahlen des Jahres 1924 im höchsten Amt bestätigt, und nochmals vier Jahre später, als er abtrat, befand sich seine Partei in einer sehr viel besseren Position als noch 1924. Wie brachte er dies zuwege?

Coolidges Strategie war im Grunde recht einfach. Sauberkeit und Sparsamkeit galten ihm als die obersten Gebote für seine Regierung. Noch 1924 ernannte er eine Kommission zur vollständigen Aufklärung des aus der Harding-Ära auf ihn gekommenen Teapot-Dome-Skandals. Insgesamt hatte Coolidges Überzeugung nach die Regierung die Aufgabe, der Privatwirtschaft den Boden zu bereiten, nicht aber, deren Aktivitäten zu übernehmen. Legendär wurde sein Ausspruch »The business of America is business«. Als der Kongreß 1927 das McNary-Haugen-Gesetz zur Bundeshilfe für Farmer beschloß, vereitelte er die Inkraftsetzung mit seinem Veto. Als 1928 der Muscle-Shoals-Kraftwerkbetrieb in Tennessee in Bundesregie übernommen werden sollte, legte er ebenfalls sein Veto ein. Hingegen setzte er, kräftig unterstützt durch seinen Finanzminister Andrew W. Mellon, einen Großindustriellen, substantielle Steuersenkungen durch.

Obwohl Coolidges Expertise unbestreitbar in der Innenpolitik lag, ließ er sich auch die Pflege auswärtiger Beziehungen angelegen sein. Es war ihm durchaus einsichtig, daß der strenge Isolationismus, der den amerikanischen Beitritt zum Völkerbund verhindert hatte, den Bedürfnissen seines Landes nicht eigentlich gerecht werden konnte. So stand er voll hinter den Verhandlungen, die 1924 unter dem Vorsitz des Chicagoer Bankiers Charles G. Dawes zum sogenannten Dawesplan zur Lösung des deutschen Reparationsproblems führten. Dawes wurde dann Vizepräsident in Coolidges zweiter Amtszeit. Coolidge hätte auch gern die Vereinigten Staaten Mitglied im Ständigen Internationalen Gerichtshof im Haag werden lassen, scheiterte aber am Widerstand des Senats. 1928 ermutigte er seinen Außenminister Frank B. Kellogg zum Abschluß des Briand-Kellogg-Pakts, der die Ächtung des Krieges als Mittel zur Lösung zwischenstaatlicher Konflikte festschrieb.

Ein besonderes Anliegen war Coolidge die Verbesserung des Verhältnisses zu Japan und zu den lateinamerikanischen Staaten. Die Flottenkonferenz, die unter der Ägide von Hardings Außenminister Charles E. Hughes 1921/22 in Washington stattgefunden hatte, war den japanischen Rüstungsbedürfnissen nur annäherungsweise entgegengekommen. Und als 1924 das große Einwanderungsbeschränkungsgesetz auf Coolidges Schreibtisch zur Unterschrift vorlag, unterzeichnete er es nur sehr widerwillig, da es japanische Einwanderung praktisch unmöglich machte. So fand 1927 auf seine Initiative hin zusammen mit Japan und Großbritannien eine Marineabrüstungskonferenz in Genf statt, die aber freilich ergebnislos blieb.

Die Beziehungen zu Mexiko, seit je nicht die besten und unter Präsident Woodrow ↑Wilson dem Kriegsausbruch nahe, verschlechterten sich erneut Anfang der 1920er Jahre. Mexikanische Maßnahmen im Gefolge der Annahme der neuen Verfassung von 1917 beschränkten den Besitzanspruch Fremder auf Ölvorkommen und Land. Coolidge entsandte 1927 Dwight W. Morrow, wie Dawes ebenfalls Bankier, als Botschafter. Diesem gelang dann rasch die gütliche Klärung der strittigen Fragen. In ähnlicher Mission und mit ähnlichem Erfolg schickte er den Juristen Henry L. Stimson im gleichen Jahr nach Nicaragua, und er selbst begab sich Anfang 1928 nach Havanna, um dort die 6. Panamerikanische Konferenz zu eröffnen. Hier kann man bereits deutlich Anfänge der »Guter-Nachbar-Politik« erkennen, die dann unter den Präsidenten Herbert C. ↑Hoover und Franklin D. ↑Roosevelt weiter gepflegt wurde.

Es ist gewiß wahr, daß sich während Coolidges Amtszeit nicht alle Amerikaner guter Prosperität erfreuten, und daß sein Rezept der gouvernementalen Abstinenz der sich bald ankündigenden Depression nicht mehr genügen konnte. Diese Umstände haben sein Bild in der Geschichtsschreibung vielfach verdüstert. Zu seinen Gunsten mag aber angeführt werden, daß die große Mehrheit die 1920er Jahre doch als eine Zeit des Wohlstands empfand und auch, daß er selbst bald einsah, daß seine minimalistische Regierungsweise sich wohl nicht mehr lange hätte fortführen lassen. Regierung, so meinte er gelegentlich, müsse wohl aggressiver werden. Doch er fügte hinzu: »I do not want to undertake it«; solches wollte er nicht mehr angehen.

Er wäre dafür gewiß auch der falsche Mann gewesen. Ganz offenbar spürte er, daß mit seiner Regierung ein Zeitalter, die Epoche des Laissez-faire, unwiderruflich zu Ende ging. Entsprechend erstrebte er keine weitere Amtszeit, sondern zog sich 1929 nach Northampton zurück, wo er sechs Jahre später an einem Herzinfarkt starb.

Lit.: Donald R. McCoy, *Calvin Coolidge: The Quiet President* (1967); Thomas B. Silver, *Coolidge and the Historians* (1982); Robert Sobel, *Coolidge: An American Enigma* (1998); Robert H. Ferrell, *The Presidency of Calvin Coolidge* (1998).

Herbert Clark Hoover
31. Präsident (1929–1933)

Geboren	10.8.1874 West Branch, Iowa
Konfession	Quäker
Heirat	10.2.1899 mit Lou Henry (1875–1944)
Kinder	Zwei
Partei	Republikaner
Amtszeit	4.3.1929–4.3.1933
Gestorben	20.10.1964 New York, New York
Grab	West Branch, Iowa

Herbert Clark Hoover hörte sich nicht ungern den »Great Humanitarian« nennen, den Helfer voller Menschlichkeit. Die Grundlage für seine Reputation, die ihn schließlich ins Weiße Haus brachte, hatte ja auch seine kompetente Hilfe für Hungernde und Verhungernde in Europa im und nach dem Ersten Weltkrieg gelegt. So war es in hohem Grad ironisch, daß er sich als Präsident unfähig zeigte, in ähnlicher Situation im eigenen Land den Bedürftigen hinreichend beizustehen. Seine Überzeugungen hinsichtlich der Eigenverantwortlichkeit des Individuums hätte er hierzu vielleicht nicht ganz über Bord werfen, aber doch substantiell korrigieren müssen. Dazu zeigte er sich nicht hinreichend in der Lage. Er hatte das Präsidentenamt gesucht, um kompetent den Wohlstand seines Landes zu mehren, wo nicht gar zu vollenden. Für den Umgang mit Depression und wirtschaftlichem Niedergang fehlte ihm das Konzept.

Vielleicht vermochte Hoover deshalb nicht umzudenken, weil sein persönlicher Werdegang als Musterbeispiel einer ausschließlich durch eigene Anstrengung vorangekommenen Karriere gelten kann. Er wurde in einem winzigen Nest in Iowa als Sohn eines Schmieds geboren. Seine Eltern starben früh, und Verwandte in Oregon zogen ihn auf. Letztere waren, wie die Eltern auch, bekennende Quäker. Von ihnen übernahm der junge Bert eine religiös motivierte, auf Ausgleich bedachte, Fleiß und humanitäre Dienstleistung betonende Lebenseinstellung. In späteren Jahren modifizierte er allerdings für sich den quäkerischen Pazifismus so weit, daß ihm Krieg als letztmögliches Mittel zur Durchsetzung des Guten gerechtfertigt erschien.

Mit 17 Jahren bezog Hoover die neugegründete Stanford University und verließ sie vier Jahre später mit einem Bachelorgrad in Geologie. Er war ein durchschnittlicher Student gewesen. Doch innerhalb eines Jahres erlangte er eine Stelle in Australien, die ihm eine stupende Berufskarriere eröffnete. Erst half er, eine Goldmine in Betrieb zu nehmen. 1899 wurde er nach China versetzt, fand sich aber in Tientsin bald mitten in der ausbrechenden Boxerrebellion. So kehrte er nach Beruhigung der Lage wieder nach Australien zurück, wo er Zinkvorkommen erschloß. Danach eröffnete er eine Silbermine in Burma. Bald Partner bei seinem in London ansässigen Arbeitgeber, gründete er 1908 eine eigene Ingenieurfirma. Im Jahre 1914, als der Erste Weltkrieg ausbrach, galt er weltweit als Experte auf seinem Gebiet des Bergbaus und hatte ein beträchtliches Vermögen erworben.

Seine Arbeit hatte Hoover zu diesem Zeitpunkt schon mehrmals um die Welt geführt. Über weite Strecken war ihm hierbei seine Frau Lou eine hilfreiche Begleiterin gewesen. Er hatte sie an der Stanford University kennengelernt – auch sie hatte Geologie studiert – und von Australien aus um ihre Hand angehalten. Den Kriegsausbruch im August 1914 erlebte das Ehepaar in London. Der amerikanische Botschafter bat den organisatorisch begabten Hoover, sich um die Betreuung der auf den britischen Inseln befindlichen 120 000 Amerikaner zu kümmern. Hoover leitete das American Relief Committee so effektvoll, daß ihm danach eine viel größere Aufgabe übertragen wurde, nämlich die Leitung des amerikanischen Hilfswerks für die belgische Zivilbevölkerung. Auch hier beeindruckte er durch Effizienz und Ergebnisorientiertheit. Als die Vereinigten Staaten selbst in den Krieg eintraten, rief Präsident Woodrow ↑Wilson ihn nach Washington zurück und beauftragte ihn mit der Organisation der amerikanischen Nahrungsversorgung. Nun wurde sein Name nachgerade ein Haushaltswort, hämmerten seine Werbestrategen den Amerikanern doch ständig die Empfehlung ein, fleischfreie und mehlfreie Tage einzuhalten. Die Lebensmittelproduktion stieg unter seiner Ägide enorm. Nach Kriegsende 1918 ernannte ihn Wilson zum Koordinator der amerikanischen Hungerhilfe, die in den darauffolgenden zwei Jahren 19 Millionen Tonnen Lebensmittel in den vom Krieg heimgesuchten Ländern verteilte.

Im Wahljahr 1920 spielten viele von Hoovers Freunden, und wohl auch er, mit dem Gedanken, seine landesweite Bekanntheit für eine Präsidentschaftskandidatur zu nutzen. Doch nach einigem Zögern nahm er vorerst davon Abstand. Er schloß sich nun jedenfalls den Republikanern an, und der neue Präsident Warren G. ↑Harding ernannte ihn zum Handelsminister.

Das Handelsministerium war damals noch keine zwei Jahrzehnte alt und galt als eines der weniger wichtigen Ministerien in Washington. Dies änderte sich unter Hoover. Er reorganisierte den bürokratischen Apparat und dehnte den Aktionsbereich in fast unerhörter Weise aus. Die Statistikabteilung erhob weit mehr Wirtschaftsdaten als zuvor, das Rundfunkwesen wurde geordnet, ein eigenes Büro kümmerte sich um die zivile Luftfahrt. Die Stahlindustriellen überredete Hoover zur Aufgabe des Zwölfstundentages. Er predigte aktives Unternehmertum und forderte freiwillige Abmachungen im Geschäftsleben statt staatlicher Regulierung. Neues Augenmerk galt den Handelsmöglichkeiten jenseits der Landesgrenzen. Dem Überfluß an Farmerzeugnissen wollte Hoover nicht, wie vom Landwirtschaftsministerium angeregt, durch Produktionsbeschränkungen begegnen, also durch Zwangsmaßnahmen, sondern durch Vermehrung der Exporte. Auch seine Unterstützung des Dawesplans 1924, der dem Deutschen Reich die Zahlung der Reparationen wieder ermöglichte, war eine Art Hilfe zur Selbsthilfe. Sie diente obendrein auch in willkommener Weise einem politischen Zweck, denn Hoover sah ein wirtschaftlich starkes Deutschland als das beste Bollwerk gegen den Bolschewismus.

Im Wahljahr 1924 wurde Präsident Calvin ↑Coolidge selbstverständlich von den Republikanern erneut aufgestellt. Aber als dieser 1928 keine weitere Amtszeit anstrebte, war es eine ausgemachte Sache, daß nunmehr der zur stärksten politischen Persönlichkeit gewordene Hoover kandidieren würde. Sein Demokratischer Gegner Alfred E. Smith, Katholik und Prohibitionsgegner, hatte angesichts des allgemeinen Wohlstands von vornherein keine Chance. »Wir in Amerika«, rief Hoover im Wahlkampf aus, »werden mit Gottes Hilfe bald den Tag sehen, an dem die Armut aus unserem Land verbannt ist.« Er wurde mit größerer Stimmen- wie auch Wahlmännermehrheit gewählt als je ein amerikanischer Präsident zuvor. Bei seinem Amtsantritt im März 1929 verkündete er, daß er keine Furcht für die Zukunft des Landes hege, sei diese doch »voll strahlender Hoffnung« (bright with hope).

Hoover hatte sich als hervorragender Organisator des Wohlstandes erwiesen. Als Prophet und als Krisenmanager scheiterte er. Zwar zeigte er sofort nach Amtsantritt Tatendrang. Er berief den Kongreß zu Sondersitzungen ein und ließ ihn ein Farmhilfegesetz verabschieden. Aber Ende Oktober brachen an der Wallstreet die Börsenkurse weg, und zwei Wochen später hatten die Aktien insgesamt über 40 Prozent ihres Wertes eingebüßt. Sie sanken über drei Jahre, bis sie 1932 nur noch ein Viertel des 1929 erreichten Wertes besaßen. Als sich die Flaute ausbreitete, wurden Makler, Banken und schließlich das gesamte Kreditsystem des Landes in Mitleidenschaft gezogen. Die Wirtschaft schrumpfte. Das Bruttosozialprodukt fiel zwischen 1929 und 1933 um fast ein Drittel. Ende 1930 zählte man über vier Millionen Arbeitslose, im Oktober 1931 sieben Millionen, im März 1933 waren es vierzehn Millionen.

Hoover gab optimistische Erklärungen und Kommuniqués heraus und veranstaltete Konferenzen. An strukturelle Schwächen der Laissez-faire-Wirtschaft glaubte er nicht. Für ihn handelte es sich lediglich darum, den Unternehmungsgeist neu zu wecken. Er wich davor zurück, die vollen Machtbefugnisse des Präsidentenamtes zu mobilisieren, wie es sein Nachfolger Franklin D. ↑Roosevelt dann tat. Aktive Regierungsintervention, die dem einzelnen die Verantwortung für sein Fortkommen zumindest teilweise abnehmen würde, betrachtete er als nicht vereinbar mit den überkommenen amerikanischen Werten.

Dies bedeutete nicht, daß Hoover sich vollkommen von der wirtschaftlichen und sozialen Szene fernhielt. Adäquate Rahmenbedingungen für die Selbsthilfe des Individuums zu schaffen, betrachtete er durchaus als mit seinem Dogma vereinbar, ja in demselben impliziert. Hierzu gehörte die Sicherung stabiler Bedingungen durch Festhalten am Goldstandard und die Wahrung eines ausgeglichenen Bundeshaushaltes ebenso wie der Schutz der amerikanischen Produktion durch die Anhebung der Zölle im Hawley-Smoot-Tarif des Jahres 1930. Freilich beschleunigte letzterer dann den Verfall der amerikanischen Wirtschaft, da er unverzüglich zu Vergeltungszöllen in anderen Ländern führte.

Um dem zusammenbrechenden internationalen Zahlungsverkehr eine Verschnaufpause zu geben, brachte Hoover 1931 die wichtigsten anderen Nationen dazu, einem vorerst einjährigen Zahlungsmoratorium zuzustimmen. Überhaupt setzte er auch außenpolitisch auf freiwillige Kooperation. Zwar wußte er, daß er in seinem Land einen Beitritt zum Völkerbund nicht würde durchsetzen können, aber er arbeitete auf die Mitgliedschaft im Haager Internationalen Gerichtshof hin. Und seine Regierung war 1930 aktiv am Zustandekommen der Londoner Marinebeschränkungsvereinbarung beteiligt, welche das Washingtoner Flottenabkommen von 1922 ergänzte. Gezielte Aktionen blieben dagegen unstatthaft. Als japanische Truppen 1931 das mandschurische Mukden überfielen, verkündete Außenminister Henry L. Stimson lediglich, daß auf Eroberung basierende Annexionen keine amerikanische Anerkennung finden könnten.

Auch wenn die wirtschaftliche Misere viele der davon Betroffenen in die Verzweiflung trieb, wich Hoover nicht von seinem Credo ab, daß Direkthilfe des Bundes für Individuen ein Unding sei. Ab Ende Mai 1932 kampierten in Washington an die 15 000 Weltkriegsveteranen, viele vor dem Kapitol, um die vorzeitige Auszahlung eines Dollarbonus zu erzwingen. Hoover ließ sie mit Waffengewalt vertreiben. Allenfalls war indirekte Hilfe denkbar. In diesem Sinn schuf er im Februar 1932 die Reconstruction Finance Corporation, die an Unternehmen wie Banken und Eisenbahnen Kredite zur Wirtschaftsstimulierung vergeben konnte. Ab Juli konnte sie auch öffentlichen Körperschaften wie Einzelstaaten und Gemeinden Gelder vor allem für Bauarbeiten leihen. Aber diese Bemühungen reichten schon wegen der Beschränktheit der zur Verfügung gestellten Mittel nicht hin, die allgemeine Not merklich zu lindern.

Historiker haben später darauf verwiesen, daß die zuletzt genannten Maßnahmen eigentlich doch ein Abweichen vom ursprünglichen Hooverschen Standpunkt darstellten. Der Bund gab zwar direkt keine Hilfe an die Notleidenden, aber indirekt gab er sie doch. In kleinerem Maßstab wurde demgemäß also die später von Roosevelt groß herausgestellte Regierungsintervention im sozialen Leben bereits praktiziert. Dies mochte so sein. Aber als Hoovers Amtsperiode ihrem Ende entgegenging, interessierten das Wählerpublikum solche dogmatischen Feinheiten weniger als die allenthalben gegenwärtige Not. Für die Republikanische Partei brachte dies ein Dilemma. Hoover wieder als Präsidentschaftskandidaten aufzustellen, mußte vielen Wählern als zynisch erscheinen; ihn nicht aufzustellen, wäre einem Eingeständnis seiner Unfähigkeit gleichgekommen. Man entschied sich zögernd für eine erneute Kandidatur. Der Demokratische Gegner Roosevelt vermochte den Nutzen daraus zu ziehen. Hoover warf sich zwar mit Elan in den Wahlkampf und schalt das New-Deal-Konzept seines Herausforderers unamerikanisch und deshalb unannehmbar. Es nützte ihm nichts, denn er verlor die Wahl mit knapp 40 zu über 57 Prozent der Wählerstimmen.

Nach der Amtsübergabe an Roosevelt kritisierte Hoover noch jahrelang dessen politische Maßnahmen. Im Zweiten Weltkrieg wandte er sich laut gegen eine militärische Beteiligung der Vereinigten Staaten. Unmittelbar nach dem Krieg ließ er sich dann aber von Präsident Harry S ↑Truman mit der Koordinierung eines internationalen Hungerhilfeprogramms beauftragen. In den Jahren 1947–1949 und dann wiederum 1953–1955 wirkte er, nochmals sein Prinzip der bürokratischen Effizienz in Anwendung bringend, als

Vorsitzender von Ausschüssen zur Rationalisierung der Bundesverwaltung. Er starb in seinem 91. Lebensjahr an allgemeiner körperlicher Erschöpfung. Es lag wohl einerseits an seinem Mangel an Flexibilität, daß es ihm versagt blieb, trotz seiner großen Tatkraft und trotz ehrlicher und bemühter Anstrengung, das höchste Amt in letztlich angemessener Weise auszufüllen. Den Status eines großen Präsidenten hat er somit gewiß nicht erreicht. Andererseits war ein Grund hierfür aber wohl die Unerhörtheit der Anforderungen, mit denen er sich konfrontiert sah. Sein Nachfolger hatte es danach leichter, denn er konnte aus den Fehleinschätzungen seines Vorgängers lernen.

Lit.: Gene Smith, *The Shattered Dream: Herbert Hoover and the Great Depression* (1970); Joan Hoff Wilson, *Herbert Hoover: Forgotten Progressive* (1975); David Burner, *Herbert Hoover: A Public Life* (1978); Martin L. Fausold, *The Presidency of Herbert Clark Hoover* (1985).

Franklin Delano Roosevelt

32. Präsident (1933–1945)

Geboren	30.1.1882 Hyde Park, New York
Konfession	Episkopalkirche (anglikanisch)
Heirat	17.3.1905 mit Anna Eleanor Roosevelt (1884–1962)
Kinder	Sechs
Partei	Demokrat
Amtszeit	4.3.1933–12.4.1945
Gestorben	12.4.1945 Warm Springs, Georgia
Grab	Hyde Park, New York

Franklin Delano Roosevelt war zu seinen Lebzeiten ein umstrittener Politiker. Konservative beschuldigten ihn, die Rechte von Einzelstaaten und Individuen zu beschneiden. Linksgerichtete Kreise fanden ihn ängstlich und systemverhaftet bei der Depressionsbekämpfung. Wieder andere verachteten ihn wegen seiner prinzipienlosen Verschlagenheit und seines machtsüchtigen Geltungsdrangs. »Käme [Präsident Roosevelt] morgen zu der Überzeugung, daß ein Eintreten für Kannibalismus ihm die benötigten Stimmen bringen könnte«, schrieb der bekannte Journalist Henry L. Mencken, »so würde er noch am Mittwoch damit beginnen, im Garten des Weißen Hauses einen Missionar zu mästen.« Doch schon während Roosevelts Regierungszeit überwogen die positiven Ansichten. Zumindest die Mehrheit der Wähler sah ihn als den charismatischen Optimisten, der die Nation heil durch die Große Depression brachte und dabei die Entwicklung zum modernen Wohlfahrtsstaat anstieß. Für sie war er auch vor allem die große Persönlichkeit, welche die Nation durch die Fährnisse des Zweiten Weltkrieges schließlich zum Sieg führte. Sicher ist auf jeden Fall, daß seine Präsidentschaft als eine der ereignisreichsten und bedeutsamsten des 20. Jahrhunderts und wohl auch der gesamten amerikanischen Geschichte anzusehen ist.

Gäbe es in den Vereinigten Staaten offiziell eine Aristokratie, so hätte Roosevelt zu ihr gehört. Manche seiner Vorfahren hatten sich, aus Holland kommend, schon im frühen 17. Jahrhundert nördlich der heutigen Stadt New York im Hudsontal angesiedelt. Und einige Familien hatten sich dort große Latifundien bewahrt. Auch die Eltern Roosevelts erfreuten sich beträchtlichen Reichtums und vermochten ihrem einzigen Kind eine teure Erziehung zu geben. Er wurde von Gouvernanten und Tutoren unterrichtet, bis er mit 14 Jahren die exklusive Groton-Internatsschule in Massachusetts bezog. Dort wie dann auch an der Harvard University, die er 1904 mit dem Bachelorgrad verließ, erhielt er freilich nur durchschnittliche Noten. Juristische Studien an der Columbia University in New York brach er 1907 vorzeitig ab, als er eine Zulassung als Rechtsanwalt erhielt. Familienbeziehungen verschafften ihm eine Stelle in einer renommierten Kanzlei. Die Arbeit dort langweilte ihn allerdings bald, woraufhin er beschloß, sich politisch zu engagieren.

Schon während seiner Harvardzeit hatte sich Roosevelts Zivilstatus geändert. Er hatte Eleanor Roosevelt kennengelernt, die hochgewachsene, verwaiste Nichte seines entfernten Vetters, des amtierenden Präsidenten Theodore ↑Roosevelt. Man war sich nähergekommen und hatte 1905 geheiratet. Die fürsorgliche Mutter Roosevelt – der Vater war schon 1900 gestorben – blieb vorerst in dem jungen Haushalt allgegenwärtig. Nichtsdestoweniger kamen über die Jahre insgesamt sechs Kinder. Eleanor und Franklin gewannen erst einige Selbständigkeit, als sie Ende 1910 in die Staatshauptstadt Albany umzogen. Die Demokratische Parteiführung hatte ihn, seinem Namen und seinem Geld vertrauend, für einen Senatssitz nominiert, und er hatte nach fleißigem Wahlkampf gesiegt.

In der politischen Arena fand sich Roosevelt in seinem Element. Vor der Präsidentschaftswahl 1912 stellte er sich entgegen der New Yorker Parteilinie hinter Woodrow ↑Wilson, und dieser belohnte ihn nach seinem Sieg mit dem Posten des assistant secretary, also etwa Unterstaatssekretärs, im Marineministerium. Die folgenden Jahre in Washington wurden für Roosevelt eine außerordentlich wertvolle Lehrzeit. Einige Konkurrenten im Regierungsapparat sahen in ihm lediglich den hochnäsigen Dandy. Aber Roosevelt hatte mehr Substanz. Bei solider Arbeit gewann er einen Einblick ohnegleichen in das Funktionieren der Washingtoner Bürokratie, in die Regeln des Umgangs mit dem Kongreß, mit Ministern und Admiralen. Keiner seiner späteren politischen Gegner verfügte über einen solchen Erfahrungsschatz.

Fest etabliert in der Wilsonschen Administration und den attraktivsten Namen in der ganzen Nation tragend, erschien Roosevelt dem Demokratischen Establishment im Präsidentschaftswahljahr 1920 ein adäquater Kandidat für den Posten des Vizepräsidenten. Allerdings hatte er, zusammen mit dem Präsidentschaftsbewerber James M. Cox, dann keinerlei Chance bei dem des europäischen Einsatzes müden Wahlvolk, und sie verloren haushoch gegen die Republikaner Warren G. ↑Harding und Calvin ↑Coolidge. So zog sich Roosevelt wieder ins Privatleben zurück. Der ungeliebten Anwaltspraxis konnte er sich dann freilich nicht lange widmen, denn im August 1921 wurde er in seinem Feriendomizil im kanadischen Neubraunschweig von spinaler Kinderlähmung befallen. Er verlor für den Rest seines Lebens den normalen Gebrauch seiner Beine und konnte auch nach jahrelangen, willensstark durchgeführten Regenerationsübungen nur mehr wenig und dann lediglich an Krücken gehen. Seine Frau Eleanor stand ihm hilfreich mit Pflege, Korrespondenzerledigung und Ermutigung zur Seite, und dies, obwohl sie schon 1918 hatte entdecken müssen, daß er sie mit ihrer Sekretärin Lucy P. Mercer betrog. Letzterer Umstand bewirkte zwar das Ende ehelicher Intimitäten, doch wahrte sie nach außen hin die Form und spielte später auch die Rolle der First Lady im Weißen Haus nach aller Regel. Allerdings wurde sie dann auch, vielleicht zum Ausgleich, in untraditioneller Weise selbst in mancherlei Funktionen öffentlich aktiv.

Allmählich war Roosevelt wieder politisch aktionsfähig. Als der New Yorker Gouverneur Alfred E. Smith 1928 Demokratischer

Präsidentschaftskandidat wurde, überredete er Roosevelt, sich um die Gouverneursposition zu bewerben. Roosevelt bewies durch einen kraftvoll geführten Wahlkampf, daß ihn das Gelähmtsein nicht amtsunfähig machte. Er gewann mit einer knappen Mehrheit. Die ersten beiden Jahre seiner Gouverneurszeit waren ruhig, doch nach seiner Wiederwahl 1930 schlug in der Folge des Börsenkrachs von 1929 die Depression voll durch. Roosevelt richtete als erster amerikanischer Gouverneur eine staatliche Wohlfahrtsbehörde ein, die Unterstützungsmaßnahmen wie öffentliche Bauarbeiten und Sozialhilfe anstieß und finanzierte. Damit erkannte er erstmals eine Fürsorgepflicht des Staates für das bedürftige Individuum an, eine Aufgabe, die zuvor lediglich lokalen Stellen zugeordnet gewesen war.

Andere amerikanische Staaten ahmten das New Yorker Beispiel nach. Roosevelt erschien im Wahljahr 1932 als der aussichtsreichste Anwärter auf das Präsidentenamt, und der Demokratische Parteitag im Juni entschied sich nach wenigen Abstimmungsgängen für ihn als Kandidaten. Um Neuaufbruch zu signalisieren, flog er dann in traditionswidriger Weise selbst nach Chicago. »Ich verpflichte Euch«, rief er dort den Delegierten zu, »ich verpflichte mich zu einem ›new deal‹ für das amerikanische Volk.« Wie er sich dieses Neuverteilen der Karten im einzelnen vorstellte, blieb noch im Vagen. Aber angesichts der miserablen Depressionszustände hatte sein Republikanischer Rivale Herbert C. ↑Hoover keine Chance mehr, und Roosevelts Sieg fiel mit 57 gegen 40 Prozent der Stimmen erwartet deutlich aus.

Schon unmittelbar nach seiner Amtseinführung demonstrierte Roosevelt das Grundprinzip seines Präsidentschaftserfolgs. Es bestand darin, Zuversicht zu wecken und Aktionsbereitschaft zu zeigen. »Was wir zu fürchten haben, ist allein die Furcht«, erklärte er der Menge vor dem Kapitol und den Millionen am Radio. Nächstentags schloß er alle Banken, um den sich abzeichnenden Kollaps des Finanzsystems aufzuhalten, und berief den nun Demokratisch dominierten Kongreß zur Sondersitzung ein. Dieser verabschiedete während der folgenden hundert Tage in stupend schneller Manier eine Serie von Gesetzen. Von des Präsidenten Beraterteam konzipiert, dem sogenannten Brain Trust, repräsentierten diese Gesetze in Mißachtung der bisher herrschenden, noch von Hoover weitgehend befolgten Leitdoktrin des Laissez-faire nunmehr das bewußte und aktive Eingreifen der Regierung in das wirtschaftliche und soziale Leben. In einer Art Präludium erhielt der Präsident Vollmachten zur Regulierung des Bankwesens, die er rasch nutzte, woraufhin der Geldverkehr wieder in Gang kam. Und um die Stimmung auch auf anderer Ebene zu heben, wurde das seit 1919 geltende Alkoholverbotsgesetz so abgeändert, daß nun Bier und Wein bis zu einem Alkoholgehalt von 3,2 Prozent erlaubt wurden.

Insgesamt wichtiger aber waren die im Mai und Juni 1933 angenommenen Gesetze. Der Agricultural Adjustment Act (AAA) zielte auf eine Anhebung der Preise für landwirtschaftliche Erzeugnisse durch Anreize zur Produktionsbeschränkung; der National Industrial Recovery Act (NIRA) diente mit der Genehmigung von bisher durch die Antitrustgesetze verbotenen Preis- und Produktionsabsprachen dem gleichen Vorhaben in bezug auf Industriewaren; er garantierte darüber hinaus der Arbeiterschaft das Recht auf Tarifverhandlungen; und er schuf mit der Public Works Administration (PWA) ein Instrument zur Durchführung öffentlicher Arbeiten. Die neugegründete Federal Emergency Relief Administration (FERA) verteilte Bundesgelder an finanzschwache Staaten für Notstandsprogramme. Die Tennessee Valley Authority (TVA) wurde geschaffen mit dem Milliardenauftrag, Staudämme und Kraftwerke zur industriellen Entwicklung der Region des Tennesseetals zu errichten.

Konservative Gegner der Rooseveltschen Regierung machten sich über die »Buchstabensuppe« dieser und anderer in Angriff genommener Projekte lustig; nicht wenige davon schlugen auf die Dauer auch fehl, teils weil sie sich als schlecht geplant oder schlicht ineffektiv erwiesen, teils weil das Oberste Gericht sie als verfassungswidrig einstufte. Viel wichtiger war jedoch der Stimmungsumschwung, der durch diese konzentrierte Aktivität das ganze Land erfaßte. Roosevelt erschien als der Mann, der ein Konzept hatte und willens war, es kraftvoll durchzusetzen. Essentiell für diesen Meinungswandel war dabei seine Kunst der Öffentlichkeitsbeeinflussung. Häufig, oft zweimal in der Woche, bat der Präsident die Presse zur Konferenz. Souverän nutzte er das noch relativ neue Medium des Radios. Bis heute berühmt sind seine »Kamingespräche« (fireside chats), in denen er mit sonorer Stimme voll Optimismus die Menschen um ihr Vertrauen bat, das bisher Unternommene Revue passieren ließ und seine weiteren Schritte ankündigte. Man nahm ihn wahr als freimütigen, warmherzigen und selbstsicheren Führer der Nation, mit dem zusammen man die schwere Depression womöglich doch überwinden würde.

Vor der Präsidentschaftswahl 1936 brachte Roosevelt die Vereinigten Staaten einen weiteren Schritt auf dem Weg zum Sozialstaat voran. Neben anderen Maßnahmen wie der verbesserten Regelung der gewerkschaftlichen Aktivität und einem neuen, von der Works Progress Administration (WPA) getragenen Arbeitsbeschaffungsprogramm schuf 1935 der Social Security Act eine Altersversicherung und ein System der Arbeitslosenversicherung. Roosevelt konnte zuversichtlich in den Wahlkampf gehen und erhielt mit 61 Prozent der Stimmen gegen 37 Prozent für seinen Republikanischen Rivalen Alfred M. Landon dann eine bis dahin in der amerikanischen Geschichte unerreichte Mehrheit. In seiner zweiten Amtsperiode entwickelten sich die Dinge auf dem innenpolitischen Plan für ihn allerdings nicht mehr so erfreulich. In Siegerlaune versuchte er 1937, vom Kongreß Vollmacht für eine Veränderung der Besetzung des Obersten Gerichts zu erreichen. Der Aufschrei der Empörung im Land veranlaßte ihn, diesen Plan rasch fallenzulassen. Und im Herbst jenes Jahres schrumpfte die Wirtschaft wieder bedenklich, und ausgedehnte Streiks in verschiedenen Industrien waren die Folge. Vor allem aber verdüsterte sich allmählich auch die internationale Szene.

Die Aufgaben im Inneren hatten Roosevelts Regierung jahrelang nicht viel Zeit und Energie gelassen, sich um außenpolitische Belange intensiv zu kümmern. Neben der von vielen Konservativen mißbilligten diplomatischen Anerkennung der Sowjetunion 1934 war sein Bemühen vor allem dahin gegangen, die Beziehungen zu Lateinamerika zu verbessern. Der sich einstellende Erfolg erleichterte dann wesentlich das spätere Zusammenwirken während des Zweiten Weltkrieges.

Roosevelt selbst glaubte Mitte der 1930er Jahre sicher noch nicht an die Unvermeidbarkeit eines Kriegsausbruchs, aber er war durch die militärischen Aktivitäten Japans und Italiens sowie die Wiederaufrüstung Deutschlands beunruhigt. Die Mehrheit der Amerikaner teilte jedoch diese Sorge vorerst nicht, und die vom Kongreß 1935, 1936 und 1937 verabschiedeten Neutralitätsgesetze reflektierten diese Haltung deutlich genug. Auch nach dem deutschen Überfall auf Polen 1939 und dem Sieg über Frankreich änderte sich die isolationistische Stimmung in den Vereinigten Staaten nur marginal. Roosevelt hingegen war inzwischen ganz von der kommenden Notwendigkeit amerikanischen Eingreifens überzeugt, einerseits um Großbritannien zu retten, andererseits aber auch aus seinem Verständnis des amerikanischen Eigeninteresses heraus. 1940 stellte er sich ein noch nie dagewesenes drittes Mal zur Wahl und wurde wegen der Kriegsumstände auch gewählt. Vorerst blieb ihm trotzdem wenig anderes übrig, als Großbritannien und dann die Sowjetunion massiv mit Rüstungsgütern zu unterstützen. Zu mehr war der Kongreß noch nicht bereit. Immerhin verhalf die Massenproduktion für den Krieg nun der amerikanischen Wirtschaft endlich zu dem Aufschwung, der sich während der New-Deal-Periode nicht so recht hatte einstellen wollen.

Im Laufe des Jahres 1941 bemühte sich Roosevelt dann, durch Schritte wie amerikanischen Geleitzugschutz für die Briten und Verfolgung deutscher Unterseeboote, wobei er auch vor öffentlicher Lüge nicht zurückschreckte, Hitler zu provozieren. Gleichzeitig schnürte er das sich in Ostasien ausbreitende Japan wirtschaftlich ein. Den japanischen Angriff auf Pearl Harbor Anfang Dezember 1941 hat er aber so vermutlich nicht vorausgesehen. Jedenfalls löste dieser das Problem der amerikanischen Kriegsteilnahme, denn der Kriegserklärung Washingtons an Japan folgten die deutsche und die italienische an die Vereinigten Staaten.

Während des Krieges bestimmte Roosevelt, im Zusammenwirken mit dem britischen Premier Winston Churchill, die Strategie der Westmächte. Man stimmte in der Ansicht überein, daß das

Deutsche Reich als der stärkere Gegner vor Japan ausgeschaltet werden solle, was auch den Erwartungen des auf die Eröffnung einer zweiten Front drängenden sowjetischen Diktators Josef W. Stalin entsprach. Mit letzterem konferierten die beiden dann persönlich sowohl 1943 in Teheran als auch, nachdem Roosevelt im September 1944 sogar ein viertes Mal zum Präsidenten gewählt worden war, im Februar 1945 in Jalta auf der Krim. Bei der Jaltakonferenz, wo es vor allem um die Nachkriegsordnung ging, erhielten die beiden westlichen Staatsmänner Stalins Versprechen des baldigen sowjetischen Kriegseintritts gegen Japan und, dies war ein persönliches Anliegen Roosevelts, Stalins Zusage zur Teilnahme an der Gründung der Vereinten Nationen im April in San Francisco. Roosevelt hatte schon 1920 als Vizepräsidentschaftskandidat die Wilsonsche Völkerbundsidee vertreten und im August 1941 in der sogenannten Atlantikcharta auch Churchills Zustimmung zur Gründung einer permanenten Weltfriedensorganisation gewonnen. Zur Erreichung dieses Ziels zeigte er sich in Jalta willens, dem sich jovial gebenden Stalin konziliant entgegenzukommen und ihm beispielsweise in bezug auf sowjetische Dominanz über Polen oder die Äußere Mongolei keine großen Hindernisse in den Weg zu legen.

Roosevelt war schon in Jalta ein schwer kranker Mann. Er litt an körperlicher Erschöpfung, Arteriosklerose und möglicherweise Krebs. Ende März 1945 begab er sich an seinen oft besuchten Kurort Warm Springs in Georgia. Dort erlitt er im Beisein seiner Mätresse Lucy – seine Frau Eleanor war im Weißen Haus zurückgeblieben – am 12. April um ein Uhr nachmittags einen Gehirnschlag, an dessen Folgen er wenige Stunden später starb. Millionen und Abermillionen Amerikaner verfolgten beklommen am Radio die Fahrt des Zuges, der den Leichnam erst nach Washington zur offiziellen Trauerfeier und dann weiter nach Hyde Park zu Roosevelts Geburtsplatz und nun Begräbnisstätte brachte.

Man hielt und hält Roosevelt in Erinnerung als den Präsidenten, der während der großen wirtschaftlichen Not Hoffnung auf Besserung vermittelte, wenn diese dann auch erst mit der Kriegsrüstung und Mobilisierung wirklich eintrat. Und man sah und sieht in ihm den Kriegsherrn, dessen weise Leitung den Sieg der amerikanischen Waffen und damit den Sieg der Freiheitsliebenden über autoritäre Tyrannenaspirationen gesichert hat. Nachdenklichere Zeitgenossen kreideten Roosevelt freilich bald insbesondere seine als naiv gesehene, die Nachkriegszeit belastende Nachgiebigkeit gegenüber Stalin an und ebenfalls die moralisch nicht immer zu bejahende, undurchsichtige Raffinesse der Mittel, deren er sich des öfteren im Umgang mit Gegnern und Freunden hinter gewinnender Fassade bediente. Insgesamt überwiegt aber auch bei den Kritikern die Anerkennung für die großen Leistungen Roosevelts. Zu diesen zählt zweifelsohne, wie schon erwähnt, daß er die Rolle des Präsidenten bei der Erreichung wirtschaftlicher und gesellschaftlicher Ziele neu definiert hat; daß er der Arbeiterschaft das Instrument zur Teilhabe am sich wieder einstellenden Wohlstand der Nation verschafft hat; und daß er die Entwicklung des amerikanischen Sozialstaats mächtig angestoßen hat. Kaum ein Präsident hat mehr vollbracht.

Lit.: Mark J. Rozell und William D. Pederson, Hgg., *FDR and the Modern Presidency: Leadership and Legacy* (1997); Alan Posener, *Franklin Delano Roosevelt* (dt., 1999); George McJimsey, *The Presidency of Franklin Delano Roosevelt* (2000); Roy Jenkins, *Franklin Delano Roosevelt* (2003); Patrick Renshaw, *Franklin D. Roosevelt* (2003).

Harry S Truman

33. Präsident (1945–1953)

Geboren	8.5.1884 Lamar, Missouri
Konfession	Baptist
Heirat	28.6.1919 mit Elizabeth Virginia Wallace (1885–1982)
Kinder	Eines
Partei	Demokrat
Amtszeit	12.4.1945–20.1.1953
Gestorben	26.12.1972 Kansas City, Missouri
Grab	Independence, Missouri

In Geschichtsbüchern für amerikanische Colleges und Schulen wird gern das Foto abgebildet, auf dem Harry S Truman am 3. November 1948, dem Tag nach der Präsidentschaftswahl, der Öffentlichkeit die Frühausgabe der *Chicago Tribune* mit der dicken Schlagzeile »Dewey Defeats Truman« (Dewey schlägt Truman) entgegenhält. Truman strahlt dabei über das ganze Gesicht, denn am Schluß der Stimmenauszählung lag nicht sein Republikanischer Rivale, sondern er selbst vorn, und das auch noch mit beträchtlichem Vorsprung. Aber der Lapsus der übereifrigen *Tribune* war im Grunde verständlich. Nur wenige Leute hatten an einen Gewinn Trumans geglaubt, der drei Jahre zuvor nach dem Tod Franklin D. ↑Roosevelts in das Präsidentenamt aufgerückt war und seither den Erwartungen beträchtlicher Teile des politischen Spektrums nicht hatte gerecht werden können.

Truman hatte die Nachfolge Roosevelts nur mit großen Bedenken und unsicherem Bangen angetreten. Als ihm Eleanor Roosevelt am 12. April 1945 den Tod ihres Mannes mitteilte, so verriet er am Tag darauf Reportern, da sei ihm gewesen, als ob »der Mond, die Sterne und alle Planeten« auf ihn herabgestürzt seien. Truman kannte sich zwar in der amerikanischen Innenpolitik einigermaßen aus. Aber die große Außenpolitik hatte sein Vorgänger eifersüchtig für sich reserviert. Truman fehlten daher nun kurz vor dem Ende des Zweiten Weltkrieges, das ja Entscheidungen von globaler und langfristiger Bedeutung erfordern würde, sowohl Erfahrung im internationalen Geschäft überhaupt als auch Einblick in die laufenden Angelegenheiten.

Trumans Werdegang war der eines typischen »machine«-Politikers, das heißt, er war im Parteiapparat aufgestiegen und groß geworden. Geboren wurde er im Mittleren Westen der Vereinigten Staaten, und sein Heimatstaat Missouri blieb immer sein Lebensmilieu. Sein Vater war Farmer und Viehhändler. Bei der Taufe standen für den zweiten Vornamen diejenigen der beiden Großväter zur Auswahl; beide begannen mit S, und man einigte sich, dem kleinen Harry lediglich ein S (ohne Punkt) mit auf den Lebensweg zu geben. Wichtiger wurde für ihn, daß er an ausgeprägter Kurzsichtigkeit litt und schon früh dicke und teure Brillengläser benötigte. Da er deshalb an vielen Kinderspielen nicht teilnehmen durfte, bestand seine Mutter, eine gebildete Frau, zum Ausgleich darauf, daß er Klavierstunden erhielt. Er brachte es am Klavier dann auch zu einer gewissen Meisterschaft.

Andererseits konnte der junge Truman aus Finanznot kein College beziehen. So arbeitete er nach der Schulzeit hier und da, war aber mit 22 Jahren wieder zurück auf der elterlichen Farm nahe der Stadt Independence. Er engagierte sich bei den Freimaurern, in der Nationalgarde und vor allem auch bei der Demokratischen Partei, die ihm möglicherweise eine Zukunftsperspektive bieten konnte. Als die Vereinigten Staaten in den Ersten Weltkrieg eintraten, wurde Trumans Nationalgardeeinheit in Frankreich in den Schlußkämpfen eingesetzt. Demobilisiert als Major der Artillerie, heiratete er 1919 seine Schulfreundin Elizabeth Wallace. Bess, wie sie genannt wurde, eine sportliche und resolute Frau, stand ihm künftig bei seiner politischen Laufbahn willig zur Seite, hielt sich aber im

Hintergrund und widmete sich vor allem der Erziehung der einige Jahre später geborenen Tochter Margaret.

Eine solide materielle Basis besaß Truman freilich immer noch nicht. Der Versuch, ein Herrenbekleidungsgeschäft zu betreiben, endete im Bankrott. Aber nun halfen seine politischen Verbindungen. Thomas J. Pendergast, »Boss« der Demokratischen Partei, der einen guten Teil des politischen Lebens in Missouri im Griff hielt, sorgte dafür, daß Truman im November 1922 zum *Judge* eines Verwaltungsbezirks gewählt wurde. Dies war damals in Missouri eine administrative Position. Zwar wurde er 1924, teilweise wegen seiner Gegnerschaft zum Ku-Klux-Klan, nicht erneut gewählt, dafür aber 1926 zum *Presiding Judge*, was etwa einem deutschen Landrat entsprach. Er bewährte sich durch Arbeitseifer sowie auffallende Unbestechlichkeit, ohne es dabei mit Pendergast zu verderben. Dieser forderte ihn 1934 zur Kandidatur für den amerikanischen Senat auf, und Truman zog prompt in die illustre Kammer ein.

In Washington unterstützte der neue Senator voll die New-Deal-Politik Roosevelts. Auf Wahlkampftouren für seine Wiederwahl 1940 wurde er auf Vergeudung und Korruption in der Rüstungsindustrie aufmerksam. Ein Senatsausschuß unter seiner Leitung deckte ab 1941 Verschwendung in Höhe von insgesamt 15 Milliarden Dollar auf, was Truman landesweit Anerkennung und Applaus eintrug. Zeitungskorrespondenten in Washington nannten 1944 seinen Beitrag zum amerikanischen Kriegseinsatz den zweitbedeutendsten hinter demjenigen Roosevelts. Als letzterer für seine vierte Amtszeit einen neuen Vizepräsidenten suchte, da er den linksgerichteten bisherigen Vizepräsidenten Henry A. Wallace nicht mehr halten konnte, richtete er sein Augenmerk auf Truman. Dieser ließ sich nicht lange bitten und wurde zusammen mit Roosevelt gewählt. Knapp drei Monate nach Beginn der neuen Amtsperiode des letzteren hatte er dessen Stelle einzunehmen.

Als Präsident sah sich Truman sofort immensen Problemen gegenüber. Noch im April 1945 begann in San Francisco die Gründungskonferenz der Vereinten Nationen. Hier konnte vorerst eine durch das Telefon übermittelte Ansprache genügen. Doch am 7./9. Mai kapitulierte die deutsche Wehrmacht, und das Nachkriegsarrangement in Europa mußte überdacht werden. Gleichzeitig dauerte der Krieg im Pazifik noch an, und Truman hatte ihn zu beenden. Er entledigte sich beider ihm so unerwartet zugefallenen Aufgaben entschlossen und energisch, wenn vielleicht auch nicht zur vollen Zufriedenheit mancher späteren Kritiker.

Das bestimmende Thema der Außenpolitik Trumans war die sich entwickelnde Konfrontation mit der Sowjetunion. Welche objektive Schuld er am Ausbruch des Kalten Krieges hat, ist Ansichtssache. Daß er sich selbst aufrichtig im Recht und durch die sowjetische Intransigenz zu seinem Verhalten gedrängt sah, ist wohl unbestreitbar. Noch im April 1945 schalt er den nach San Francisco reisenden sowjetischen Außenminister Wjatscheslaw M. Molotow von Angesicht zu Angesicht mit scharfen Worten wegen Nichteinhaltung der auf der Jalta-Konferenz im Februar 1945 getroffenen Abmachungen. Auf der Potsdamer Konferenz im Juli/August begegnete er dem sowjetischen Diktator Josef W. Stalin mit einer von diesem nach der Rooseveltschen weichen Tour kaum erwarteten Härte.

Während der Konferenztage in Potsdam hatte Truman noch eine Entscheidung zu treffen, die nicht auf dem Verhandlungsplan stand. Er wurde im stillen darüber informiert, daß in den Vereinigten Staaten eine Versuchsatombombe erfolgreich detoniert war. Von der Existenz des amerikanischen Atomprogramms hatte er erst nach Roosevelts Tod erfahren und mußte nun über einen möglichen Einsatz der Bombe gegen das noch kriegführende Japan befinden. Er stimmte dem Abwurf zu, und Anfang August starben in Hiroshima und kurz darauf in Nagasaki Hunderttausende im Nuklearinferno. Bis heute wird die Berechtigung dieses Entschlusses diskutiert. Truman beabsichtigte sicher, den Krieg zu verkürzen und das Leben vieler amerikanischer Soldaten zu verschonen. Er wollte wohl auch die Sowjetunion, die dabei war, wie in Jalta abgesprochen, Japan den Krieg zu erklären, aus dem Inselstaat heraushalten. Unentschieden ist bis heute die Frage, ob Japan vielleicht auch durch Verhandlungen zur Aufgabe hätte gebracht werden können. In den Vereinigten Staaten begrüßte man Trumans Entscheidung damals jedenfalls rundum als adäquates Mittel zum Zweck.

Truman ließ sich danach in seiner auf die Dauer dann »containment«, also Eindämmung, genannten Politik gegenüber der Sowjetunion nicht mehr beirren. Als die letztere ihre Truppen nicht wie abgemacht sofort, sondern erst nach langem Drängen aus dem Iran abzog, die kommunistischen Rebellen in Griechenland unterstützte und die Türkei wegen des Zugangs zum Schwarzen Meer behelligte, verkündete Truman im März 1947 vor dem Kongreß die sogenannte Truman-Doktrin. Ländern, deren politische Stabilität durch den Kommunismus bedroht werde, würden die Vereinigten Staaten in Zukunft moralische und finanzielle Unterstützung zukommen lassen. Anschließend gewährte der Kongreß 400 Millionen Dollar für Griechenland und die Türkei. Um dem Kommunismus auch den Nährboden zu entziehen, nämlich die materielle Not und Misere der Menschen, gab Trumans Außenminister George C. Marshall im Juni in einer Rede an der Harvard University bekannt, daß die Regierung ein großes Hilfsprogramm für die von den Kriegsfolgen heimgesuchten europäischen Staaten auflegen werde. Durch diesen sogenannten Marshallplan flossen dann bis 1951 über 12 Milliarden Dollar nach Europa. Als die von der amerikanischen Regierung geführten Westalliierten auf den politischen Zusammenschluß ihrer drei deutschen Besatzungszonen hinarbeiteten und im Juni 1948 hier eine Währungsreform durchführen ließen, antwortete die Sowjetunion mit der Abriegelung der Zufahrtswege nach Berlin. Die Vereinigten Staaten organisierten daraufhin die fast ein Jahr lang durchgehaltene Luftbrücke zur Versorgung der Stadt. 1949 formierte sich die antikommunistische Abwehrfront dann auch militärisch durch die Gründung des Nordatlantikpaktes.

Die meisten Amerikaner stimmten in diesen frühen Jahren des Kalten Krieges der Außenpolitik Trumans durchaus zu. Schwieriger gestaltete sich jedoch seine Amtsführung auf dem innenpolitischen Terrain. Dies mochte zum Teil an seiner geringen persönlichen Ausstrahlungskraft liegen. Er war ein schlechter Redner, und sein Mangel an Charisma kontrastierte ungünstig mit dem erfolgssicheren Auftreten seines Vorgängers Roosevelt. Jedenfalls verübelten ihm große Teile der Geschäftswelt und der Landwirtschaft, daß er zur Dämpfung der Nachkriegsinflation die Preiskontrollen des Krieges beizubehalten versuchte. Und mit den Gewerkschaften verdarb er es, als er hart, unter anderem durch Androhung von Arbeitsverpflichtung, gegen bedrohliche Streiks auftrat. Die Entlassung des linksgerichteten, noch von Roosevelt zum Handelsminister ernannten Wallace 1946 wegen dessen moskaufreundlicher Haltung spaltete die Demokratische Partei.

So schien es 1948 vielen, daß Truman in der anstehenden Präsidentschaftswahl nur geringe Chancen haben würde. Auf der Linken formierte sich als unangenehme Konkurrenz die von Wallace geführte Progressive Party. Auf der Rechten etablierten sich die sogenannten Dixiecrats, die sich gegen Trumans auf Rassenannäherung gerichtete Haltung wandten und damit rechnen konnten, im Süden viele sonst Demokratisch Wählende an sich zu ziehen. Der Republikanische Kandidat Thomas E. Dewey fühlte sich angesichts der weit verbreiteten Unzufriedenheit mit den innenpolitischen Verhältnissen als der sichere Sieger. Aber Truman zeigte außergewöhnlichen Durchhaltewillen. Zwar stellte ihn seine eigene Partei nur zögernd und fast wider Willen als Kandidaten auf, doch er warf sich enthusiastisch und mit unverkennbarer Siegeszuversicht in den Wahlkampf. Auf seinen weiten Touren durch das Land stellte er der Menge oft Frau und Tochter vor und pflegte für sich das Bild des einfachen Mannes aus dem Volke. Die Schuld am Mißlingen vieler seiner Initiativen gab er dem zu unbeweglichen Kongreß. Wie eingangs erwähnt, lohnte sich sein Einsatz auf von den Meinungsforschern nicht vorhergesehene Weise.

Innenpolitisch vermochte Truman auch während seiner zweiten Amtszeit keine eindrucksvollen Taten zu vollbringen. Sein »Fair-Deal«-Programm kündigte zwar Maßnahmen im Bereich der Bürgerrechte, im Bildungs- und Gesundheitswesen und der Landwirtschaft an, aber auch jetzt ging der Kongreß großenteils nicht mit. Per Präsidentenerlaß konnte 1948 immerhin die Rassentrennung im Militär aufgehoben werden. Die Aufmerksamkeit der Öffentlichkeit aber zogen vielmehr die Spionagefälle Alger Hiss und Julius/Ethel Rosenberg auf sich, in deren Gefolge der Republikanische Senator Joseph R. McCarthy 1950 eine vehemente Diskussion um kommunistischen Einfluß in amerikanischen Ämtern und vor allem im Außenministerium anstieß. Truman war ja nun gewiß nicht der Kommunistenfreundlichkeit zu zeihen, doch des Vorwurfs, durch Nachlässigkeit kommunistischer Unterwanderung nicht aktiv genug entgegengetreten zu sein, konnte er sich nur mühsam erwehren.

Zumindest im auswärtigen Bereich jedoch zeigte der Präsident weiterhin Entschlußkraft und Durchsetzungsvermögen. Darüber, ob es amerikanische Schuld war, daß 1949 die Kommunisten in China siegten, konnte man vielleicht noch debattieren. Aber angesichts des nordkoreanischen Überfalls auf Südkorea 1950 ließ Truman es jedenfalls nicht an Tatkraft fehlen. Kaum benachrichtigt, sandte er amerikanische Truppen nach Korea und brachte auch eine Handlungsresolution des UN-Sicherheitsrates zuwege, von dem die Sowjetunion temporär abwesend war. Aus der militärischen Anstrengung in Korea, wiewohl letztlich erfolgreich, erwuchs ihm allerdings auch eine beträchtliche inneramerikanische Schwierigkeit. Der äußerst populäre, aber eigenwillige Oberkommandierende, General Douglas MacArthur, machte gegen den Willen Trumans Anstalten, den Krieg nach China hineinzutragen. Truman griff schließlich zum letzten Mittel und enthob MacArthur seines Postens. Verfassungsbewußte applaudierten dieser Manifestation der präsidentiellen Autorität. Im breiten Volk freilich litt Trumans Prestige durch diese Maßnahme nicht unbeträchtlich.

Im Jahre 1952 hätte Truman noch eine weitere Amtszeit anstreben können. Doch andere und auch er zweifelten an einem erneuten Wahlerfolg, und so gab er im März bekannt, daß er nicht mehr antreten werde. 1953 zog er sich mit seiner Frau nach Missouri zurück, wo er seine Memoiren schrieb und von wo er gelegentlich noch an die Öffentlichkeit trat. Er starb 1972 an Organversagen. Zu diesem Zeitpunkt war die Geschichtsschreibung bereits im Begriff, seine Präsidentschaft positiver zu sehen, als dies in den 1950er Jahren noch der Fall gewesen war. Seine Aufrichtigkeit und ehrliche Offenheit erschienen nach den Präsidentschaften Lyndon B. ↑Johnsons und Richard M. ↑Nixons in neuer Weise erfreulich. Sein kompromißloser Stand gegenüber dem Stalinschen Expansionsdrang galt nun vielen, die sich nicht der revisionistischen Sicht linker Historiker anschließen mochten, erneut als durchaus gerechtfertigt. Und man wurde sich besonders auch bewußter, daß er sich bereits für viele der später von der Bürgerrechtsbewegung aufgenommenen Anliegen engagiert hatte.

Lit.: Robert J. Donovan, *Conflict and Crisis: The Presidency of Harry S Truman, 1945–1948* (1977); ders., *Tumultuous Years: The Presidency of Harry S Truman, 1949–1953* (1982); Robert H. Ferrell, *Harry S Truman and the Modern American Presidency* (1983); David McCullough, *Truman* (1992); Alonzo L. Hamby, *Man of the People: A Life of Harry S Truman* (1995); Kurt L. Shell, *Harry S Truman: Politiker, Populist, Präsident* (dt., 1998).

Dwight David Eisenhower

34. Präsident (1953–1961)

Geboren	14.10.1890 Denison, Texas
Konfession	Presbyterianer
Heirat	1.7.1916 mit Mary Geneva Doud (1896–1979)
Kinder	Zwei
Partei	Republikaner
Amtszeit	20.1.1953–20.1.1961
Gestorben	25.3.1969 Washington, D. C.
Grab	Abilene, Kansas

Daß vor allem sein breites Lachen Dwight David Eisenhower den Weg ins Weiße Haus eröffnete, ist eine boshafte und unhaltbare Behauptung. Es mag sein, daß es geholfen hat, einige Unebenheiten zu glätten. Aber zur Wahl aufgestellt und gewählt wurde er wegen seines Weltkriegsruhms. Er gehört zu jenen amerikanischen Präsidenten, die das höchste Amt aufgrund ihrer militärischen Reputation erreichten. Wie bei den anderen, George ↑Washington, Andrew ↑Jackson, William H. ↑Harrison, Zachary ↑Taylor und Ulysses S. ↑Grant, stellt sich auch bei Eisenhower die Frage, ob die spätere politische Leistung als der militärischen gleich gewertet werden kann. Das Urteil ist hier noch nicht endgültig gesprochen. Wenige rütteln an seiner militärischen Statur. Aber die Ansichten über seine Amtsführung als Präsident unterliegen Schwankungen. Vor allem in letzter Zeit scheint allerdings eine gewisse Aufwertung stattzufinden, die das frühere, eher negative Bild korrigiert.

Berühmt wurde Eisenhower jedenfalls zuerst als der General, der die alliierten Truppen in Europa zum Sieg im Zweiten Weltkrieg führte. In die Leitungsposition kam er durch einen fast meteorhaften Aufstieg innerhalb des amerikanischen Militärs. Sohn einer unbemittelten, vielköpfigen Familie – er hatte noch fünf Brüder –, wurde er trotz nur mittelmäßiger schulischer Leistungen mit 21 Jahren in die Offiziersakademie West Point aufgenommen und ging 1915 von ihr ab als 61bester seines 164 Kadetten zählenden Jahrgangs. Danach in San Antonio, Texas stationiert, begegnete er dort der aus vermögendem Hause stammenden Mamie Doud. Sie willigte nach einigem Zögern ein, den dürftig bezahlten Leutnant zu heiraten, und hatte von da an das Wanderleben einer Offiziersgattin zu führen. Eisenhower hatte eine gute Wahl getroffen. Seine Frau hielt zu ihm durch Höhen und Tiefen und verzieh ihm offenbar auch eine erst später der Öffentlichkeit bekanntgewordene Liaison mit seiner Chauffeurin während seines Kriegsaufenthaltes in Europa. Von den zwei Söhnen, die sich einstellten, starb einer schon vierjährig. Bei der Pensionierung ihres Mannes stellte Mamie fest, daß sie insgesamt 28mal hatte umziehen müssen.

Den Ersten Weltkrieg erlebte Eisenhower nicht in Frankreich, sondern als Leiter einer Tanktrainingschule in Pennsylvania. Seinen Vorgesetzten fielen seine organisatorischen Fähigkeiten auf, und er wurde für einige Jahre in die Panamakanalzone versetzt. Der dortige Kommandeur sorgte dafür, daß der offensichtlich begabte junge Offizier die Generalstabsschule und dann die Kriegsakademie besuchen konnte. In ersterer wurde er der Jahrgangsbeste unter 275 Teilnehmern. Es folgten wenig später vier Jahre auf den Philippinen als Assistent General Douglas MacArthurs, der damals die dortigen Streitkräfte befehligte. Ab 1940 arbeitete Eisenhower in verschiedenen Stäben. Seine große Stunde kam mit den als Kriegsvorbereitung gedachten Manövern in Louisiana 1941, wo er durch den geschickt kombinierten Einsatz von Tanks und Flugzeugen seiner Seite den Sieg sichern konnte und dafür zum Brigadegeneral ernannt wurde. Nach dem japanischen Angriff auf Pearl Harbor im Dezember wurde er von George C. Marshall, dem Generalstabschef des Heeres, in dessen Planungsabteilung berufen. Im März

1942 beförderte Marshall ihn zum Generalmajor und Leiter der Operations-Abteilung. Ab Juni saß Eisenhower als Generalleutnant in London und war Befehlshaber der amerikanischen Streitkräfte in Europa.

Marshall wollte eigentlich möglichst bald die Invasion Frankreichs bewerkstelligen, und Eisenhower folgte ihm hierin. Aber britischer Druck brachte dann den Entschluß, zuerst im Süden einen Kriegsschauplatz zu errichten. So leitete Eisenhower die »Operation Torch«, das heißt die Landung in Nordafrika Anfang November 1942, und dann die Invasion Siziliens und Italiens im Mai/September 1943. Im Dezember wurde er zum Oberkommandierenden aller alliierten Streitkräfte ernannt mit dem Auftrag, die »Operation Overlord«, die Invasion Frankreichs, durchzuführen. Dieses größte Landungsunternehmen aller Zeiten bedurfte umfassender und präziser Vorbereitung, und in deren Durchführung liegt wohl Eisenhowers eigentliche Leistung. Umstrittener waren und sind heute noch seine zwei wichtigsten strategischen Entscheidungen. Anders als der angriffslustigere britische Befehlshaber Bernard L. Montgomery bestand er auf einem vorsichtigen Vortasten auf breiter Front. Und in Deutschland selbst sprach vieles dafür, die Eroberung Berlins vor den sowjetischen Kräften zu vollziehen, doch Eisenhower vermutete – nicht vorhandene – deutsche Reservearmeen im Süden und verschloß sich allem Drängen Andersdenkender. Im Mai 1945 kam aber jedenfalls der alliierte Sieg. Ab November Generalstabschef, leitete Eisenhower während der nächsten Jahre die Demobilisierung der amerikanischen Streitkräfte und ihre Anpassung an die Erfordernisse der Nachkriegszeit.

Im Jahre 1948 zog Eisenhower den Uniformrock aus und wurde Präsident der Columbia University in New York. Für die Universität war dies ein gelungener Coup, denn auf dieser Position war nicht akademische Exzellenz gefragt, sondern vor allem die Kunst, zu repräsentieren und Spendergelder einzuwerben. Eisenhower schien diese Art Beschäftigung jedoch nicht sonderlich zu goutieren, denn schon 1949 nahm er die Ernennung durch Präsident Harry S ↑Truman zum Vorsitzenden der Joint Chiefs of Staff an, also praktisch zum Oberkommandierenden aller amerikanischen

Streitkräfte. 1950 wurde er nach Brüssel berufen als Oberbefehlshaber aller Streitkräfte des Nordatlantikpaktes (NATO).

In Brüssel blieb Eisenhower bis Mai 1952. Schon seit Jahren hatten ihn beide großen amerikanischen Parteien als potentiellen Präsidentschaftskandidaten umworben. Nun wandte er sich den Republikanern zu und wurde auf deren Parteitag im Juli nominiert. Der Wahlkampf gestaltete sich für ihn zu einer Art Triumphtour. Obwohl er ein stockend vortragender, schlechter Redner war, begrüßten die Volksmengen allenthalben sein breites Lächeln und seine Rufe nach Patriotismus und Sauberkeit in der Regierung mit enthusiastischem Applaus. »Ike«, so sein volkstümlicher Spitzname, gewann landesweit 55 Prozent der Stimmen und erhielt die Mehrheit in 39 von 48 Staaten. Seine Kandidatur vier Jahre später stand zwar einen Augenblick lang in Zweifel, als er 1955 während eines Urlaubs in Colorado einen Herzanfall erlitt, doch fühlte er sich im nächsten Jahr genügend erholt, um sich erneut aufstellen zu lassen. Sein Wahlsieg fiel mit 58 Prozent der Stimmen noch überzeugender aus als beim vorigen Mal.

Offenbar gefielen dem amerikanischen Volk die Regierungsphilosophie und der Regierungsstil Eisenhowers. Er galt als konservativ, und er selbst liebte es, sich als Mann der Mitte zu bezeichnen. Die von ihm während der acht Jahre seiner Amtszeit verfolgte Innenpolitik war denn auch mehr oder weniger diejenige der gemäßigt denkenden Geschäftswelt. Er strebte einen ausgeglichenen Bundeshaushalt an, bemühte sich, die Inflation niedrig zu halten und war auf sparsame und effiziente Regierung bedacht. Den Wirkungskreis der letzteren wollte er gewiß nicht ausdehnen, aber andererseits machte er auch keine signifikanten Anstrengungen, Programme dort zu beschneiden, wo sie bereits existierten, etwa in der Landwirtschaft oder im Wohlfahrtswesen. Zwei Großprojekte, welche die Verkehrssituation in den Vereinigten Staaten wesentlich verbesserten und schon lange in Planung waren, sich vor allem aber auf die Dauer auch selbst finanzierten, wurden unter ihm wirkungsvoll angepackt. Der Bau eines das ganze Land überziehenden Autobahnnetzes wurde mit dem Highway Act von 1956 beschlossen und begonnen. Und im Sommer 1959 konnte der strahlende

Eisenhower an der Seite der eigens deshalb eingeflogenen britischen Königin Elisabeth II. den Sankt-Lorenz-Seeweg einweihen, der die Großen Seen für Ozeanschiffe öffnete.

Zur legeren Regierungsweise Eisenhowers gehörte die Methode des Aussitzens. Bei seinem Amtsantritt litt das Land noch an dem von Senator Joseph R. McCarthy herbeigeführten Kommunistenjagdfieber. Ein Treueprogramm für Staatsdiener, gedacht, McCarthy das Wasser abzugraben, wurde ab 1953 nur mit wenig Druck vorangetrieben und bewirkte kaum etwas. McCarthy erledigte sich dann selbst, als er sich, wegen einer seiner wilderen Anschuldigungen vor einen Senatsausschuß zitiert, dort 1954 vor den Fernsehkameras endgültig lächerlich machte.

Für ein sich auf die Dauer zu einem kapitalen innenpolitischen Problem auswachsendes Anliegen taugte die abwartende Methode freilich weniger. Eisenhower brachte der in Gang kommenden Bürgerrechtsbewegung nur wenig Sympathie entgegen. Als das Oberste Gericht 1954 die Rassentrennung in den Schulen für verfassungswidrig erklärte, zeigte er keine Eile, diesen Spruch in Taten umgesetzt zu sehen. Zu solch abwartender Haltung mochte ihn einerseits sein eigenes Desinteresse veranlassen; andererseits fürchtete er wohl auch, daß Wähler im Süden des Landes in ihrer sich verstärkenden Hinwendung zu den Republikanern beirrt werden könnten. Als 1957 in Little Rock, Arkansas Unruhen ausbrachen bei der Zwangseinschreibung einiger schwarzer Schüler an einer bis dahin weißen High School, sandte Eisenhower nur sehr unwillig Fallschirmjäger zur Wiederherstellung der Ruhe. Und er machte auch keine Anstrengungen, die fast zahnlosen Gesetzesvorlagen zur Verbesserung der Wahlmöglichkeiten schwarzer Bürger, die der Kongreß dann 1957 und 1960 verabschiedete, mit mehr Biß zu versehen.

Eine viel festere Haltung zeigte Eisenhowers Administration dagegen in der wichtigsten internationalen Frage, dem Verhältnis zur Sowjetunion und zu den anderen kommunistischen Staaten. Selbst einigermaßen gemäßigt eingestellt, überließ der Präsident hier die Vorderbühne oftmals seinem radikaler denkenden Außenminister John Foster Dulles. Dieser hielt Trumans Politik des »containment« für unzureichend und befürwortete vielmehr die aktive

Bekämpfung des Kommunismus. So bewegte sich die amerikanische Außenpolitik in den acht Jahren der Regierung Eisenhowers zwischen durchaus ernsthaft gemeinter Konzilianz einerseits und der angedrohten Bereitschaft, gefährdete Ziele mit atomarer Waffengewalt zu verteidigen (»massive retaliation«, massive Vergeltung, war das Schlagwort hierfür) andererseits.

Noch im Wahlkampf hatte Eisenhower versprochen, den Koreakrieg zu beenden. Wenige Monate nach seinem Amtsantritt wurde der Waffenstillstand geschlossen, vielleicht auf seine Drohung hin, notfalls Atomwaffen einzusetzen. Aber im gleichen Jahr 1953 ließ er die Aufständischen in der Deutschen Demokratischen Republik ebenso ohne Unterstützung gegen die sowjetischen Panzer wie dann die Insurgenten 1956 in Ungarn. 1954 weigerte sich Eisenhower, den in Indochina von den kommunistischen Kräften geschlagenen Franzosen zu Hilfe zu kommen. Andererseits etablierte der amerikanische Auslandsgeheimdienst CIA 1953 im Iran und 1954 in Guatemala antikommunistische Regierungen. Aber der Abschluß des Südostasiatischen Sicherheitspakts (Southeast Asia Treaty Organization, SEATO) und mehrere weitere, die NATO ergänzende Verteidigungsverträge zeugten doch eigentlich von der Absicht, eine mögliche militärische Aggression zu entmutigen.

Die Konfrontation der beiden Supermächte verlangte auch im Nahen Osten nach Augenmaß. Die Gründung des Staates Israel hatte die Lage dort neu konfiguriert, und insbesondere das Verhältnis des jungen Staates zu Ägypten war höchst unstabil. Als Ägypten 1956 den Suezkanal verstaatlichte und Israel, Frankreich und Großbritannien Ägypten militärisch attackierten, versagte Eisenhower den Angreifern seine Hilfe und veranlaßte sie zum Rückzug. Um diese Weltgegend etwas zu festigen, verkündete er sodann 1957 die sogenannte Eisenhower-Doktrin, derzufolge jeder bedrohte Staat des Mittleren Ostens auf dessen Bitte hin mit der wirtschaftlichen und militärischen Unterstützung Amerikas rechnen könne. Schon im nächsten Jahr entsandte Eisenhower dann nach dem Sturz der prowestlichen Monarchie im Irak insgesamt 15 000 Mann Marineinfanterie in den Libanon, die allerdings nach einigen Monaten wieder abgezogen wurden.

Während der letzten zwei Jahre der Regierung Eisenhowers verschlechterte sich das Verhältnis zur Sowjetunion. Letztere drohte, die Rechte der Westalliierten in Berlin zu ändern, aber die amerikanische Regierung machte keinerlei Konzessionen. Im Mai 1960 schossen die Sowjets dann ein amerikanisches U2-Flugzeug über ihrem Gebiet ab. Nach mehreren Tagen amerikanischen Leugnens einer Spionageabsicht präsentierten die Sowjets den geständigen Piloten. Der sowjetische Regierungschef Nikita S. Chruschtschow sagte daraufhin seine Teilnahme an einer geplanten Gipfelkonferenz in Paris ab.

So war bei Eisenhowers Abgang der Kalte Krieg voll im Gange, und ein kriegerischer Zusammenstoß, etwa wegen Berlin, erschien nicht ausgeschlossen. Er zog sich mit seiner Frau auf seine Farm in der Nähe von Gettysburg, Pennsylvania zurück, reiste aber viel. Eisenhower hatte viele Jahre lang bis zu vier Packungen Zigaretten am Tag geraucht, bevor ihm der Arzt das Aufhören gebot. Hier mochte eine der Ursachen für zwei weitere schwere Herzanfälle 1965 und 1968 liegen, die ihn zum Invaliden machten und ihm letztlich auch den Tod brachten.

Wie schon angedeutet, haben Historiker eine gute Zeitlang Eisenhowers Präsidentschaft nicht sehr hoch eingeschätzt. Die biedere Langeweile der 1950er Jahre, umrahmt von einer phantasiearmen Außenpolitik, stach recht unvorteilhaft von der Lebendigkeit der Zeit John F. ↑Kennedys oder auch Lyndon B. ↑Johnsons ab. Aber bei der historiographischen Verarbeitung des Vietnamkrieges, der sozialen Unruhe der 1960er Jahre und des Watergategeschehens zeigte sich die Periode Eisenhowers allmählich als wesentlich attraktiver. Der damalige Wohlstand und das vergleichsweise friedvolle Leben erschienen im Rückblick manchen sogar beneidenswert. Die Auswertung der Quellen erwies auch, daß Eisenhower beträchtlich größeren Anteil an den politischen Entscheidungen hatte, als zu seiner Regierungszeit vermutet, und daß er beileibe nicht nur der harmlose, onkelhafte Naivling im Weißen Haus war, als den man ihn oft wahrgenommen hatte und als der er wohl auch ein wenig erscheinen wollte. Freilich kreiden ihm immer noch viele seine Zurückhaltung etwa in der Bürgerrechtsfrage oder auch manche Aktionen im Kalten Krieg an. Aber der Konsens wächst offensichtlich, daß es angemessen ist, in ihm einen der bedeutenderen Präsidenten des 20. Jahrhunderts zu sehen.

Lit.: Chester J. Pach und Elmo Richardson, *The Presidency of Dwight D. Eisenhower* (1991); Geoffrey Perret, *Eisenhower* (1999); Richard V. Damms, *The Eisenhower Presidency, 1953–1961* (2002); Stephen E. Ambrose, *Eisenhower: Soldier and President* (2003).

John Fitzgerald Kennedy
35. Präsident (1961–1963)

Geboren	29.5.1917 Brookline, Massachusetts
Konfession	Römisch-katholisch
Heirat	12.9.1953 mit Jacqueline Bouvier (1929–1994)
Kinder	Zwei
Partei	Demokrat
Amtszeit	20.1.1961–22.11.1963
Gestorben	22.11.1963 Dallas, Texas
Grab	Arlington National Cemetery, Arlington, Virginia

Das amerikanische Volk in seiner überwältigenden Mehrheit sieht John Fitzgerald Kennedys Präsidentschaft in einem anderen Licht als die professionellen Historiker. Anfang 2000, fast vier Jahrzehnte nach seiner Ermordung, wollte die Gallup-Organisation von den Amerikanern wissen, wer in ihrer Einschätzung der größte Präsident der amerikanischen Geschichte gewesen sei. Weitaus die meisten Nennungen erhielt Kennedy mit 22 Prozent vor Abraham ↑Lincoln mit 18 und Franklin D. ↑Roosevelt mit zwölf Prozent. Professionelle Historiker dagegen stufen Kennedys Präsidentschaft zumeist kaum höher als etwas über dem Durchschnitt ein. Wie kommt es zu dieser unterschiedlichen Sicht?

Das breite Publikum liebt es zweifelsohne, sich das Bild des strahlenden, jungen Politikers zu bewahren, der zusammen mit seiner glamourösen Frau den Aufbruch aus den grauen, langweiligen 1950er Jahren symbolisierte. Sein gewaltsamer Tod verlieh ihm dann die Märtyrerkrone, durch die seine Person vollends zur Idealgestalt stilisiert wurde. Historiker sind da nüchterner. Sie fragen, ob die Halbheit mancher seiner Unternehmungen nicht schon durch eine deutliche Schwäche der Hinwendung bedingt wurde; ob der spektakuläre Erfolg in der Kubakrise 1962 nicht einem lebensgefährlichen und nicht zu billigenden Vabanquespiel zu verdanken war; ob insgesamt nicht das Spektakuläre seiner Amtsjahre einen Mangel an Substanz verdeckte. Und die Leuchtkraft der Person des Präsidenten sehen sie durch die später ans Licht gekommenen außerehelichen Affären, mögliche Verbindungen zum organisierten Verbrechen und vor allem eine durchaus behauptbare partielle Verantwortung für das spätere Vietnamdesaster deutlich beeinträchtigt.

Sicher ist auf jeden Fall, daß Kennedy, verglichen mit den meisten anderen Präsidenten, es leichter hatte, nach oben zu kommen. Seine zwei Großväter, beide irisch-katholischer Abstammung, hatten bereits prominente politische Positionen in Boston innegehabt. Kennedys Vater hatte es obendrein durch Aktien-, Spirituosen- und Immobiliengeschäfte zu beträchtlichem Reichtum gebracht und war 1937–1940 Botschafter in London. So hatte der junge Kennedy, obwohl er eines von neun Kindern war, nie materielle Beschränkung erlitten und die besten Schulen besucht. An der Harvard University, wo er Politikwissenschaft studierte, schaffte er nach anfangs unterdurchschnittlichen Noten immerhin noch einen ordentlichen Abschluß. Im Herbst 1941 meldete er sich freiwillig zur Marine und kommandierte dann im Pazifik als Leutnant ein kleines Torpedoboot. Bei einem Zusammenstoß mit einem japanischen Zerstörer erlittene Verwundungen führten im März 1945 zu seiner Entlassung. In der Folge entschloß er sich, in die Politik zu gehen.

Nach Vater Kennedys Wunsch hätte der älteste Sohn Joseph das Präsidentenamt anstreben sollen. Aber da dieser im Krieg fiel, ging der Auftrag nun auf John – seine Umgebung nannte ihn Jack – über. Er bewarb sich 1946, selbstverständlich als Demokrat wie sein Vater, um einen Sitz im amerikanischen Repräsentantenhaus. Väterliches Geld und die Unterstützung vieler Veteranen sicherten ihm den Wahlerfolg. Zweimal wiedergewählt, bemühte er sich 1952 um einen Sitz im amerikanischen Senat. Eine inzwischen gut geölte Wahlkampfmaschine ließ ihn auch hier reüssieren. Allerdings blieb Kennedy dann ein recht unauffälliger Senator. Einer der Gründe hierfür waren Funktionsstörungen seines Körpers. Er hatte mit der Addisonschen Krankheit zu kämpfen, die Muskelschwäche und Ermüdung verursachte. Vor allem aber plagte ihn eine in der Jugend beim Footballspiel erlittene Rückenverletzung, die sich im Krieg verschlimmert hatte. Mitte der 1950er Jahre mußte er zweimal operiert werden und war nie wieder völlig schmerzfrei.

Nach seinem Krankenlager veröffentlichte Kennedy 1956 ein Buch, *Profiles in Courage* (Zivilcourage) betitelt. Es erhielt umgehend den Pulitzerpreis, doch wußten Boshafte, daß Ghostwriter beim Schreiben und Vaters Geld in der Preisjury geholfen hatten. Jedenfalls drängte Kennedy nun ungeduldig nach oben und bewarb sich 1956, freilich vergeblich, um die Demokratische Kandidatur zur Vizepräsidentschaft. Er sah Positives auch noch im Fehlschlag und fand, daß der Versuch ihn weit über seinen Staat hinaus bekannt gemacht habe. 1958 erneut in den Senat gewählt, kündigte er seine Bewerbung um die Demokratische Präsidentschaftskandidatur für das Jahr 1960 an.

Diese Kandidatur war ein kühnes Unterfangen, nicht nur wegen des großen Feldes formidabler Konkurrenten, darunter Hubert H. Humphrey aus Minnesota und Lyndon B. ↑Johnson aus Texas. Als Handicap erschien auch Kennedys Jugend, würde er doch der jüngste jemals gewählte Präsident überhaupt werden. Vor allem aber war seine Hoffnung deshalb fast illusorisch, weil noch nie ein Katholik den Weg ins höchste Amt der Nation geschafft hatte. Doch Kennedy focht dies alles nicht an. Zu seinem Katholizismus bekannte er sich zwar, fügte aber stets hinzu, daß er für die Trennung von Kirche und Staat eintrete und ihm kein Prälat Weisungen in säkularen Dingen würde erteilen können. Er wurde vom Parteitag in Los Angeles 1960 im ersten Wahlgang aufgestellt. Sofort berief er den von ihm wenig geliebten Johnson zum Kandidaten für die Vizepräsidentschaft, da dieser im protestantischen Süden hilfreich sein würde.

Es wurde ein heißer Wahlkampf. Der Republikaner Richard M. ↑Nixon, schon acht Jahre lang Vizepräsident, war unstreitig der bekanntere Kandidat. Aber zwei landesweit ausgestrahlte Fernsehduelle, damals ein Novum, brachten die Wende. Der geistesgegenwärtige und in Sachfragen beschlagene Kennedy konnte durch sein bestimmtes Auftreten gegen den vage wirkenden, unrasiert erscheinenden Nixon punkten. Er gewann die Wahl mit hauchdünnem Vorsprung.

Mit Kennedy zogen im Januar 1961 seine Frau Jacqueline sowie die beiden Kinder ins Weiße Haus ein. Jackie, wie sie genannt wurde, war die Tochter vermögender Eltern. Sie hatte Kunst studiert und ein Jahr in Frankreich verbracht. Bei Bedarf, und der fand sich oft, wußte sie eine Aura vornehmer Unnahbarkeit um sich zu verbreiten. Immerhin beeindruckte sie den ebenfalls nicht sehr zugänglichen französischen Präsidenten Charles de Gaulle bei Gelegenheit mit ihrem fließenden Französisch. Das Innere des Weißen Hauses ließ sie im Traditionsstil renovieren und veranstaltete Feste und Dinners mit Künstlern, Musikern und Gelehrten. Ihre elegante Schönheit und distinguierte Kultiviertheit machten sie bald weltweit zur bewunderten Ikone.

Kennedy hatte vor, ein eindrucksvolles Programm innenpolitischer Erneuerung durchzuziehen. Vom Kampf an einer »New Frontier«, einer neuen Zivilisationsgrenze, hatte er gesprochen. So sandte er in den ersten Monaten seiner Präsidentschaft Vorschläge an den Kongreß, die rasches Wirtschaftswachstum bringen, in notleidenden Regionen für Aufschwung sorgen, schlechte Wohnverhältnisse in den Städten verbessern, Steuergesetze reformieren, Subsidien für die Farmer umgestalten, dem Bildungswesen aufhelfen und eine wirksame Krankenversorgung für Ältere bringen sollten. Aber die Gesetzgeber, bei denen die konservativen Kräfte beider Parteien dominierten, gingen nicht oder nur zögerlich mit. Manches konnte zumindest angestoßen werden, das dann unter Kennedys Nachfolger Johnson zur Gesetzesreife gelangte, so besonders das Medicare-Programm zur medizinischen Versorgung der Senioren und ein Bürgerrechtsgesetz, das die Rassentrennung in öffentlichen Einrichtungen aufhob. Und 1961 kündigte Kennedy ein Raumfahrtprogramm an, das bis 1970 einen Amerikaner auf den Mond bringen werde.

So war es wohl weniger beabsichtigt als vielmehr der Dynamik der Umstände geschuldet, daß Kennedys auffälligere Aktivitäten außenpolitischer Natur waren. Insgesamt wurde er hierbei von einem starken Antikommunismus geleitet, der sich in Motivation und Stärke von demjenigen der Eisenhowerperiode kaum unterschied. So war auch Kennedys erste Handlung, die Genehmigung für den Invasionsversuch der vom amerikanischen Geheimdienst geführten Kräfte an der kubanischen Schweinebucht im April 1961, eigentlich nur die Fortsetzung eines noch unter Eisenhower gestarteten Unternehmens. Kennedy übernahm dann aber die volle Verantwortung für die mißratene Aktion. Später versuchte er, den aktiven oder latenten Antiamerikanismus in der westlichen Hemisphäre durch gutnachbarliches Verhalten zu mindern. Die Alliance for Progress war ein 1961 aufgelegtes Programm, das 100 Milliarden Dollar zur wirtschaftlichen und sozialen Entwicklung Lateinamerikas vorsah. Das ebenfalls 1961 ins Leben gerufene Peace Corps entsandte junge Freiwillige in bedürftige Länder, um dort Entwicklungsdienste zu leisten.

Der bedeutendste Gegner war natürlich die Sowjetunion, und mit deren Ministerpräsidenten Nikita S. Chrustschow hatte Kennedy eine weltbewegende Auseinandersetzung zu bestehen. Chrustschows Drohung, einen Friedensvertrag mit der Deutschen Demokratischen Republik abzuschließen, wurde durch ein Treffen der beiden Staatsmänner im Juni 1961 in Wien nicht aus der Welt geschafft. Chrustschow war von dem amerikanischen Präsidenten offenbar nicht sehr beeindruckt. Im August wurde jedenfalls die Berliner Mauer errichtet. Und im Oktober 1962 erfuhr Kennedy von seinem Geheimdienst, daß die Sowjets auf Kuba Raketenbasen errichteten. Es folgte eine Woche hektischer Aufgeregtheit in Washington, wo die Optionen erwogen wurden. Kennedy entschloß sich schließlich zu einer Seeblockade, die Kuba von sowjetischem Nachschub abriegeln sollte. Chrustschow gab klein bei und stimmte dem Abzug der Raketen zu. Es war zweifelsohne ein Triumph der Standfestigkeit Kennedys, doch bemängelten auf die

Dauer viele Beobachter, daß er dabei das Risiko eines Nuklearkrieges eingegangen war. Weniger gewagt, aber vor allem die europäische Öffentlichkeit beeindruckend war Kennedys Besuch in Berlin im Juni 1963, wo er, an der Kommunistischen Mauer stehend, mit den auf deutsch gesprochenen Worten »Ich bin ein Berliner« die Bevölkerung des fortdauernden amerikanischen Schutzes versicherte.

Offenbar hatte die überstandene Gefahr den kämpferischen Elan beider Seiten gemildert, denn im folgenden Jahr wurde eine ständige Fernsprechleitung zwischen dem Weißen Haus und dem Kreml eingerichtet, und wenig später unterzeichnete man einen Vertrag zur teilweisen Einstellung der Kernwaffenversuche in der Atmosphäre, im Weltraum und unter Wasser. Doch Kennedy blieb weiterhin zur aktiven Eindämmung kommunistischer Ausbreitungsversuche entschlossen. Der sichtbarste Ausdruck dafür war seine Aufstockung der Zahl der Militärberater in Südvietnam. Waren dort bei seinem Amtantritt etwa 700 stationiert, so waren es im Herbst 1963 über 15 000.

Ob Kennedy diese militärische Präsenz weiter ausgebaut hätte, wie es sein Nachfolger dann tat, wissen wir nicht. Denn im November 1963 begab er sich auf eine Vorwahlkampftour nach Texas. Als er im offenen Wagen an der Seite seiner Frau in einer Fahrzeugkolonne durch Dallas fuhr, trafen ihn zwei Kugeln tödlich. Der rasch gefaßte Mörder, Lee Harvey Oswald, wurde zwei Tage später ebenfalls ermordet, bevor er hatte intensiv nach seinem Motiv befragt werden können. Eine speziell eingesetzte Kommission stellte 1964 fest, daß Oswald allein gehandelt habe. Ein Komitee des Repräsentantenhauses schloß dagegen 1979 die Möglichkeit einer Verschwörung nicht aus. Bis heute halten sich vielerlei Spekulationen über mögliche Drahtzieher eines Komplotts, doch ermangeln sie sämtlich letzter Schlüssigkeit. Und so ungeklärt, wie die Hintergründe seines frühen Todes sind, so unsicher ist auch noch sein endgültiges Bild in der Geschichte. Unbestritten ist aber wohl, daß er mit jugendlichem Schwung eine Generation seiner Landsleute dazu inspirierte, gut von sich selbst und ihrer Nation zu denken. Das haben sie ihm bis heute nicht vergessen.

Lit.: Herbert S. Parmet, *JFK: The Presidency of John F. Kennedy* (1983); Richard Reeves, *President Kennedy: Profile of Power* (1993); Georg Schild, *John F. Kennedy* (dt. 1997); Geoffrey Kennedy, *Jack: A Life Like No Other* (2001); Robert Dallek, *John F. Kennedy: Ein unvollendetes Leben* (2003).

Lyndon Baines Johnson

36. Präsident (1963–1969)

Geboren	27.8.1908 nahe Stonewall, Texas
Konfession	Disciples of Christ
Heirat	17.11.1934 mit Claudia Alta Taylor (1912–)
Kinder	Zwei
Partei	Demokrat
Amtszeit	22.11.1963–20.1.1969
Gestorben	22.1.1973 zwischen Stonewall und Johnson City, Texas
Grab	nahe Johnson City, Texas

Lyndon Baines Johnsons Präsidentschaft begann mit einer Tragödie und endete inmitten einer Tragödie. Er kam in sein Amt durch den Tod eines populären jungen Präsidenten. Es gelang ihm zwar, die Stabilität des Landes zu wahren und darüber hinaus dem Kongreß mehr Reformgesetze abzuringen, als John F. ↑Kennedy es wohl je zuwege gebracht hätte. Aber eben diese Gesetzgebung wurde eine der Hauptursachen einer dramatischen Polarisierung des amerikanischen politischen Lebens. Zum Entstehen der konservativen Gegenrevolution, wie die wachsende Bewegung auf der Rechten von manchen Historikern genannt wird, trugen dann natürlich vor allem auch der Vietnamkrieg und dessen kostspielige Erfolglosigkeit bei. Es war schließlich ein großes Paradox, daß die Regierungsprogramme Johnsons gegen Armut, Krankheit und Minderheitenbenachteiligung in den Vereinigten Staaten angingen, die von ihm angetriebene militärische Aktion jedoch in der

Heimat Dissens brachte und jenseits des Pazifik Millionen von Vietnamesen Leben, Gesundheit oder ihre Heimstatt kostete. Johnsons präsidentieller Ruf leidet hierunter bis heute in nicht geringem Maß.

Zur Politik kam Johnson nicht von ungefähr, wenn auch nicht direkt. Sowohl seine beiden Großväter als auch sein Vater hatten als Abgeordnete im Parlament von Texas gesessen. Zu Vermögen hatte es freilich keiner gebracht. Johnsons Vater war zwar nicht so arm, wie sein Sohn Lyndon gelegentlich zu verstehen gab, doch war das Einkommen, das die Familie auf ihrer Farm im texanischen Hügelland erwirtschaftete, stets etwas unsicher. Man hätte ihm, dem ältesten von fünf Kindern, nach dem Abschluß der High School vielleicht eine Collegeerziehung angedeihen lassen können; wenigstens die Mutter wollte dies. Aber den inzwischen über 1,90 Meter großen Lyndon zog es nach Kalifornien. Nach zwei Jahren Gelegenheitsarbeiten dort besuchte er dann doch noch eine Lehrerbildungsanstalt in Texas. Schlecht in Mathematik, aber gut in Politikwissenschaft und Geschichte, glänzte er vor allem als Debattenredner. Danach unterrichtete er ein Jahr lang in einer Schule voller mexikanischer Immigrantenkinder, eine Erfahrung, die seinem Verständnis für Minderheitenprobleme lebenslang die Richtung vorgab.

Ein besseres Fortkommen versprach die Politik. Sein Engagement als Wahlhelfer und die Unterstützung eines Freundes seines Vaters verhalfen ihm 1931 zu einem Job bei einem texanischen Kongreßabgeordneten in Washington. Dort stürzte er sich mit enormem Elan in die Arbeit, und er mühte sich auch bewußt, die verwinkelten Machtstrukturen der Hauptstadt zu durchschauen. Viele der damals gemachten Bekanntschaften kamen später seinen gesetzgeberischen Aktivitäten zugute.

Die Hingabe an seine Tätigkeit ließ Johnson kaum Zeit für Privates. Immerhin gelang es ihm, auf einem Heimatbesuch eine flüchtig dort getroffene junge Dame aus vermögendem Hause, Claudia Alta Taylor, zur Heirat zu überreden. Wenige Monate später fand die Hochzeit statt, und Lady Bird, so wurde sie seit ihrer Jugend gerufen, stand ihm von da an mit Rat, und gelegentlich mit Geld, stützend zur Seite. Mit ihrer inneren Ausgeglichenheit war sie dem sprunghaften und wetterwendischen Johnson ein wohltuender Gegenpol.

Johnsons aktives Eintreten für die Politik Franklin D. ↑Roosevelts wurde 1935 belohnt, indem er zum Texas-Direktor eines der New-Deal-Beschäftigungsprogramme für Jugendliche ernannt wurde. Er konnte sich eine Klientel unter Weißen und Farbigen aufbauen, und als 1937 ein Sitz im Repräsentantenhaus frei wurde, kandidierte er. Ein teilweise aus dem Vermögen seiner Frau finanzierter Wahlkampf brachte ihn zurück nach Washington. Durch Zufall war Roosevelt bei einem Besuch in Texas auf ihn aufmerksam geworden, und Johnson wurde in vorzeigbare Ausschüsse, darunter das Marinekomitee, berufen. Als 1941 ein Senatssitz für einen Texaner frei wurde, dachte er, daß seine guten Verbindungen ihn nun auch in dieses hohe Haus tragen würden. Das Wahlvolk freilich honorierte so viel Ehrgeiz noch nicht.

Johnson ließ sich's nicht verdrießen. Der japanische Angriff auf Pearl Harbor im Dezember 1941 half. Johnson, der zuvor nur in der Miliz gedient hatte, ließ sich auf Erkundungstour in den Südpazifik schicken. Zum Korvettenkapitän ernannt, flog er auf einem einzigen Aufklärungsflug mit und erhielt etwas feindliches Feuer. Für Tapferkeit mit dem Silver Star ausgezeichnet, war er im Juni 1942 wieder in Washington und nunmehr eine prominente und weithin geachtete Persönlichkeit. Als 1948 wieder Kongreßwahlen anstanden, riskierte er eine erneute Senatsbewerbung. Nach hartem Wahlkampf für die in Texas ausschlaggebenden Vorwahlen gewann er die Kandidatur mit einem Vorsprung von 87 Stimmen bei fast einer Million abgegebenen; in einem Stimmbezirk war das Ergebnis 202:1. Betrugsvorwürfe fochten Johnson nicht an. Nach dem sicher errungenen Sieg in den Hauptwahlen nahm er, nun 40jährig, voll Tatendrang seinen Senatorensitz ein.

Ungeheurer Arbeitswille, zielstrebig gepflegte persönliche Verbindungen und ein Gespür für politisch Opportunes brachten ihn in seiner neuen Umgebung rasch nach vorn. Die für einen Neuling völlig ungewöhnliche Berufung in zwei der wichtigsten Ausschüsse zeugte von seinem politischen Geschick. 1951 wählte man ihn zum Geschäftsführer, 1953 zum Vorsitzenden der Demokratischen

Fraktion. Als letztere in den Wahlen des Jahres 1954 die Mehrheit im Senat errang, war er der einflußreichste unter den Gesetzgebern Washingtons. Ein schwerer Herzanfall 1955 beeinträchtigte seine Arbeit nur kurz. Wichtig war für ihn lediglich die Nähe zur Macht. Da das liberale Klima der Rooseveltzeit inzwischen konservativerem Denken gewichen war, glich auch er sich an. Die meiste Zeit fand er sich, Kommunistengegner, der er war, in guter Übereinstimmung mit Präsident Dwight D. ↑Eisenhower und trat auch, der Haltung seiner südstaatlichen Wählerschaft eingedenk, als Gegner der aufkommenden Bürgerrechtsbewegung auf. Um die Befürworter der letzteren jedoch nicht vollends zu verstimmen, sorgte er 1957 und 1960 für die Verabschiedung der beiden ersten amerikanischen Bürgerrechtsgesetze im 20. Jahrhundert, was bei deren Zahnlosigkeit nicht allzu schwer fiel.

Allmählich begann Johnson ernsthaft, eine Präsidentschaftskandidatur ins Auge zu fassen. 1956 war er diesbezüglich nicht weit gekommen, aber 1960 mochte er eine bessere Chance haben. Sein Handicap war seine Verwurzelung im Süden, und auf dem Demokratischen Wahlparteitag in Los Angeles erhielt denn auch der jugendlich überzeugende Kennedy den Vorzug. Aber Kennedy überraschte die Öffentlichkeit, indem er sich für Johnson als seinen Vizepräsidentschaftskandidaten entschied. Als Neuengländer hoffte er – wie sich zeigte, zu Recht –, daß die Aufstellung Johnsons entscheidende Stimmen im Süden bringen würde. Und so gewann dieses ungleiche Paar die Wahl dann, wenn auch äußerst knapp, vor dem Republikaner Richard M. ↑Nixon.

Johnson hatte gezögert, die Kandidatur anzunehmen, denn er liebte den weitgehend aufgabenlosen Posten des Vizepräsidenten nicht. Obendrein gab es bald Gerüchte, daß ihn Kennedy 1964 nicht mehr würde dabeihaben wollen. Dessen Ermordung im November 1963 beseitigte das Dilemma. Zwei Stunden nach dem Tod Kennedys wurde Johnson auf dem Flugplatz in Dallas im präsidentiellen Flugzeug von einem Richter auf das höchste Amt im Land vereidigt.

Kennedy hatte gesagt, so erinnerte Johnson den versammelten Kongreß, »Laßt uns beginnen«; er aber sage nun »Laßt uns fortfahren«. Und er bemühte sich während der folgenden Jahre mit großer Tatkraft und bemerkenswertem Erfolg, vieles von dem Wirklichkeit werden zu lassen, was unter seinem Vorgänger angedacht worden war. Im Januar 1964 kündigte er in seiner Jahresbotschaft einen Krieg gegen die Armut (war on poverty) an. Noch im gleichen Jahr zielte eine Reduzierung sowohl der Einkommens- als auch der Körperschaftssteuer auf Wirtschaftsbelebung. Der Employment Opportunity Act schuf zehn Programme zur Beschäftigungsverbesserung, darunter Ausbildungsinitiativen und Anreize für Kleinbetriebe. Die wichtigste Maßnahme des Jahres war ein neues Bürgerrechtsgesetz, das Diskriminierung aufgrund von Rasse oder Geschlecht in der Öffentlichkeit oder bei der Arbeit untersagte.

In jenen Jahren der Infragestellung überkommener Überzeugungen, der antirassistischen Großkundgebungen und aufkommenden Hippiekultur konnten solche liberalen Schritte auf breite und positive Resonanz rechnen. In der Präsidentschaftswahl 1964 durfte Johnson daher zuversichtlich auf einen Sieg hoffen, zumal ihm die Republikaner in dem ultrarechten Senator Barry M. Goldwater aus Arizona einen Konkurrenten entgegenstellten, der sich entschieden dem Zeitgeist widersetzte. Johnson fuhr im November mit 61,3 Prozent der Stimmen den größten Wahlsieg ein, den ein amerikanischer Präsident je errang. Auf diese eindrucksvolle Weise gestärkt, holte er weiter aus und verkündete Anfang 1965 sein »Great-Society«-Programm zur Verbesserung der Lebensqualität aller Amerikaner. Unter anderem dienten diesem Ziel dann Fördermaßnahmen des Bundes für Bildung und Kunst sowie die Einrichtung von Ministerien für Wohnungsbau und Städteentwicklung beziehungsweise für das Transportwesen. Wichtigste Kernstücke waren das Medicaid genannte, von Bund und Staaten gemeinsam getragene Krankenfürsorgeprogramm für sozial Schwache und das Medicare-Programm, das Krankenfürsorge für alle Senioren über 65 Jahren brachte. Ein weiteres Bürgerrechtsgesetz, der Voting Rights Act des gleichen Jahres, ermöglichte den Schwarzen des Südens nun endgültig die bisher vielerorts verhinderte Teilnahme an Wahlen. Und im Jahre 1967 berief Johnson mit Thurgood Marshall den ersten Schwarzen an das Oberste Gericht des Landes.

All dies waren in der Tat tiefgreifende und weitreichende soziale Neuerungen, die Johnson mit großem persönlichem Einsatz – seine Pressionstaktiken, von politischem Druck bis hin zur körperlichen Bedrängung, waren legendär – durch den Kongreß trieb. Danach verlangsamte sich das Tempo, denn man mußte natürlich das Geschaffene sich einspielen lassen. Hierbei zeigte sich allerdings bald, daß Absicht und Leistung an vielen Stellen, ja fast allgemein auseinanderklafften. Zu geringe Mittel wurden vom sich knauserig gebenden Kongreß zur Verfügung gestellt, zu wenig durchdacht waren manche der Initiativen, zu ungeschult oder auch unfähig war oftmals das Personal. Das Ausbleiben einer konkreten Besserung ihrer Lebensverhältnisse trieb sich radikalisierende Teile der schwarzen Minderheit zu Protesten, Unruhen, sogar rebellionsartigen Gewaltakten. Die Ausschreitungen begannen im August 1965 mit einem Aufruhr im Watts-Bezirk von Los Angeles, der 28 Schwarze das Leben kostete, und setzten sich in den nächsten Jahren in vielen Großstädten fort. Als im Juli 1967 ein Aufstand in Detroit 40 Tote und 2000 Verletzte zur Folge hatte, vermochten erst 5000 von Johnson entsandte Fallschirmjäger die Ruhe wiederherzustellen.

Außerdem und vor allem aber wurde die Aufmerksamkeit des ganzen Landes immer mehr von einem weiteren Problem absorbiert, nämlich dem Krieg in Vietnam. Eisenhower hatte zur Unterstützung der südvietnamesischen Regierung gegen die kommunistischen Vietcong lediglich einige hundert sogenannte Militärberater entsandt, unter Kennedy war deren Zahl auf über 15 000 gestiegen. Da ein durchschlagender Erfolg gegen die Kommunisten ausblieb, entschloß sich Johnson zur Eskalation. Im Februar 1965 bombardierten amerikanische Flugzeuge erstmals Ziele in Nordvietnam, und Ende des Jahres standen 180 000 amerikanische Soldaten in Südvietnam. 1968 war ihre Zahl auf über 500 000 angewachsen. Die kommunistische Tet-Offensive Anfang jenes Jahres zeigte jedoch, daß ein Sieg wohl kaum zu erreichen war. Die ganze Unternehmung war nicht nur militärisch frustrierend, sondern hatte auch in den Vereinigten Staaten bedrückende Folgen. Die Kosten verursachten eine ungewohnte Inflation; junge Männer weigerten sich in wachsender Zahl, dem Gestellungsbefehl zu gehorchen.

Militärischer Mißerfolg in Südostasien, wirtschaftliche Schwierigkeiten, Rassenunruhen in den Straßen, Proteste in den Colleges waren die Begleitumstände, unter denen der immer verschlossener und kritikempfindlicher werdende Johnson der Präsidentschaftswahl 1968 entgegensehen mußte. Vorwahlen der Demokratischen Partei im März im Staat New Hampshire gaben ihm 48 Prozent der Stimmen. Ein wenig bekannter Konkurrent jedoch, Eugene J. McCarthy, erhielt 42 Prozent, und kurz darauf kündigte Robert F. Kennedy, der Bruder des ermordeten Präsidenten, seine eigene Bewerbung um das höchste Amt an. Am 31. März überraschte Johnson die Weltöffentlichkeit. Er kündigte an, daß die Bombardierung Nordvietnams fast ganz eingestellt würde, und lud die nordvietnamesische Regierung zu Friedensverhandlungen ein. Und er gab außerdem bekannt, daß er nicht erneut für sein Amt kandidieren würde.

Falls Johnson glaubte, sich damit einen ruhigen Ausklang seiner Präsidentschaft gesichert zu haben, täuschte er sich. Im April 1968 wurde das Bürgerrechtsidol Martin Luther King, Jr. ermordet, und in 125 Städten rebellierte, plünderte und brandschatzte wieder der Mob. Zwar begannen im Mai 1968 in Paris Friedensgespräche, aber sie kamen vorerst nicht vom Fleck. Im Juni wurde der jüngere Kennedy ermordet. Johnson besaß immerhin noch genügend politischen Einfluß, um im August seinen Vizepräsidenten Hubert H. Humphrey als den nächsten Demokratischen Kandidaten durchzusetzen. Aber der Parteitag in Chicago wurde durch Zusammenstöße zwischen militanten Friedensdemonstranten und der Polizei massiv gestört. Im November wurde dann Humphrey von seinem Republikanischen Rivalen Nixon knapp geschlagen.

Johnson zog sich im Januar 1969 auf seine Ranch in Texas zurück und schrieb dort seine Memoiren. Er erlitt, noch nicht 65jährig, einen weiteren Herzanfall und starb auf dem Weg ins Krankenhaus. Das Urteil über seine präsidentielle Leistung ist bis heute umstritten. Nicht wenige nehmen einigen Anstoß an dem politischen Opportunismus, der ihn offensichtlich leitete. Wohlwollende loben trotzdem den Weitblick, mit dem er soziale Fragen anging, und die politische Kompetenz, mit der er wichtige Maßnahmen wie die Bürgerrechtsgesetze oder Medicare und Medicaid durchsetzte. Konservative Kritiker tadeln, daß seine Regierung einer Auflösung der etablierten und bewährten sozialen Ordnung nicht nur zusah, sondern Vorschub leistete. Von der Linken wird ihm der verfehlte Vietnamkrieg vorgeworfen und dessen ruinöse Auswirkungen auf die amerikanische Gesellschaft. Er selbst sehnte sich immer nach Liebe, aber auch Aufmerksamkeit empfand er schon als wohltuend. Letztere ist ihm immer noch gewiß.

Lit.: Vaughn Davis Bornet, *The Presidency of Lyndon B. Johnson* (1983); Paul K. Conkin, *Big Daddy from the Pedernales: Lyndon Baines Johnson* (1986); Robert Dallek, *Lone Star Rising: Lyndon Johnson and His Times, 1908–1960* (1991); ders., *Flawed Giant: Lyndon Johnson and His Times, 1961–1973* (1998); Irwin Unger und Debi Unger, *LBJ: A Life* (1999).

Richard Milhous Nixon

37. Präsident (1969–1974)

Geboren	9.1.1913 Yorba Linda, California
Konfession	Quäker
Heirat	21.6.1940 mit Thelma Catherine Ryan (1912–)
Kinder	Zwei
Partei	Republikaner
Amtszeit	20.1.1969–9.8.1974
Gestorben	22.4.1994 New York, New York
Grab	Yorba Linda, California

Richard Milhous Nixon war der einzige amerikanische Präsident, der während seiner Amtszeit aus dem Weißen Haus vertrieben wurde. Sein damaliger Rücktritt wird auch heute noch als unvermeidlich angesehen. Aber mit wachsendem zeitlichem Abstand mehren sich die Stimmen, die das Positive in seiner Präsidentschaft betonen und dadurch die anfangs dominierende negative Sicht immer mehr in Frage stellen oder doch modifizieren. Ein Grund für die Schwierigkeit, zu einem allseits annehmbaren Urteil zu kommen, ist sicher die Person Nixons selbst. Bei aller zur Schau getragenen Extrovertiertheit dünnhäutig, mißtrauisch und verschlossen, hat er sich selten oder nie jemandem wirklich offenbart. Hinsichtlich seines wahren Charakters und seiner Moralität herrschte zu seinen Lebzeiten kein Konsens und gehen auch in der Gegenwart die Meinungen noch auseinander. So bleibt er bis heute eine der enigmatischsten Persönlichkeiten, die je das höchste amerikanische Amt innehatten.

Nixons wenig bemittelte Eltern waren Quäker und lebten mit ihren fünf Söhnen im Großraum von Los Angeles. Der junge Richard ging dort auch zur Schule und besuchte dann ein lokales Quäkercollege. Intelligent und strebsam, befand er sich stets unter den Jahrgangsersten. Auch sein juristisches Studium an der renommierten Duke University in North Carolina, für das er ein Stipendium erhalten hatte, beendete er 1937 als der drittbeste unter den 25 Studenten seiner Abschlußklasse. Trotzdem wurde er abgewiesen, als er sich um Aufnahme in das Federal Bureau of Investigation, also die Bundespolizei, bewarb. So arbeitete er während der nächsten fünf Jahre in seinem Heimatort Whittier als Rechtsanwalt. Bei Schauspielproben für ein Amateurtheater traf er Thelma Catherine Ryan, genannt Pat, die an einer High School Maschinenschreiben und Kurzschrift unterrichtete. Man heiratete 1940, und einige Jahre später bekam das Paar zwei Töchter.

Dazwischen traten die Vereinigten Staaten in den Zweiten Weltkrieg ein, und Nixon erhielt einen Posten im Preisüberwachungsamt in Washington. Da er die bürokratische Arbeit unerträglich fand, meldete er sich nach wenigen Monaten zur Marine. Nach vier Jahren kampflosem Dienst, unter anderem im Südpazifik, wurde er 1946 im Rang eines Korvettenkapitäns (Majors) wieder entlassen.

Bei seiner Rückkehr nach Whittier fragten dortige Republikaner den als guten Debattierer bekannten Nixon, ob er für einen Sitz im amerikanischen Repräsentantenhaus kandidieren wolle. Obwohl der Wahlbezirk schon seit Jahren von einem wohletablierten Demokraten gehalten wurde, sagte Nixon begeistert zu. In dieser Zeit des beginnenden Kalten Krieges wuchs in den Vereinigten Staaten die Kommunistenfurcht. Nixon machte sich dies im Wahlkampf zunutze und beschuldigte seinen Rivalen, ohne Beweise zu haben, kommunistischer Sympathien. Er gewann mit solidem Vorsprung. Zwei Jahre später kandidierte er bei der Wahl für einen der beiden California zustehenden Senatorensitze. Er ging nach der gleichen Taktik vor und nannte im Wahlkampf die bisherige Senatorin, die sich erneut bewarb, eine »Pink Lady«, die das Land dem Sozialismus überantworten wolle. Dies stimmte zwar nicht, doch siegte

Nixon mit beträchtlichem Vorsprung und nahm im Dezember 1950 als 37jähriger seinen Platz im Senat ein.

Völlig überraschend kam dieser neue Erfolg nicht, denn Nixon hatte bereits als Abgeordneter landesweite Bekanntheit erworben. Als Mitglied des Committee on Un-American Activities hatte er sich rasch in den Vordergrund der Alger-Hiss-Untersuchung gedrängt. Hiss, ein ehemaliger Beamter des Außenministeriums, war der Spionage für die Sowjetunion beschuldigt worden. Vor allem aufgrund von Nixons hartnäckiger Befragung und seiner Zeugenvernehmungen wurde Hiss 1950 wegen Meineids zu fünf Jahren Gefängnis verurteilt. Der Gewinn des Senatssitzes gab Nixon weitere Prominenz. Als sich Dwight D. ↑Eisenhower 1952 um die Präsidentschaft bewarb und nach einem Kandidaten für die Vizepräsidentschaft Ausschau hielt, fiel sein Blick rasch auf Nixon. Dieser war jung im Vergleich zu dem schon wesentlich älteren Eisenhower, war ausgewiesener Antikommunist und konnte als Mann des wählerreichen Staates California wertvolle Stimmen an der Westküste gewinnen. Eisenhower entschied sich für ihn.

Auf dem Republikanischen Parteitag in Chicago nominierten die Delegierten Nixon in der ersten Abstimmung. Aber während des sich anschließenden Wahlkampfes wurden seine Hoffnungen fast zunichte. Im September berichtete die *New York Post*, daß er von politischen Freunden 18 000 Dollar zur persönlichen Verwendung erhalten hatte. Die Annahme des Geldes war nicht illegal, aber politisch kaum zu rechtfertigen, und Nixons Kandidatur schien zu Ende. Doch er ging in die Offensive. In einer emotionsgeladenen Fernsehrede legte er sein geringes Vermögen offen; er erklärte, daß er die Mittel nur für politische Zwecke verwende und damit dem amerikanischen Volk Geld spare; und er zeigte am Schluß den Familienhund Checkers in die Kameras, der das einzige persönliche Geschenk sei, das aber er und seine Kinder nicht wieder hergeben würden. Diese Checkers-Rede war eine meisterliche rhetorische und histrionische Leistung, und das Echo in der Bevölkerung war entsprechend positiv. Eisenhower behielt Nixon auf dem Ticket, und beide wurden im November mit großem Stimmenvorsprung gewählt.

Als Vizepräsident stand Nixon dem Präsidenten nicht sehr nahe, doch wurde er von diesem gelegentlich mit der Erledigung wichtiger Aufgaben betraut. Hierzu gehörte nicht zuletzt die dreimalige, beinahe volle Vertretung Eisenhowers während dessen Krankheitstagen in den Jahren 1955, 1956 und 1957. Zwei Auslandsreisen erhielten in der Öffentlichkeit besondere Aufmerksamkeit. 1958 wurde Nixons Wagen bei einem Besuch in der venezolanischen Hauptstadt Caracas von einer Menge bedrängt und mit Steinen beworfen, doch Nixon bewahrte die Ruhe. Ein Jahr später geriet er in Moskau bei einer Ausstellungseröffnung in ein Wortgefecht mit dem sowjetischen Ministerpräsidenten Nikita S. Chruschtschow. Die in einem amerikanischen Musterhaus ausgetragene »Küchendebatte« stärkte Nixons Renommee in Amerika beträchtlich.

Im Wahljahr 1960 war Nixon eindeutiger Favorit für die Republikanische Präsidentschaftskandidatur und wurde auch prompt aufgestellt. Doch er verlor knapp gegen den in mehreren Fernsehdebatten photogener und schlagfertiger auftretenden John F. ↑Kennedy. Zwei Jahre später fiel er bei der Bewerbung um den Gouverneursposten in California durch. Enttäuscht arbeitete er während der nächsten Jahre als Rechtsanwalt in New York. Doch die Präsidentschaftswahl des Jahres 1964 brachte eine neue Chance. Nixon ging fleißig für den Republikanischen Kandidaten Barry M. Goldwater auf Wahlkampf. Nach dessen katastrophaler Niederlage gab es offenbar wieder Platz für Nixon, und er erhielt auf dem Republikanischen Wahlparteitag 1968 in Miami Beach im ersten Durchgang erneut die Nominierung. Der unpopuläre Vietnamkrieg schwächte seinen Demokratischen Gegner Hubert H. Humphrey, und Nixon gewann die Wahl, wenn auch nur mit ganz geringem Vorsprung.

Endlich im Weißen Haus, zeigte sich Nixon wesentlich flexibler, als seine bis dahin rigide Haltung hatte erwarten lassen. Am ehesten zeugten manche seiner innenpolitischen Initiativen von seiner konservativen Haltung. Er beschnitt viele der Sozialausgaben, die vor allem unter seinem Vorgänger Lyndon B. ↑Johnson angewachsen waren. Durch ein neues Landwirtschaftsprogramm wurden in diesem Bereich ebenfalls finanzielle Hilfen gekürzt. Nixon mißbilligte auch den Wunsch des Obersten Gerichts, durch das sogenannte »busing«, also den Schülertransport, eine bessere Rassenintegration zu erreichen, und forderte dazu auf, nur das gesetzliche Minimum zu erfüllen. Überhaupt verstand er sich als Beauftragter der im vorhergehenden Jahrzehnt überfahrenen »schweigenden Mehrheit« der Nicht-Schwarzen, Nicht-Armen und Nicht-Jungen. Während ihm hieraus eine gewisse Popularität zukommen mochte, minderte allerdings mit Fortschritt seiner Präsidentschaft die wirtschaftliche Entwicklung diesen Effekt merklich. Das Land hatte mit starker, besonders durch den Vietnamkrieg verursachter Inflation sowie Rezession zu kämpfen. Nixon verordnete 1971 einen Preis- und Lohnstop, und die Goldkonvertibilität wurde aufgehoben, was auf Dollarabwertung und damit Exportbegünstigung zielte. Aber solche Bemühungen erwiesen sich als wenig wirksam, denn die nach dem nahöstlichen Jom-Kippur-Krieg 1973 infolge des Lieferboykotts der Ölländer ausbrechende Energiekrise traf die Vereinigten Staaten dann mit voller Wucht.

Daß Nixons Amtsführung in den ersten Jahren trotzdem nicht wenig Zustimmung fand, hatte er vor allem der von seinem Sicherheitsberater Henry A. Kissinger entworfenen und gesteuerten Außenpolitik zu verdanken. Im Grunde lief diese darauf hinaus, den von bipolarem Denken genährten Antagonismus der Machtblöcke abzubauen und insbesondere die Existenz der neuen potentiellen Supermacht China hierfür zu nutzen. Diesem Zweck der »détente«, das heißt der Minderung der Spannungen, diente beispielsweise die Verkündung der sogenannten Nixon-Doktrin 1969; diese stipulierte, daß die Kommunistenabwehr in Südostasien asiatischen Truppen zu überlassen sei, denen lediglich amerikanische Luftwaffen- und Marineunterstützung zukommen sollte. In die gleiche Richtung zielte die sensationelle Aussöhnung mit der Volksrepublik China. Seit der kommunistischen Regierungsübernahme 1949 hatte zwischen der Volksrepublik und den Vereinigten Staaten eisige Distanz geherrscht. Die Chinesen waren nun wegen diverser sowjetischer Drohungen offensichtlich aufgeschlossener für eine Annäherung. Für Nixon spielte wohl neben den angedeuteten machtpolitischen Überlegungen auch das Verlangen nach publikumswirksamen Erfolgen – 1972 war Wahljahr – eine Rolle. Nach Vorarbeit Kissingers traf er sich jedenfalls im Februar 1972 in Peking mit der chinesischen Regierungsspitze. Eine Intensivierung der Kontakte wurde vereinbart, und Bilder, die Nixon mit seiner Begleitung vor der Großen Mauer zeigten, gingen um die Welt.

Die Chinareise war sicher der wichtigste außenpolitische Akt Nixons, aber noch zwei andere Initiativen bleiben unvergessen. In den 1960er Jahren hatte sich zwischen den Vereinigten Staaten und der Sowjetunion eine Art nuklearen Gleichgewichts eingestellt, und auf beiden Seiten sah man wegen der enormen Kosten keine Rechtfertigung mehr für eine Fortsetzung des Rüstungswettlaufs. Im Jahre 1969 begannen die Strategic Arms Limitation Talks (SALT, Gespräche zur Beschränkung Strategischer Waffen), und im Mai 1972 konnte Nixon bei einem Besuch in Moskau einen Vertrag unterschreiben über den künftigen Umfang der Raketenabwehr und der Raketenbasen auf beiden Seiten. Und im nächsten Jahr gelang es endlich, den nun fast ein Jahrzehnt andauernden Krieg in Vietnam wenigstens für die Amerikaner zu beenden. Nixon hatte im Wahlkampf 1968 von einem geheimen Plan gesprochen, um das Engagement in Indochina zum Abschluß zu bringen. Davon war zunächst allerdings nichts zu bemerken. Er befahl im Gegenteil im April 1970 den Einmarsch in Kambodscha, was zu wilden Protesten vor allem an amerikanischen Universitäten führte. Aber bald begann ernsthaft der Versuch der »Vietnamisierung« des Konflikts, das heißt der allmählichen Übertragung der Hauptlast des Kampfes auf südvietnamesische Truppen. Parallel hierzu führte Kissinger in Paris Friedensgespräche mit Abgesandten Hanois. Nach einer nordvietnamesischen Offensive ließ Nixon zwar im Mai 1972 nochmals heftig bombardieren, doch im August wurden die letzten amerikanischen Kampftruppen aus Vietnam abgezogen, und im Januar 1973 unterzeichnete man in Paris ein Waffenstillstandsabkommen.

Nixon hätte sich angesichts dieser Entwicklungen im Wahljahr 1972 keine Sorgen hinsichtlich seiner Wiederwahl zu machen brauchen. Er wurde von seiner Partei auch ohne Probleme erneut aufgestellt und gewann die Wahl im November mit enormem Vorsprung vor seinem Demokratischen Rivalen George S. McGovern. Aber er hatte seine innere Unsicherheit nicht unterdrücken können, und dies wurde ihm nun zum Verhängnis. Während des Wahlkampfes verschaffte sich ein Trupp Einbrecher Zugang zu den im Washingtoner Watergate-Gebäudekomplex gelegenen Räumen des Wahlkampfkomitees der Demokratischen Partei. Offenkundig wollten sie dort Material erbeuten, das ihrem Auftraggeber, dem Republikanischen Wahlkampfkomitee, von Nutzen sein konnte. Sie wurden aber gefaßt, und bei der folgenden Untersuchung durch einen Senatsausschuß und dann die Justiz zeigte sich, daß das Weiße Haus in die Angelegenheit verstrickt war. Nixon selbst wurde trotz seines hartnäckigen Leugnens nachgewiesen, daß er sich zumindest am Vertuschungsversuch beteiligt hatte.

Die Aufdeckung dieser Umstände zog sich durch viele Monate hin und beschäftigte, nicht zuletzt infolge der ausführlichen Fernsehübertragung der Ausschußsitzungen, die amerikanische Öffentlichkeit intensiv. Im Juli 1974 empfahl der Justizausschuß des Repräsentantenhauses, wie es die Verfassung für solche Fälle vorschreibt, die Einleitung des Impeachment-Prozesses, das heißt des Amtsenthebungsverfahrens. Die nächsten Schritte wären die Erhebung einer Anklage durch das Plenum des Repräsentantenhauses und dann die Abstimmung im Senat über die Amtsenthebung gewesen. Da die Anklageerhebung als sicher anzusehen war, ergriff Nixon die Initiative und trat am 9. August als Präsident zurück. Vizepräsident Gerald R. ↑Ford, Jr. folgte ihm gleichen Tags in das höchste Amt nach und gewährte ihm am 8. September einen Generalpardon für alle Straftaten, die er als Präsident möglicherweise begangen hatte.

Während der nächsten zwei Jahrzehnte bis zu seinem Tod 1989 durch einen Schlaganfall schrieb Nixon eine Reihe von Büchern zu seiner Rechtfertigung und reiste des öfteren durch die Welt in dem Versuch, die Statur eines honorigen Staatsmannes zurückzugewinnen. Dies gelang ihm freilich nur teilweise. Zweifelsohne hatte er sich während seiner Präsidentschaft als talentierter Politiker gezeigt, und er hatte für sein Land, besonders auf außenpolitischem Gebiet, Beträchtliches geleistet. Aber sein Unglück war offensichtlich, daß er beim ehrgeizigen Verfolg seiner Ziele, von denen das der Mehrung seiner persönlichen Geltung wohl das vordringlichste war, die vom amerikanischen politischen Leben vorgegebenen Grenzen aus dem Blick verlor. Es mag wahr sein, was von Apologeten manchmal vorgebracht wird, nämlich daß andere Präsidenten gelegentlich in vergleichbarer Weise den etablierten Verhaltensrahmen durchbrachen. Man könnte hierzu vielleicht sagen, daß Nixon vermutlich zynischer und mit größerer Risikobereitschaft handelte. Wichtiger ist in historischer Sicht aber wohl, daß durch den Ausgang seiner Präsidentschaft die eben erwähnten Grenzen wieder deutlich ins Bewußtsein gehoben wurden. Dies mag nicht Nixons Verdienst sein. Zu seinem Bild in der Geschichte jedoch gehört es allemal.

Lit.: Melvin Small, *The Presidency of Richard Nixon* (1999); Anthony Summers mit Robbyn Swan, *The Arrogance of Power: The Secret World of Richard Nixon* (2000); Richard Reeves, *President Nixon: Alone in the White House* (2001); Iwan Morgan, *Nixon* (2002).

Gerald Rudolph Ford, Jr.

38. Präsident (1974–1977)

Geboren	14.7.1913 Omaha, Nebraska
Konfession	Episkopalkirche (anglikanisch)
Heirat	15.10.1948 mit Elizabeth Ann Bloomer (1918–)
Kinder	Vier
Partei	Republikaner
Amtszeit	9.8.1974–20.1.1977
Gestorben	–
Grab	–

»I am a Ford, not a Lincoln«, sagte Präsident Gerald Rudolph Ford, Jr. gern von sich selbst. Die allermeisten Zeitgenossen stimmten zu, wobei sie natürlich das selbstironische Wortspiel verstanden. Lincoln war ja nicht nur der Name des Bürgerkriegspräsidenten, sondern so heißt auch eine Automarke der Luxusklasse. Ford besaß durchaus persönlichen Ehrgeiz – ohne solchen schafft man es wohl nicht ins Weiße Haus –, aber er wußte offenbar auch, daß er weder ein Mann Bewunderung heischender Entwürfe noch etwa deren glänzend gelingender Durchsetzung war. Biederes Voranschreiten hatte ihn, mehr oder weniger wider Erwarten, ins Weiße Haus geführt. Stolpern und Staksen – Komödianten und Karikaturisten machten sich endlos lustig darüber, wie der Präsident einmal die Flugzeugtreppe hinunterfiel – brachten ihn wieder hinaus.

Ford war ein rechtschaffener Mann, für den das Präsidentenamt trotz aller Bemühung um Einpassung vielleicht eine halbe Nummer zu groß war. Dies lag nicht an seiner kleinbürgerlichen Herkunft. Andere Präsidenten waren aus wesentlich bescheideneren Verhältnissen aufgestiegen. Es hatte wohl eher mit seiner etwas einfach gestrickten intellektuellen Veranlagung zu tun, die ihn zwar davor bewahrte, seine Ziele durch verwerfliche Winkelzüge erreichen zu wollen, die ihm aber andererseits wenig Phantasie für Eigeninitiativen bereitstellte. Sein Stiefvater – seine geschiedene Mutter hatte wieder geheiratet, als er drei Jahre alt war – betrieb ein Farbengeschäft in Grand Rapids, Michigan. Der junge Ford erwarb den Grad eines Bachelor of Arts an der University of Michigan mit durchschnittlichen Noten. Große Anerkennung erhielt er jedoch für sein Footballspiel, und er wurde mit seiner Universitätsmannschaft zweimal amerikanischer Meister. Die Yale University stellte ihn daraufhin als Assistenten des Cheftrainers an und gab ihm Gelegenheit, nebenbei Jura zu studieren. Bei seinem Abschluß hatte bereits der Zweite Weltkrieg begonnen, und Ford meldete sich freiwillig zur Marine. Er diente im Pazifik und wurde als Lieutenant Commander, also Korvettenkapitän, entlassen.

Die Rechtsanwaltsarbeit gefiel Ford danach nicht sonderlich, und so ging er 1948 in die Politik. Seine Bekanntheit als Footballstar, sein freundlich-gewinnendes Wesen sowie die aktive Unterstützung des einflußreichen Senators Arthur H. Vandenberg aus seinem Heimatstaat Michigan brachten ihn auf Anhieb in das amerikanische Repräsentantenhaus. Konservativ in seinem Abstimmungsverhalten, ansonsten unauffällig und fest der offiziellen Linie der Republikanischen Partei folgend, machte er sich dort viele Freunde. Da ihn sein Heimatdistrikt beständig wiederwählte, stieg er in Komitees und Parteihierarchie auf und wurde 1965 zum Fraktionsvorsitzenden gewählt.

Während dieser Zeit wohnte Ford mit seiner Familie nicht in Michigan, sondern in Washington. Freilich war er oft abwesend, und seine Ehefrau Betty, die vor der Hochzeit des Paares schon einmal verheiratet gewesen war und als Tänzerin, Mannequin und Modeexpertin gearbeitet hatte, mußte die vier Kinder weitgehend allein aufziehen. Sie wurde hierbei alkohol- und drogensüchtig, was man erst später erfuhr. Viel Anerkennung erhielt sie jedoch dafür, daß sie sich öffentlich zur operativen Entfernung ihrer beiden Brüste wegen Krebs bekannte. Überhaupt war sie recht freimütig in ihren Äußerungen. Sie trat aktiv für Frauenrechte und besonders den dann allerdings nicht in Kraft gesetzten Equal-Rights-Verfassungszusatz ein, wünschte laut ein liberales Abtreibungsgesetz und forderte die Ernennung einer Frau zur Richterin am Obersten Bundesgericht. Nach dem Ende der Präsidentschaft ihres Mannes gründete sie in Kalifornien ein Entziehungssanatorium für Alkoholiker.

1973 war ihr Mann ins Gespräch für das höchste Amt gekommen. Der 1967 in Kraft getretene 25. Verfassungszusatz sah vor, daß der Präsident mit Zustimmung des Kongresses einen Vizepräsidenten ernennen solle, wenn das Amt frei würde. Als Vizepräsident Spiro T. Agnew 1973 wegen Bestechungsvorwürfen zurücktrat, wählte Präsident Richard M. ↑Nixon den nicht negativ belasteten Ford aus, der auch prompt bestätigt wurde und am 6. Dezember an Agnews Stelle trat. Falls Nixon gedacht hatte, daß die Berufung des als etwas unbedarft geltenden Ford sein eigenes, wegen der Watergateaffäre fraglich gewordenes Verbleiben im Amt erleichtern würde, sah er sich freilich getäuscht. Fords offensichtliche Redlichkeit kontrastierte vorteilhaft mit Nixons immer deutlicher zutage tretendem Mangel an Integrität. Als es Nixon endlich richtig erschien, am 9. August 1974 zurückzutreten, wurde Ford sein Nachfolger.

Ford war der erste Präsident, der für diese Aufgabe weder direkt noch indirekt vom Volk gewählt worden war. Er wußte, daß er sich desto mehr um amtsgerechte Politik würde bemühen müssen. Dies gelang ihm aber nur in Maßen. Seine gesamte Präsidentschaft litt darunter, daß er, kaum angetreten, seinen Vorgänger für alle etwa begangenen Straftaten »voll und absolut« begnadigte. Zwar konnte er dies der Verfassung nach, aber der Sturm der Entrüstung, der daraufhin durch das Land fegte, legte sich bis an das Ende seiner Amtszeit nicht mehr vollständig. Ford half es kaum, daß er persönlich vor einem Kongreßkomitee erschien und darlegte, daß keine Absprache existiert hatte und er nur das Wohl des Landes im Auge gehabt habe. Man glaubte ihm wenig.

Dabei hätte das Land eine starke und ihrer Mittel gewisse Leitung sehr nötig gehabt, plagten doch Rezession und gleichzeitige

Inflation die Wirtschaft. Aber die Regierung verhedderte sich in Kleinkleingefechten mit dem Kongreß. Ford belegte 61 Gesetze mit seinem Veto (der etwa gleich lang regierende John F.↑Kennedy tat dies nur 21mal), was ihm den Vorwurf einbrachte, Politikstillstand zu verursachen. Auch außenpolitisch hatte er wenig Fortüne. In seine Amtszeit fiel der Kollaps der nichtkommunistischen Regierungen in Südvietnam und Kambodscha. Als er die Befreiung der 39 Mann starken Besatzung des von den Roten Khmer gekaperten amerikanischen Frachters »Mayaguez« befahl, kostete das Gelingen 41 Marineinfanteristen das Leben. 1976 zögerte die Republikanische Partei lange, ihn wieder als Kandidaten aufzustellen, zumal mit dem ehemaligen kalifornischen Gouverneur Ronald W.↑Reagan ein anderer, vielversprechender Bewerber bereitstand. Schließlich einigte man sich dennoch auf Ford, aber er verlor dann, wenn auch knapp, die Novemberwahl gegen seinen Demokratischen Gegner Jimmy ↑Carter.

Ford überlebte seine eigene Präsidentschaft um eine ganze Generation. Während manche ihn noch lange für die Begnadigung Nixons schalten, hat sich bei vielen anderen allmählich die Ansicht durchgesetzt, daß seine Amtszeit nicht ohne Meriten war. Zwar hat er keine weltbewegenden Taten vollbracht. Aber seine unterkühlte Art war vielleicht, aufs Ganze gesehen, das, was das Land nach den tumultuarischen Jahren unter seinen Vorgängern brauchte. Seine schlichte Anständigkeit half, den Amerikanern den Glauben daran zurückzugeben, daß nicht alle ihre Politiker Lügner oder Missetäter sind.

Lit.: Edward L. Schapsmeier und Frederick H. Schapsmeier, *Gerald R. Ford's Date with Destiny* (1989); John Robert Greene, *The Presidency of Gerald Rudolph Ford* (1995); James M. Cannon, *Time and Chance: Gerald Ford's Appointment with History* (1998).

James Earl Carter, Jr.

39. Präsident (1977–1981)

Geboren	1.10.1924 Plains, Georgia
Konfession	Baptist
Heirat	7.7.1946 mit Eleanor Rosalynn Smith (1927–)
Kinder	Vier
Partei	Demokrat
Amtszeit	20.1.1977–20.1.1981
Gestorben	–
Grab	–

Am 20. Januar 1977 schritten Jimmy Carter – so wollte James Earl Carter, Jr. seit seiner Jugend genannt werden –, seine Frau Rosalynn und ihre Tochter Amy, einander an den Händen haltend, lachend und der Menge zuwinkend vom Kapitol in Washington die Pennsylvania Avenue hinunter zum Weißen Haus. Er war soeben in das Präsidentenamt eingeführt worden, und der Gang zu Fuß statt Kutschen- oder Autofahrt sollte einen Bruch mit der Vergangenheit symbolisieren. Mit ihm würde eine neue Ära anbrechen, so wollte Carter signalisieren, Vietnamtrauma und Watergateskandal lägen nun hinter der Nation. Er fühlte sich, wie er bei passender Gelegenheit betonte, als Nicht-Politiker; er war nicht in Washington groß geworden, er war das frische Gesicht aus dem Süden, mit ihm kehrten moralische Werte in die amerikanische Regierung zurück. Und das Volk jubelte ihm zu, zwar etwas ungläubig, aber doch voller Erwartung.

Eine wirklich messianische Figur war Carter allerdings nicht. Es stimmte zwar, daß er mit dem Washingtoner Establishment nie eigentlich etwas zu tun gehabt und daß er das höchste Amt in steilem Aufstieg erklommen hatte. Aber solches konnte nicht wirklich in sich selbst schon die Aussicht auf eine große Präsidentschaft eröffnen. Zum einen fehlte Carter das Charisma, das die wahren Weltbeweger wohl auszeichnet. Zum anderen, und dies wog vermutlich noch schwerer, hatte er Regierungserfahrung lediglich in einer vierjährigen Gouverneurstätigkeit in seinem Heimatstaat Georgia sammeln können. Und seine von ihm oft erwähnte bisherige Distanz zur Bundeshauptstadt konnte bei näherem Hinsehen auch als gravierender Nachteil erscheinen. Denn effektvolles Regieren in Washington verlangte notwendigerweise Vertrautheit mit den dortigen Verhältnissen nicht nur vor, sondern vor allem auch hinter den Kulissen. Umgab er sich mit den richtigen Leuten, konnte ein neuer Präsident ein entsprechendes Manko wettmachen. Er aber brachte viele, und vermutlich zu viele, unerfahrene Helfer von zu Hause mit. Diese »Georgia-Mafia«, als die sie rasch bekannt wurde, war ihm zwar treu ergeben. Im Washingtoner Politikbetrieb waren die ihr Zuzurechnenden freilich so unerfahren wie er selbst.

Carter war in Plains aufgewachsen, einem kleinen Flecken in Georgia, wo seine Eltern Erdnüsse anbauten und vermarkteten. Wie bei frommen Baptisten nicht unüblich, wurde er erst mit elf Jahren getauft. 1943 in die Marineakademie in Annapolis aufgenommen, erhielt er dort eine Ingenieursausbildung und versah danach seinen Dienst auf zwei Schlachtschiffen und im Atom-U-Boot-Programm. Der Tod seines Vaters 1953 veranlaßte ihn, den Ältesten von vier Geschwistern, nach Plains zurückzugehen und die väterliche Firma weiterzuführen. Er zeigte rasch beträchtlichen Geschäftssinn und kam allmählich zu ansehnlichem Vermögen.

Carters Frau Rosalynn hatte ihren Mann nur sehr unwillig von Schenectady im Staat New York, wo dieser damals stationiert gewesen war, nach Plains zurückbegleitet. Zwar stammte auch sie aus Plains, aber das freiere Leben in der Marine mit seinem größeren Zuschnitt hatte ihr wesentlich besser zugesagt. Überhaupt zeigte sie im Lauf der Jahre immer mehr einen unabhängigen Kopf, förderte dabei allerdings die politischen Karriereabsichten ihres Mannes nach Kräften. Obwohl ohne Collegebildung geblieben, lernte sie rasch, auch vor anspruchsvollem Publikum frei zu reden. Sie ging allein auf Wahlkampftour, erst in Georgia und später durch viele andere Staaten; 1977, als ihr Mann gerade Präsident geworden war, begab sie sich ohne ihn auf eine längere Goodwill-Reise durch Lateinamerika. Und außerdem bestand sie darauf, sehr zum Ärger mancher Regierungsmitglieder, bei den Kabinettssitzungen anwesend zu sein; zwar meldete sie sich dort nicht zu Wort, machte aber Notizen, offensichtlich zum Zweck der späteren Erörterung mit dem Präsidenten.

Doch vorerst verkaufte Carter noch Erdnüsse in Plains. Sein geschäftlicher Erfolg ermutigte ihn allerdings bald, sich in die Politik zu begeben. Entsprechend der Tradition des Südens und seiner Familie geschah dies dann innerhalb der Demokratischen Partei. Etliche lokale, ehrenamtliche Posten fielen dem prominenten Mitbürger bald zu. 1962 wurde er bereits in den Senat von Georgia gewählt. Dort zeigte er sich fiskalisch konservativ, aber mit Sinn für die Bekämpfung sozialer Mißstände. Ehrgeizig stellte er sich 1966 zur Gouverneurswahl; als er durchfiel, versuchte er es vier Jahre später erneut und wurde gewählt. Als Gouverneur überraschte er viele, als er, der zuvor als milder Rassist gegolten hatte, für ein Ende der Rassendiskriminierung plädierte. Er reorganisierte die Staatsverwaltung durch Zusammenlegung vieler Ämter, verlangte strikte Sparsamkeit, setzte sich für Umwelt- und Naturschutzgesetzgebung ein und erstrebte die Wiedereinführung der Todesstrafe sowie härtere Strafen für Drogenvergehen.

Kritiker sagten bald, daß Carters Erfolgsmeldungen übertrieben seien, daß die Bürokratiereform nur äußerlich stattgefunden habe und unter ihm die Staatsausgaben sogar beträchtlich gewachsen seien. Doch Carter sah dies anders. Da er in Georgia vorerst nicht wiedergewählt werden konnte, warf er einen Blick auf die voraussichtlichen Präsidentschaftskandidaten des Jahres 1976 und fand, daß er sich vorteilhaft von ihnen abhob. Und so entschloß er sich zur Präsidentschaftskandidatur.

Carter spürte, daß er aufgrund des Umstands, daß er bisher nicht in Washington präsent gewesen war, in der Publikumsgunst besser dazustehen vermochte als die zu Vietnamkriegs- und Watergatezeiten dort zugange gewesenen Politiker. Vor allem mußte dies auch hinsichtlich des wieder für die Republikaner antretenden bisherigen Präsidenten Gerald R. ↑Ford, Jr. gelten, der ja zusätzlich noch durch die von ihm Richard M. ↑Nixon so generös gewährte Begnadigung belastet war. Zuerst mußte Carter freilich die Demokratische Kandidatur erringen. Schon 1975 begann er, eine das ganze Land überziehende Wahlkampforganisation aufzubauen. Überall betonte er sein Unpolitischsein und seine prinzipielle Ehrlichkeit. Siege 1976 in den ersten Vorwahlen in Iowa und New Hampshire gewannen ihm die Aufmerksamkeit der Presse, und beim Parteitag im Juli in New York wurde er im ersten Nominierungsgang aufgestellt. Der Höhepunkt des Wahlkampfs selbst waren dann drei Fernsehdebatten mit dem amtierenden Präsidenten, in denen der selbstbewußte Carter den ungeschickten Ford ausstach. Dies gab dann wohl den Ausschlag für seinen knappen Wahlsieg.

Während seiner Präsidentschaft machte Carter ehrliche Anstrengungen, seine guten Absichten in Gesetzesmaßnahmen umzusetzen. Äußerlichkeiten wie Fernsehauftritte im Weißen Haus in der abendlichen Strickjacke oder Hinweise auf sein religiöses Erweckungserlebnis sollten seine Volksverbundenheit dokumentieren. Solches brachte freilich bei den Gesetzgebern im Kongreß kaum Ergebnisse, da ihm, wie schon erwähnt, die notwendigen Verbindungen dorthin fehlten. Bemühungen um eine Neuordnung der Energieversorgung endeten in einem wenig befriedigenden Kompromißprogramm. Ein Plan zur Reform des Wohlfahrtssystems machte im Kongreß keine Fortschritte. Ein anderer Plan, der das Einkommensteuersystem hätte neu gestalten sollen, wurde zugunsten von Steuererleichterungen zur Seite geschoben. Und im Land stieg die Inflation ständig an und erreichte am Ende von Carters Amtszeit jährlich um die 15 Prozent. Brachte all dies wenig Prestige, so erwiesen sich Personalquerelen als dem präsidentiellen Renommee unmittelbar schädlich. Budgetdirektor Bert Lance, ein persönlicher Freund Carters, mußte wegen früherer finanzieller Fragwürdigkeiten abtreten. Und des Präsidenten jüngerer Bruder Billy, ohnehin wegen seines Bierkonsums belacht, wurde in der

Presse abgestraft, weil er erstens von der libyschen Regierung Geld für Lobbyarbeit erhalten hatte und zweitens sich hierfür nicht hatte ordnungsgemäß registrieren lassen.

So mußte Carter eher hoffen, wenigstens auf außenpolitischem Gebiet zu Erfolgen zu kommen. Aber auch hier hatte er nicht unbedingt eine glückliche Hand. Die Beziehungen zur Sowjetunion verschlechterten sich zuerst, da der sich den Menschenrechten verpflichtet fühlende amerikanische Präsident sowjetisches Verhalten kritisierte, was man dort übelnahm. Immerhin gelangte 1979 der SALT-II-Vertrag zur Beschränkung der Interkontinentalraketentests zur Unterschrift. Aber Carter konnte dann im amerikanischen Senat die Ratifizierung nicht durchsetzen wegen des sowjetischen Einmarsches in Afghanistan im Dezember 1979. Auf letzteren antwortete Carter mit einem Getreideembargo, und er untersagte der amerikanischen Olympiamannschaft die Teilnahme an den Moskauer Sommerspielen 1980. Ein spürbarer Effekt blieb freilich aus.

Der eine große außenpolitische Erfolg der Carterschen Ära war der Abschluß des ägyptisch-israelischen Friedensvertrages, der 1978 in Camp David in Maryland durch aktive Vermittlung des amerikanischen Präsidenten zustande kam. Vor allem hierfür erhielt er, etwas spät, im Jahre 2002 den Friedensnobelpreis. Andere seiner Initiativen stießen dann wieder auf eher geteiltes Echo. Die Aufnahme diplomatischer Beziehungen zur Volksrepublik China konnten 1979 zwar viele Amerikaner hinnehmen, aber der dafür eintretende Bruch mit Taiwan blieb für manche dann doch unverzeihlich. Und Carters Abschluß eines Vertrages mit Panama, der dem mittelamerikanischen Land die Kanalzone zurückgab, wurde in konservativen Kreisen in den Vereinigten Staaten als sträfliche Mißachtung amerikanischer Interessen verurteilt. Ganz katastrophal entwickelte sich das Verhältnis zum Iran, wo nach dem Sturz des von Washington gestützten Schahs 1979 militante Studenten das Personal der amerikanischen Botschaft in Teheran als Geiseln nahmen. Carters Anstrengungen zur Lösung der Krise, deren verheerender Tiefpunkt ein mißlingender Befreiungsversuch mit Hubschraubern war, dauerten bis zum Ende seiner Amtszeit an.

Im Jahre 1980 konnte der Demokratische Nominierungsparteitag Carter nicht gut die erneute Nominierung verweigern. Aber der Unterschied zwischen den bei Amtsbeginn verkündeten Absichten und der Kargheit der vorzeigbaren Erfolge war zu offensichtlich, als daß die Demokraten viel Hoffnung auf eine Fortsetzung ihrer Regierung hegen konnten. Die Wahl des Republikaners Ronald W. ↑Reagan bestätigte die Berechtigung entsprechender Zweifel.

Carter und seine Frau zogen sich daraufhin nach Plains zurück, wo sie ihre Memoiren schrieben. Beide sind auch öffentlich wirksam geblieben, sei es durch die Einrichtung und das Betreiben des Carter Centers in Plains zur Förderung von Demokratie und Menschenrechten, sei es durch die Protektion sozialer Unternehmungen in Amerika oder auf Friedensmissionen rund um den Globus. Gelegentlich wird gesagt, daß Carter, wenn er schon kein großer Präsident gewesen war, sich doch wenigstens damit trösten konnte, daß er als der beste Alterspräsident in der amerikanischen Geschichte zu gelten hat. Da ihm bei aller Frömmigkeit auch eine Spur Eitelkeit nicht abging, mochte ihm dies in der Tat sein Ausgedinge erträglicher erscheinen lassen.

Lit.: John Dumbrell, *The Carter Presidency* (1993); Herbert D. Rosenbaum und Alexej Ugrinsky, Hgg., *The Presidency and Domestic Policies of Jimmy Carter* (1994); dies., Hgg., *Jimmy Carter: Foreign Policy and Post-Presidential Years* (1994); Kenneth E. Morris, *Jimmy Carter: American Moralist* (1996); Peter G. Bourne, *Jimmy Carter: A Comprehensive Biography from Plains to Postpresidency* (1997).

Ronald Wilson Reagan

40. Präsident (1981–1989)

Geboren	6.2.1911 Tampico, Illinois
Konfession	Disciples of Christ
Heirat	26.1.1940 mit Jane Wyman (1914–; 1948 geschieden); 4.3.1952 mit Nancy Davis (1921– oder 1923–)
Kinder	Zwei (erste Frau); zwei (zweite Frau)
Partei	Republikaner
Amtszeit	20.1.1981–20.1.1989
Gestorben	5.6.2004 Los Angeles, California
Grab	Simi Valley, California

Ronald Wilson Reagan mochte nicht über mehr intellektuelle Substanz verfügen als sein Vorgänger im Präsidentenamt, aber er wußte die Leute mit unendlich mehr Charme zu beeindrucken als der steife, nervöse, mit sich selbst nicht im reinen scheinende Jimmy ↑Carter. Hochgewachsen, leutselig und humorvoll, sprach er mit der steten, klaren und wohltönenden Stimme des Radiosprechers und Filmschauspielers, der er jahrzehntelang gewesen war. Man nannte ihn den »Großen Kommunikator«, nicht zuletzt, weil er seine Mitteilungen mit gewinnendem Lächeln, ermunterndem Blick und voll innerer eigener Überzeugung dem Empfänger zu übermitteln wußte. Während seiner Amtszeit stieg die Staatsschuld von 900 Milliarden Dollar auf 3,2 Billionen, eine Steigerung der Prokopfverschuldung von 4000 auf 13 000 Dollar. Die letzten beiden Jahre seiner Präsidentschaft sahen die Turbulenzen des Iran-Contra-Skandals, und Reagan wurde glaubhaft bezichtigt, die Unwahrheit gesagt zu haben. Doch kaum etwas blieb am »Teflon«-Präsidenten hängen. Bei seinem Abgang aus dem Weißen Haus ermittelten die Meinungsforscher eine Beliebtheitsquote von 70 Prozent, einen bis dahin noch von keinem scheidenden Präsidenten erreichten Wert.

Die ungewöhnliche Laufbahn Reagans begann in einem 1000-Einwohnernest 250 Kilometer westlich von Chicago, wo er als der jüngere zweier Söhne eines alkoholkranken Schuhhändlers und seiner um eine gute Erziehung ihrer Kinder bemühten Frau geboren wurde. Er gewann ein Football-Stipendium zum Studium an einem unbedeutenden, nahe gelegenen College und zeigte sich dort besser in den sportlichen Aktivitäten als in seinem Hauptstudienfach Volkswirtschaft. Mit dem Bachelorgrad in der Hand gelang es ihm, und dies im Depressionsjahr 1932, einen Job in Iowa als Radiosprecher zu bekommen, von dem er 1936 zum Sportreporter aufstieg. 1937 ging er nach Hollywood, wo er bei dem Filmproduzenten Warner Brothers unter Vertrag kam. Seine Schauspielbegabung reichte nicht über Mittelmaß hinaus, aber sein gutes Aussehen und seine Umgänglichkeit verhalfen ihm im Lauf der Jahre doch zu über fünfzig Rollen.

Reagans politische Karriere begann 1947, als man ihn zum Präsidenten der Screen Actors Guild wählte. Die Arbeit in dieser Schauspielergewerkschaft änderte seine politischen Ansichten. Er war bisher wie sein Vater ein Anhänger der liberalen New-Deal-Philosophie gewesen. Nun fand er die Gewerkschaft unerträglich durchsetzt von Kommunisten und Kommunismussympathisanten, und so nahm er allmählich einen immer konservativeren Standpunkt ein. Schon 1940 hatte er die Schauspielerin Jane Wyman geheiratet. Sie hatten miteinander eine Tochter (Maureen) und adoptierten noch einen Sohn (Michael). Doch Jane mißbilligte das gewerkschaftliche Engagement ihres Mannes, und 1948 wurde die Ehe geschieden.

Reagans aktive Filmarbeit verringerte sich noch mehr, als er 1954 für die General Electric Company tätig wurde. Für dieses Großunternehmen moderierte er eine 30-Minuten-Fernsehserie und sprach vor den Belegschaften der Firma im ganzen Land über die Übel des Kommunismus und der Regierungseinmischung in das tägliche Leben der Bevölkerung. 1962 trat er dann auch der Republikanischen Partei bei und zog 1964 für deren Präsidentschaftskandidaten Barry M. Goldwater in den Wahlkampf. Dadurch gewann er viel Bekanntheit dazu, und 1966 forderte man ihn in California auf, für den Gouverneursposten zu kandidieren. Reagan akzeptierte gern, prangerte im Wahlkampf studentische Radikale und Sozialschmarotzer an und schlug den bisherigen Amtsinhaber mit 58 Prozent der Stimmen. Als Gouverneur reduzierte er erst die Universitätszuschüsse und später die Wohlfahrtsausgaben, aber er erhöhte auch die Steuern. Bei seinem Abschied nach zwei Amtszeiten aus der Staatshauptstadt Sacramento zeigte der Staatshaushalt einen Überschuß von 550 Millionen Dollar.

Als Gouverneur des bevölkerungsreichsten Staates der Union besaß Reagan landesweit Statur, und er wurde ab 1968 in jedem Präsidentschaftswahljahr als möglicher Kandidat genannt. Er verschloß sich dem Gedanken in keiner Weise und reiste vielmehr unermüdlich zu Vorträgen von Küste zu Küste, die Übel des Wohlfahrtswesens geißelnd und die Tugenden des minimalistischen Staates preisend. 1976 trat er in den Vorwahlen mit einigem Erfolg gegen Präsident Gerald R. ↑Ford, Jr. an, doch konnte ihn dieser auf dem Republikanischen Parteitag in Kansas City knapp ausstechen. Im Jahre 1980 hieß es dann mancherorts, daß er mit seinen 69 Jahren bereits zu alt für eine Kandidatur sei. Doch nach anfänglichen Rückschlägen in den Vorwahlen gewann seine Bewerbung Schwung, solide finanzielle Unterstützung trug ihren Teil bei, und er wurde auf dem Parteitag in Detroit im ersten Wahlgang aufgestellt.

Im eigentlichen Wahlkampf war der Demokratische Kandidat, der amtierende Präsident Jimmy ↑Carter, wegen Reagans Alter und seiner als exzessiv gesehenen Rechtslastigkeit durchaus zuversichtlich. Doch Reagan betonte seine robuste Gesundheit und verstand es, Meister des Fernsehauftritts, der er war, seine Ansichten mit jovialer Vernünftigkeit zu vertreten. Angesichts der sich verschlechternden Wirtschaftslage versprach er, neuen Wohlstand zu schaffen »[by getting] the government off our backs«, durch Verminderung der Staats- und Regierungseingriffe in das Leben der

Bürger. Und für ihn arbeitete der Umstand, daß es der Carter-Regierung noch immer nicht gelungen war, die Geiseln im Iran freizubekommen. Am Wahltag entschied sich die Mehrheit der Bürger in 44 Staaten für Reagan. Das Stimmenergebnis war 43 zu 36 Millionen.

Trotz seiner Scheidung zog Reagan nicht allein ins Weiße Haus ein. Er hatte sich noch während seiner Hollywoodzeit wieder an eine andere Schauspielerin gebunden. Nancy Davis war die Stieftochter eines Neurochirurgen und eine Dame mit exquisitem Geschmack und hohen finanziellen Ansprüchen. Sie fühlte allerdings auch eine soziale Verpflichtung und kümmerte sich schon als kalifornische First Lady um Senioren und körperlich Behinderte. Im Weißen Haus organisierte sie eine wohlpublizierte Kampagne gegen Drogenmißbrauch mit dem Slogan »Just say no«. Das breite Publikum zeigte sich freilich mehr beeindruckt von den teuren Designerroben, die sie bei den nun wieder häufig veranstalteten großen Events trug. Sie brachte die livrierten Bedienten zurück wie auch die Trompeter, die den Auftritt des Präsidentenpaares ankündigten und die von den Carters abgeschafft worden waren. Und sie hatte einen Sofortzugang zur Zukunft durch einen persönlichen Astrologen. Letzterer bestimmte im Kalender farblich zu kennzeichnende »gute«, »neutrale« und zu vermeidende Tage für Unternehmungen und Entscheidungen, und Nancy beeinflußte offenbar, zur Frustration des Regierungsapparats, ihren Ehemann in entsprechender Weise.

Letzteres erfuhr das amerikanische Volk allerdings erst später. Reagans Präsidentschaft begann jedenfalls in Hochstimmung, denn eine halbe Stunde nach seiner Ablegung des Amtseides wurden die Geiseln in Teheran freigelassen. Als nächstes startete er ein kühnes Programm, das, wäre es voll durchgezogen worden, das amerikanische Wirtschaftsleben fundamental verändert hätte. Um die angeblich untätigen, angestauten Energien des kapitalistischen Unternehmertums aufzurufen und neues Wachstum anzuregen, wurde eine Triade von Maßnahmen ins Auge gefaßt: Der öffentliche Haushalt sollte beschnitten werden, um die Staatsausgaben mindern zu können; Steuern sollten reduziert werden, besonders für die höheren Einkommensschichten und die Geschäftswelt, um die Investitionsbereitschaft zu steigern; und die Regulierung im wirtschaftlichen und gesellschaftlichen Bereich sollte so weit wie irgend möglich zurückgenommen werden, um Initiativen zu wekken. Diese Politik der »supply-side economics«, der Angebotsökonomie, würde nach Reagans und seiner Berater Meinung für einen enormen, nichtinflationären Aufschwung sorgen.

Reagan brachte, trotz Widerstands vor allem von Demokratischer Seite, schon 1981 viel hiervon durch den Kongreß. In der Bevölkerung wuchs ihm vor allem auch Unterstützung zu nach einem auf ihn im März verübten Mordanschlag, bei dem er einige Schußwunden davontrug. Im Herbst jenes Jahres freilich verschärfte sich die Rezession, und in der Öffentlichkeit wurden Stimmen immer lauter, daß die »Reaganomics« vor allem den Reichen nützten. Insbesondere wurde das staatliche Sparprogramm aber konterkariert durch eine massive Vermehrung der Verteidigungsausgaben. 1982 war die Arbeitslosigkeit so hoch wie seit 40 Jahren nicht mehr. Doch Reagan hielt durch. 1983 erhellte sich die Wirtschaftsszene etwas, die Inflation fiel, der Aktienmarkt zog an und die Produktionsziffern stiegen. Daß ein guter Teil dieser Erholung von den wachsenden Militärausgaben getragen wurde, schien die Öffentlichkeit nicht weiter zu beunruhigen.

Dabei gab es während Reagans erster Amtszeit keine direkten Konfrontationen mit der Sowjetunion, sondern nur verschiedene Aktivitäten auf Nebenschauplätzen des Kalten Krieges. Im Gefolge der israelischen Invasion im Libanon 1982 entsandten die Vereinigten Staaten und andere Nationen Friedenssicherungstruppen. Dies führte allerdings im nächsten Jahr zu einer Tragödie, als 241 der amerikanischen Soldaten durch einen terroristischen Anschlag ums Leben kamen. 1984 wurden die Kräfte deshalb wieder abgezogen. 1983 besorgten amerikanische Truppen die Beseitigung eines linksgerichteten Regimes auf der Karibikinsel Grenada, und über die Jahre hinweg arbeitete der amerikanische Geheimdienst CIA immer ungenierter auf den Umsturz der 1979 in Nicaragua an die Macht gekommenen Sandinistas hin.

Die erwähnten wirtschaftlichen Maßnahmen wie auch die antikommunistischen Aktivitäten Reagans gefielen vor allem in konservativen Kreisen, während sich in Minderheiten, bei Umweltschützern und Atomkriegsgegnern beträchtlicher Unmut regte. Für die Präsidentschaftswahl 1984 wurde Reagan jedenfalls trotz seines Alters von den Republikanern wie selbstverständlich erneut aufgestellt. Die Demokraten suchten ihren etwas blassen Kandidaten Walter F. Mondale durch eine unerwartete Novität abzustützen, nämlich die Präsentation einer weiblichen Vizepräsidentenkandidatin. Doch Reagans strahlender Optimismus und die sich verbessernde Wirtschaftslage erbrachten einen immensen Republikanischen Erfolg, gewann der Präsident doch in jedem Staat der Union mit Ausnahme von Mondales Heimatstaat Minnesota.

Das glänzende Bild zeigte allerdings nicht den ganzen Zustand des Landes. Große Außenhandelsdefizite, strukturelle Schwierigkeiten in der Landwirtschaft und ein Loch im Bundesbudget in Höhe von 211 Milliarden Dollar allein im Jahre 1985 konnten durchaus Anlaß zu einiger Besorgnis geben. Und gänzlich unschön war der sich entwickelnde Iran-Contra-Skandal. In ihrem Bestreben, das Sandinista-Regime in Nicaragua zu beseitigen, stützte sich die CIA stark auf dortige Gegenkräfte, die sogenannten Contras. Der amerikanische Kongreß aber verbot ab 1983 materielle Hilfe für die Contras. Reagans Regierung, nicht gesonnen, ihre Aktivitäten aufzugeben, bemühte sich um Finanzmittel aus anderen Quellen. Mitarbeiter des National Security Council, einer mit Verteidigungsmaßnahmen befaßten Behörde, verkauften unter anderem Waffen an den Iran und setzten dabei eingenommene Gelder für die Contras ein. Die Sache flog im November 1986 auf, und die Presse beschäftigte sich danach monatelang mit der Affäre. Reagan gab dabei eine denkbar schlechte Figur ab. Denn entweder hatte er von den Machenschaften nichts gewußt, wie er behauptete, und war deshalb zumindest inkompetent zu schelten. Oder aber, was allmählich wahrscheinlicher wurde, er war durchaus informiert gewesen und sagte folglich bewußt die Unwahrheit.

Obendrein kollabierte im Oktober 1987 der Aktienmarkt an der Wallstreet in einer der Panik von 1929 vergleichbaren Weise. Aber Reagan war ein Mann seltener Fortüne. Die New Yorker Börse erholte sich bald wieder, und auch im wichtigsten Bereich der Außenbeziehungen, dem Verhältnis zur Sowjetunion, entwickelten sich die Dinge schließlich in für die amerikanische Regierung positiver Weise. Die amerikanischen Rüstungsanstrengungen, von denen die »Star-Wars«-Initiative mit dem Ziel der Errichtung eines schützenden Raketenschirms die bei weitem kostspieligste werden sollte, hatten zumindest den erfreulichen Effekt, die Sowjetunion an den Rand ihrer Konkurrenzmöglichkeiten zu treiben. Reagan traf sich ab 1985 mehrmals mit dem sowjetischen Parteisekretär Michail Gorbatschow. Eine groß publizierte Begegnung auf Island im Oktober 1986 hinterließ mancherlei Fragen hinsichtlich der Verhandlungskompetenz des amerikanischen Präsidenten, aber im Dezember 1987 konnte ein strahlender Reagan zusammen mit Gorbatschow in Washington einen Vertrag zur beidseitigen Reduzierung der Raketenarsenale unterzeichnen, und im Mai 1988 reiste der amerikanische Präsident zu einem Gegenbesuch nach Moskau.

So endete Reagans Amtszeit in warmem Licht. Das Land zeigte wirtschaftliche Prosperität, mochte diese auch mehr oberflächlichen als profunden Charakters sein. Dauerhaft war auf jeden Fall der außenpolitische Erfolg, denn das Einlenken der Sowjetunion war der Vorbote von deren sich bald einstellendem Kollaps, und die Reagansche Politik hatte hierzu wohl einen gehörigen Teil beigetragen. Das Ehepaar Reagan zog sich nach dem Antritt des Nachfolgers George H. W. ↑Bush nach Kalifornien zurück. Dort verschlechterte sich allerdings die Gesundheit des Altpräsidenten rasch. 1994 gab er selbst bekannt, daß er an der Alzheimer-Krankheit leide. Sein noch ein Jahrzehnt währendes Siechtum trug er unverzagt, bis sein Tod endlich ihn und seine Umgebung erlöste.

Reagans Platz in der Geschichte ist noch Gegenstand eifriger Debatte. Seine Absicht, die Rolle des Staates im Leben des einzelnen zu verringern, hat er sicher nicht zu verwirklichen vermocht, aber die Prioritäten haben sich verändert. Während zuvor wohlfahrtsstaatliche Ziele und Umweltschutz die Agenda bestimmten, verschob sich das Regierungsinteresse unter ihm in Richtung Verteidigungsfragen. Viele soziale Probleme wurden vernachlässigt, so die steigenden Krankheitskosten, die Armut in den Slums, die Unterfinanzierung der Universitäten, der Drogenmißbrauch. Verteidiger der Reaganschen Präsidentschaft weisen andererseits wohl nicht zu Unrecht darauf hin, daß es vermutlich nicht zuletzt seine forcierten Rüstungsanstrengungen waren, welche die Sowjetunion in den Zusammenbruch trieben und damit den Kalten Krieg beendeten. Und es war sicher auch ein Verdienst, daß er dem amerikanischen Präsidentenamt nach der Unehre und den Beschämungen der voraufgegangenen Jahrzehnte wieder eine gewisse Würde verlieh. Seine Motivationen und auch seinen eigentlichen *modus operandi* wird man besser verstehen, wenn einmal sein Nachlaß vollends zugänglich gemacht wird. Es scheint jedoch schon jetzt, daß man auch ihn als einen der bedeutenderen amerikanischen Präsidenten des 20. Jahrhunderts wird einschätzen wollen.

Lit.: W. Elliot Brownlee und Hugh Davis Graham, Hgg., *The Reagan Presidency: Pragmatic Conservatism and Its Legacies* (2003); Jules Tygiel, *Ronald Reagan and the Triumph of American Conservatism* (2004); Lee Edwards, *The Essential Ronald Reagan: A Profile in Courage, Justice and Wisdom* (2005); Paul Kengor, *The Reagan Presidency: Assessing the Man and His Legacy* (2005).

George Herbert Walker Bush

41. Präsident (1989–1993)

Geboren	12.6.1924 Milton, Massachusetts
Konfession	Episkopalkirche (anglikanisch)
Heirat	6.1.1945 mit Barbara Pierce (1925–)
Kinder	Sechs
Partei	Republikaner
Amtszeit	20.1.1989–20.1.1993
Gestorben	–
Grab	–

»Der wenig schöne Laut, den Bush von sich gibt, wenn er von einer konservativen Zusammenkunft zur nächsten trapst«, schrieb ein Leitartikler vor dem Präsidentschaftswahlkampf 1988, »ist ein dünnes, blechernes Wau, das Geräusch eines Schoßhundes.« Dies war sehr maliziös. Aber zwei Körnchen Wahrheit mochten vielleicht doch in dieser Feststellung stecken. Das eine war die bedingungslose Anhänglichkeit, mit der George Herbert Walker Bush zwei Vizepräsidentenperioden lang seinem Präsidenten Ronald W. ↑Reagan zur Seite, oder besser gesagt, nachgestanden hatte. Das andere war die Profillosigkeit, die in vieler Leute Augen noch immer sein Hauptcharakteristikum war. Man erahnte, daß er sich als Konservativen betrachtete, und man wußte, daß er sich in Diplomatie und Bürokratie zurechtfand. Aber im Vergleich zu Reagan, auch dem vorpräsidentiellen, war er noch eine blasse Figur, mit hoher Stimme und eifrigem Gehabe, aber fraglicher Substanz.

Bush war einer jener Präsidenten, die in vermögende Familien hineingeboren wurden und materielle Beschränkung nur vom Hörensagen kannten. Seine Mutter war die Tochter eines prominenten Wallstreetbankiers, sein Vater war ebenfalls Bankier und saß in den 1950er Jahren elf Jahre lang im amerikanischen Senat. Aber wenn Bush auch verwöhnt war, so mangelte es ihm doch nicht an beträchtlicher Tapferkeit. Im Zweiten Weltkrieg wurde er als Marinepilot einmal über dem Pazifik abgeschossen, und ein U-Boot rettete ihn. Neunzehnjährig verlobte er sich dann mit der ebenfalls aus begütertem Hause kommenden Barbara Pierce; zwei Jahre später wurde geheiratet. Während Barbara ihre Collegeausbildung abgebrochen hatte – im Lauf der Jahre kamen insgesamt sechs Kinder –, bezog Ehemann George nun die Yale University. Dort brillierte er im Baseball und erwarb einen Bachelorgrad in Volkswirtschaft.

Bush folgte seinem Vater nicht in die Banksparte, sondern stieg im westlichen Texas ins Ölgeschäft ein, wo er mit Hilfe von Freunden der Familie sowie durch Tatkraft und Geschäftssinn reüssierte. Mitte der 1950er Jahre faßte er – sein Vater war gerade Senator geworden – eine politische Karriere ins Auge. Nach einiger Betätigung in der texanischen Lokalpolitik kandidierte er bereits 1964 als Republikaner für den amerikanischen Senat, verlor aber gegen seinen Demokratischen Rivalen. Bescheidener geworden, bewarb er sich zwei Jahre später um einen Sitz im Repräsentantenhaus und wurde gewählt. 1968 stimmte er für ein Bürgerrechtsgesetz, was aber die Mehrheit der weißen Wählerschaft in seinem Wahlbezirk Houston nicht goutierte. Als er 1970 erneut für einen Senatssitz kandidierte, fiel er wiederum durch.

Präsident Richard M. ↑Nixon fand Bushs Vorwärtsdrang belohnenswert. Er ernannte ihn 1971 zum amerikanischen Vertreter bei den Vereinten Nationen und machte ihn 1973 zum Vorsitzenden des Republikanischen Nationalkomitees, also praktisch zum Geschäftsführer der Partei auf nationaler Ebene. Im kurz darauf einsetzenden Watergateskandal verteidigte Bush dafür Nixon, bis er ihm schließlich den Rücktritt empfehlen mußte. Der neue Präsident Gerald R. ↑Ford, Jr. entsandte Bush in das Liaisonbüro – es gab ja noch keine offiziellen diplomatischen Beziehungen – in Peking. Ende 1975 übertrug er ihm eine noch wesentlich heiklere Aufgabe, diejenige des Direktors der durch mancherlei Watergateenthüllungen angeschlagenen Central Intelligence Agency (CIA). Bush brachte wieder Ruhe in den Geheimdienst und hob die Moral der Mitarbeiter.

Als der Demokrat Jimmy ↑Carter 1977 Präsident wurde, verließ Bush die CIA und übernahm in Houston die Leitung einer Bank. Zugleich begann er aber auch, seine Kandidatur für den Präsidentschaftswahlkampf 1980 vorzubereiten. Freilich gab es dann einen noch aussichtsreicheren Bewerber, den im Umgang mit den Medien kaum schlagbaren Reagan. Bush gewann zwar die Vorwahl in Iowa, aber als er in Texas verlor, gab er zugunsten Reagans auf. Auf dem Nominierungsparteitag in Detroit belohnte ihn dieser dafür mit der Nominierung für das Vizepräsidentenamt. Während der folgenden acht Jahre hielt sich Bush weitgehend im Hintergrund, versuchte aber nach Möglichkeit, den Präsidenten von Belanglosem zu entlasten. Hierzu gehörte die Vertretung bei einer Unzahl von Staatsbegräbnissen. Humorvoll, wie er durchaus sein konnte, sagte er einmal, sein Motto sei »You die, I fly«. Die Politik Reagans schien er voll zu billigen. Und wie diesem, so bereitete auch Bush der Iran-Contra-Skandal einigen Verdruß. Kritiker behaupteten, er hätte von den Vorgängen wissen müssen und wohl auch gewußt. Er versicherte beredt und nicht für alle glaubhaft das Gegenteil.

Es blieb jedenfalls nicht genug an Bush hängen, um seine Präsidentschaftskandidatur 1988 in Frage zu stellen. Endlich war er der unbestrittene Favorit. Auf dem Parteitag in New Orleans wurde er in der ersten Abstimmungsrunde aufgestellt. Sein Kandidat für die Vizepräsidentschaft, Senator J. Danforth Quayle aus Indiana, war jung und sah gut aus. Seine offensichtliche Naivität und Ungeeignetheit schadeten dann auf die Dauer nicht weiter. Zum Glück für Bush war auch der Demokratische Gegenkandidat Michael S. Dukakis, der Gouverneur von Massachusetts, ein Leichtgewicht. Bush gewann mit 54 Prozent der Wähler- und 426 der 538 Wahlmännerstimmen.

Während der ersten zweieinhalb Jahre seiner Präsidentschaft agierte Bush außenpolitisch zielsicher und entschlossen. Der Zusammenbruch des Kommunismus in Mittel- und Osteuropa 1989–1990 und das wachsende Chaos und die Wirtschaftskrise in der Sowjetunion stellten nicht nur Herausforderungen dar, sondern boten auch Chancen. Bei mehreren Begegnungen mit dem sowjetischen Staatsoberhaupt Michail Gorbatschow handelte Bush Verträge über Rüstungsbeschränkungen und anderes aus. Für deutsche Belange wesentlich wurde, daß er im Gegensatz zu den zögernden beiden anderen Westmächten Großbritannien und Frankreich Bundeskanzler Helmut Kohl bei dessen Bemühungen um die Wiedervereinigung der beiden Teile Deutschlands vorbehaltlos unterstützte. Den sich aus der Sowjetunion herauslösenden Staaten gewährte er umgehend diplomatische Anerkennung, und mit dem russischen Nachfolger Gorbatschows, Boris N. Jelzin, vereinbarte er ebenfalls eine substantielle Verringerung des Atomwaffenarsenals.

Auch anderwärts zeigte Bush Willen zum Engagement. Schon lange ärgerte der starke Mann Panamas, General Manuel Noriega, einst ihr bezahlter Agent, die Amerikaner. Als ein amerikanischer Soldat getötet wurde, ließ Bush im Dezember 1989 Noriega durch amerikanisches Militär festnehmen und in die Vereinigten Staaten bringen, wo er unter anderem wegen Drogenhandels verurteilt und eingesperrt wurde. Von sehr viel größerer Bedeutung aber war Bushs Eingreifen am Persischen Golf. Als der irakische Machthaber Saddam Hussein im August 1990 seine Truppen in das benachbarte Kuwait einmarschieren ließ, sandte Bush auf Bitten Saudi-Arabiens Truppen dorthin. Im November billigte der Sicherheitsrat der Vereinten Nationen die militärische Rückeroberung Kuwaits, und der amerikanische Kongreß stimmte im Januar 1991 der »Operation Desert Shield« zu. Die Streitkräfte der Vereinigten Staaten waren inzwischen auf über 500 000 Mann und 1800 Flugzeuge angewachsen. Zusammen mit den Kontingenten 30 anderer Länder begannen sie Ende Februar eine Landoffensive und bezwangen innerhalb von vier Tagen den irakischen Gegner. Allerdings beließ es Bush dabei; obwohl der Weg nach Bagdad offenstand, befahl er, den Vormarsch einzustellen. Die Weisheit dieses Entschlusses wird seither heftig diskutiert. Er kam möglicherweise auf arabischen Druck zustande, wohl auch aufgrund der Überlegung, daß eine Beseitigung Husseins das nahöstliche Gleichgewicht allzusehr gestört hätte.

Für seine Außenpolitik erhielt Bush viel Zustimmung. Entsprechenden Beifall vermochte er auf der innenpolitischen Szene dagegen nicht zu gewinnen, vor allem schon deshalb nicht, weil er hier vor substantiellen Maßnahmen zurückschreckte. Aus der Reaganzeit hatte er das stetig steigende Defizit des Bundes übernommen, aber auf dem Wahlparteitag hatte er dem jubelnden Parteivolk versichert: »Read my lips, no new taxes«. Die Fessel dieser Zusicherung behinderte ihn viele Monate, bis er sich schließlich im Mai 1990 mit den Gemäßigten beider Parteien auf einen Kompromiß einigte, durch den Steuern erhöht, Bundesausgaben reduziert und Wachstumsanreize für die Wirtschaft gewährt wurden. Diesen Bruch seines Versprechens hat ihm die Öffentlichkeit freilich nie ganz verziehen, zumal die wirtschaftliche Stagnation andauerte. Noch im gleichen Jahr fiel der Produktionsindex sogar auf Rezessionsniveau, und die Arbeitslosigkeit stieg auf den höchsten Stand seit 1984. Bushs hektische Betriebsamkeit und sein unausgesetzter Optimismus vermochten hier nur wenig Abhilfe zu schaffen.

Trotz solcher innenpolitischer Probleme konnte Bush dem Präsidentschaftswahlkampf 1992 aufgrund seines im Golfkrieg gewonnenen Popularitätszuwachses mit einiger Zuversicht entgegensehen. Ein Republikanischer Mitbewerber, der bekannte Leitartikler Patrick J. Buchanan, ging noch vor dem Nominierungsparteitag in Houston aus dem Rennen, und Bush wurde zusammen mit Quayle im ersten Abstimmungsgang aufgestellt. Aber der eigentliche Wahlkampf erwies sich dann als unerwartet schwierig. Der Demokratische Gegenkandidat, Bill ↑Clinton, war jugendlich-schwungvoll und stellte zielbewußt die Wirtschaftsdefizite der amtierenden Regierung in den Vordergrund. Noch schädlicher für Bushs sich ankündigende Niederlage war das Erscheinen eines dritten Präsidentschaftsbewerbers, des Milliardärs Henry Ross Perot. Wenn dieser auch wohl kaum jemals eine ernsthafte Chance besaß, gewählt zu werden, so zog er letztlich aufgrund seines unorthodoxen Auftretens dann immerhin 19 Prozent der abgegebenen Stimmen auf sich. Viele Beobachter mochten recht haben mit der Ansicht, daß Bush ohne ihn wahrscheinlich nochmals den Sieg davongetragen hätte. So aber unterlag er Clinton mit knapp 38 zu 43 Prozent der Stimmen.

Bush kehrte nach der Amtsübergabe nach Texas zurück. Die erfahrene Demütigung schmerzte ihn. Andererseits konnten er und seine Frau Barbara einige Befriedigung darin finden, daß ihr Sohn George W. ↑Bush nicht nur 1994 zum Gouverneur von Texas, sondern 2000 auch zum Präsidenten der Vereinigten Staaten gewählt wurde, und dessen Bruder Jeb 1998 ebenfalls ein Gouverneursamt, nämlich das von Florida, errang. Und des Vaters Platz in der Geschichte wird später sicher weniger nach den Umständen bemessen werden, die zu seinem Abgang führten, als im Hinblick auf seine Bewältigung der ihm vom Zusammenbruch des Ostblocks auferlegten Herausforderungen und insbesondere auch auf seine Führung des Golfkrieges. Man wird vermutlich zumindest finden, daß er seine Aufgabe nach bestem Vermögen, mit Hingabe und Verantwortungsbewußtheit zu erledigen sich bemüht hat.

Lit.: Herbert S. Parmet, *George Bush: The Life of a Lone Star Yankee* (2000); William Levantrosser und Rosanna Perotti, Hgg., *A Noble Calling: Character and the George H. W. Bush Presidency* (2004); Peter Schweizer und Rochelle Schweizer, *The Bushes: Portrait of a Dynasty* (2004); Tom Wicker, *George Herbert Walker Bush* (2004).

William Jefferson Clinton

42. Präsident (1993–2001)

Geboren	19.8.1946 Hope, Arkansas
Konfession	Baptist
Heirat	11.10.1975 mit Hillary Diane Rodham (1947–)
Kinder	Eines
Partei	Demokrat
Amtszeit	20.1.1993–20.1.2001
Gestorben	–
Grab	–

Bill Clinton war einer der begabtesten und intelligentesten Männer, die jemals das Amt des amerikanischen Präsidenten ausübten. Sein facettenreiches persönliches Leben und sein vieldiskutierter Charakter führten jedoch beinahe dazu, daß er aus dem Weißen Haus gejagt wurde. Andererseits erfreuten sich die Vereinigten Staaten während seiner Amtszeit der längsten wirtschaftlichen Wachstumsperiode, die sie jemals in Friedenszeiten erlebten.

Clinton hieß erst William Jefferson Blythe IV, nach seinem Vater, der aber bereits drei Monate vor der Geburt des Kindes bei einem Autounfall ums Leben kam. Seine Mutter heiratete vier Jahre später den Automobilhändler Roger Clinton, dessen Namen auch der junge Bill übernahm, als noch ein Stiefbruder geboren wurde. So arm, wie er später gern durchblicken ließ, war sein Elternhaus in Hot Springs, Arkansas nicht, aber es mag sein, daß der häufige Streit der Mutter mit dem alkoholkranken Stiefvater die Entwicklung des hochintelligenten Jungen beeinflußte. Mit 16 Jahren durfte er innerhalb eines Jugendprogramms Präsident John F. ↑Kennedy die Hand drücken, was ihn angeblich eine politische Karriere ins Auge fassen ließ. Jedenfalls studierte er Politikwissenschaft, als er ein Stipendium für die renommierte Georgetown University in Washington erhielt, und arbeitete nebenbei im Büro des Senators J. William Fulbright aus Arkansas. Letztere Verbindung mag dabei geholfen haben, daß er auch eines der prestigeträchtigen Rhodes-Scholar-Stipendien für ein zweijähriges Studium im englischen Oxford gewann. Danach ging er an die Yale University, um Jura zu studieren. Dort traf er Hillary Rodham, die Tochter eines wohletablierten Chicagoer Tuchhändlers.

Als Clinton und Rodham 1975 heirateten, unterrichtete er bereits an der juristischen Fakultät der University of Arkansas. Doch es zog ihn in die Politik. Schon im Jahr zuvor hatte er sich vergeblich um einen Sitz im amerikanischen Repräsentantenhaus beworben. 1976 gelang es ihm, zum Justizminister von Arkansas gewählt zu werden und zwei Jahre später bereits zum Gouverneur. Mit 32 Jahren war er das jüngste Oberhaupt eines Einzelstaates. Dies machte ihn offenbar überheblich, zumal manche Beobachter schon von präsidentiellen Möglichkeiten sprachen. Man nahm ihm vor Ort jedoch übel, daß er die Autonummernschilder verteuerte, seine Frau noch ihren Mädchennamen führte und er sich, langhaarig und arrogant, um lokale Belange nicht sonderlich kümmerte. 1980 abgewählt, stellte er sich daraufhin 1982 erneut zur Wahl, mit kürzerem Haar, einer Entschuldigung für seine Irrtümer und einer Ehefrau namens Clinton. Er wurde von da an die ganzen 1980er Jahre hindurch wiedergewählt. In Arkansas erachtete man seine Regierung nun als durchaus kompetent, und besonders seine Reform des Bildungswesens bekam über die Staatsgrenzen hinaus viel Lob und Anerkennung.

Clinton hielt nichtsdestoweniger ständig Kontakt zur nationalen Szene. Schon 1972 hatte er den Wahlkampf des damaligen Demokratischen Präsidentschaftskandidaten George S. McGovern in Texas geleitet. In den 1980er Jahren war er aktiv im Democratic Leadership Council, einer innerparteilichen gemäßigten Gruppierung. 1988 durfte er auf dem Demokratischen Nominierungsparteitag in Atlanta den Kandidaten Michael S. Dukakis einführen. Im Grunde war Clinton ein hervorragender Redner, doch diesmal langweilte er das Parteivolk, bis es buhte. In für ihn typischer Manier gelang es ihm, den Fehler wieder auszubügeln, indem er wenig später in der Late-Night-Show bei Johnny Carson (dem frühen Vorbild des Deutschen Harald Schmidt) amüsiert sich selbst kritisierte.

Der Kampf um die eigene Nominierung 1992 war hart. Zwar traten einige mögliche Demokratische Mitbewerber nicht an, da sie den Republikanischen Präsidenten George H.W. ↑Bush nach dem Sieg im Golfkrieg für zu stark hielten. Aber Clinton behelligten inzwischen öffentliche Zweifel an seiner charakterlichen Eignung. Es gab Gerüchte über eheliche Untreue, die auch nach gemeinsamen Auftritten mit Gattin Hillary nicht verstummten. Außerdem wurde ihm vorgeworfen, daß er sich durch allerlei Tricks um den Wehrdienst in Vietnam gedrückt habe. Und er mußte zugeben, daß er in Oxford Marihuana geraucht hatte, wenn auch, wie er betonte, »ohne zu inhalieren«. Aber da im Demokratischen Lager überzeugendere Bewerber nicht auftraten, hatte er trotz allem schon lange vor dem Parteitag in New York genügend Delegierte hinter sich. Als Vizepräsidentschaftskandidaten wählte er Senator Albert Gore, Jr. aus Tennessee. Daß damit beide Demokratischen Aspiranten aus dem Süden stammten, störte dann im eigentlichen Wahlkampf offensichtlich nicht. Clinton erkannte klar die Schwachstelle Bushs, nämlich die wirtschaftlichen Schwierigkeiten des Landes. Er versprach Arbeitsbeschaffung, Reduzierung der Militärausgaben zugunsten ziviler Zwecke, eine Gesundheitsreform und vieles mehr. Wahrscheinlich hätte er trotzdem nicht gewonnen, hätte nicht ein starker dritter Kandidat, der Milliardär Henry Ross Perot, viele Republikanische Stimmen auf sich gezogen. Die Auszählung im November 1992 ergab 43 Prozent für Clinton, 38 für Bush und 19 für Perot.

Clintons Präsidentschaft begann nicht sonderlich glücklich. Er geriet schon im Januar 1993 in einen erbitterten Streit mit der Militärführung, als er die Zulassung von Homosexuellen in den Truppen durchdrücken wollte. Man einigte sich schließlich auf die

Formel »Don't ask, don't tell«, also die Nichtbeachtung bei Nichtauffallen. Immerhin errang Clinton dann mehrere Erfolge im wirtschaftlichen Bereich. Mit knappster Mehrheit brachte er ein Ausgabenbeschränkungs- und Steuererhöhungspaket durch den Kongreß. Und nachdem 1989 schon ein bilateraler Freihandelsvertrag mit Kanada abgeschlossen worden war, trat nach langen Verhandlungen Anfang 1994 auch Mexiko diesem NAFTA (North American Free Trade Agreement) genannten Abkommen bei. 1995 wurde mit maßgeblicher amerikanischer Beteiligung die World Trade Organization (WTO) eingerichtet. Doch es gab auch Rückschläge. Zum Mißfallen nicht weniger Kritiker, die das unpassend fanden, beauftragte Clinton seine Frau mit der Ausarbeitung einer Reform des Gesundheitswesens. Als sich die Versicherungsindustrie entschlossen den Plänen entgegenstellte, versandete das Vorhaben freilich rasch. Bei Waco, Texas belagerte eine Einheit eines Bundespolizeidienstes die festungsartig ausgebaute Kommune einer Sekte 51 Tage lang, bis der Gebäudekomplex abbrannte und über 70 Sektenmitglieder in den Flammen umkamen.

Auch in der Außenpolitik agierte die Regierung Clinton mit gemischtem Erfolg. Eine noch unter Bush begonnene Friedensoperation in Somalia endete 1994 mit dem Tod von 18 amerikanischen Soldaten unter beschämenden Umständen. Andererseits konnte Clinton Anerkennung für ein Nachlassen der Spannungen im Nahen Osten beanspruchen, veranlaßte er doch den palästinensischen Führer Yassir Arafat und den israelischen Ministerpräsidenten Yitzhak Rabin zu einem historischen Händedruck auf dem Rasen vor dem Weißen Haus, worauf noch 1994 ein Friedensvertrag zwischen Jordanien und Israel folgte. Und im nächsten Jahr wurde in Dayton, Ohio das Verständigungsabkommen zwischen den sich bekriegenden Parteien in Bosnien-Herzegowina unterzeichnet.

So konnte die amerikanische Öffentlichkeit die Bilanz der ersten Amtsperiode Clintons als insgesamt durchaus positiv erachten, zumal die Wirtschaft immer mehr an Fahrt gewann. Im Wahlkampf 1996 traten er und Gore wiederum an und hatten dann gegen den schwachen Republikanischen Kandidaten Robert J. Dole keine allzu große Mühe. Sie gewannen mit 49 Prozent der Stimmen, gegen

41 für Dole und 8 für den sich ebenfalls nochmals bewerbenden Perot.

Manche Beobachter der politischen Szene wiesen allerdings darauf hin, daß es Clinton zum zweiten Mal nicht gelungen war, die absolute Mehrheit der wählenden Amerikaner für sich einzunehmen. Und sie wußten dann zumeist auch den Grund hierfür, nämlich die inzwischen immer lauter werdenden Zweifel an Clintons charakterlicher Substanz. Da war zum einen die recht undurchsichtige Whitewater-Affäre, wobei es um einen Immobilienhandel in Arkansas ging; seit 1994 versuchte ein eigens eingesetzter Untersuchungsrichter, Licht in die Angelegenheit zu bringen, in die sowohl Clinton als auch seine Frau Hillary verstrickt schienen. Daneben gab es das Gemunkel über frühere und vielleicht auch aktuelle sexuelle Eskapaden des Präsidenten, die sich exemplarisch im April 1994 zu der gerichtlichen Klage der Staatsangestellten Paula C. Jones verdichteten, die angab, 1991 vom damaligen Gouverneur Clinton belästigt worden zu sein.

All das konnte Clinton vor der Wahl noch in den Hintergrund drängen. Aber während seiner zweiten Amtszeit beherrschte diese Art von Bezichtigungen bald die öffentliche Diskussion derart, daß der politische Diskurs darunter beträchtlich litt. In der Jonesaffäre mußte Clinton endlich im August 1998 vor Gericht aussagen; zu einer Verurteilung kam es nicht, doch zahlte er später an Jones eine Entschädigung in Höhe von 850 000 Dollar. Inzwischen aber dominierte ein noch handfesterer Skandal die Schlagzeilen, denn es war ruchbar geworden, daß Clinton seit November 1995 in seinen Büroräumen im Weißen Haus ein sexuelles Verhältnis mit einer Praktikantin namens Monica Lewinsky unterhalten hatte. Noch im Januar hatte er dies vor der Presse vehement abgeleugnet. Bei seiner Vernehmung im Jonesprozeß gab er schließlich »unpassendes« Verhalten zu, und es zeigte sich, daß er zuvor schon vor Rechtsanwälten eidliche Falschaussagen gemacht hatte. Im Dezember beschritt daraufhin das Repräsentantenhaus den verfassungsgemäßen Weg zu einer Amtsenthebung, beschuldigte den Präsidenten des Meineids sowie des Versuchs der Justizbehinderung und empfahl dem Senat, die Absetzung zu dekretieren. Die Senatoren allerdings versagten sich im Februar 1999 mit knappster Mehrheit dieser Aufforderung, vermutlich nicht zuletzt deshalb, weil Clinton in der Bevölkerung aufgrund der guten Wirtschaftsentwicklung ordentlichen Rückhalt besaß, und wohl auch, weil ihm nur noch ein Jahr im Amt verblieb. Während dieses Jahres hielt sich Clinton dann auch zurück, bis er im folgenden Januar das Weiße Haus verließ.

Die meisten Amerikaner empfanden, daß die Amtsführung Clintons im Grunde gut für das Land gewesen war. Es herrschte allgemeine Prosperität, und Clintons Politik der kleinen Schritte, sowohl was Reformen im Inneren als auch Friedensbemühungen außerhalb der amerikanischen Grenzen betraf, wurde allgemein als zweckmäßig und vernünftig gesehen. Wahrscheinlich drückte einer seiner zeitweiligen Helfer, George Stephanopoulos, die geltende Meinung recht treffend aus, als er in seinen Memoiren seufzte: »Wäre dieser gute Präsident doch nur ein besserer Mann gewesen.« In seinen nachpräsidentiellen Jahren schrieb auch Clinton seine Memoiren, und gegen hohe Gagen gab er vielerorts seine Ansichten zu Vergangenheit und Gegenwart kund. Die Paradoxe seiner Präsidentschaft aber werden wohl noch länger von den Historikern diskutiert werden.

Lit.: William J. Bennett, *The Death of Outrage: Bill Clinton and the Assault on American Ideals* (1998); Steven E. Schier, Hg., *The Postmodern Presidency: Bill Clinton's Legacy in U. S. Politics* (2000); Joe Klein, *The Natural: The Misunderstood Presidency of Bill Clinton* (2002); Nigel Hamilton, *Bill Clinton: An American Journey* (2003; Jugend).

George Walker Bush

43. Präsident (2001–)

Geboren	6.7.1946 New Haven, Connecticut
Konfession	Episkopalkirche (anglikanisch); Methodist
Heirat	5.11.1977 Laura Welch (1946–)
Kinder	Zwei
Partei	Republikaner
Amtszeit	20.1.2001–
Gestorben	–
Grab	–

Als George Walker Bush Mitte der 1990er Jahre ins Licht der amerikanischen Öffentlichkeit trat, wußte man nicht so recht, wie man ihn nennen sollte. Er mochte anders sein als sein Vater, der vormalige Präsident der Vereinigten Staaten, doch sein Name war praktisch der gleiche. In seinem Heimatstaat Texas hatte man ihn in seiner Jugend deshalb oft »Dabju« genannt, mit texanischer Aussprache des englischen W (im Gegensatz zum väterlichen H. W.). Inzwischen wurde wesentlich schwieriger als die Identifikation der Person die Bewertung der präsidentiellen Leistung. Hätten ihn die Amerikaner nach seiner ersten Amtszeit abgewählt, so hätte man ihn wohl unter diejenigen Inhaber des höchsten Amtes einreihen wollen, die mit beträchtlichem Anspruch antraten, solchem aber nicht zu genügen vermochten. Doch er wurde 2004 mit guter Mehrheit wiedergewählt.

Wie kam es überhaupt, daß George W. der zweite Präsident wurde – nach John Quincy ↑Adams –, dessen Vater bereits im Weißen Haus residiert hatte? Während Adams von Jugend an für hohe Hoffnungen Grund bot, war in Bushs Fall die Herkunft aus wohlsituierter und politisch bestens verknüpfter Familie gewiß keine Garantie für eigene politische Distinktion. Das erste von sechs Kindern seiner aus dem Nordosten des Landes stammenden Eltern, wuchs er ab seinem zweiten Lebensjahr in Texas auf und empfand seither diesen Staat als seine Heimat. Mit 15 Jahren wurde er auf eine der teuersten amerikanischen Privatschulen nach Massachusetts geschickt, danach studierte er Geschichte an der Yale University, aber jedesmal war der Erfolg mäßig. Danach drohte der Militärdienst. Doch väterliche Hilfe im Hintergrund, so vermutet man, verschaffte ihm eine bevorzugte Aufnahme in den Luftwaffenzweig der texanischen Nationalgarde, wodurch die Entsendung nach Vietnam entfiel. Als ihn die University of Texas in Austin nicht zum Jurastudium zuließ, erwarb er an der Harvard University einen Magistergrad in Business Administration. Während dieser Jahre führte er ein recht lustiges Leben und trank vor allem auch mehr Alkohol, als auf die Dauer gut sein konnte.

Aber Bush kam rechtzeitig zur Besinnung. Mit 40 Jahren trat er zum Methodismus seiner Frau Laura über, die er 1976 geheiratet hatte, und entsagte von da an dem Alkohol. Ein Versuch, in der Ölbranche Fuß zu fassen, schlug allerdings mehr oder weniger fehl. Zuvor hatte er vergeblich versucht, in den Kongreß gewählt zu werden. Doch als aktiver Helfer in der Präsidentschaftskampagne seines Vaters und danach als Manager einer professionellen Baseballmannschaft in Texas erwarb er wertvolle organisatorische Erfahrung. Durch letztere Tätigkeit bekannt geworden, bewarb er sich 1994 um den texanischen Gouverneursposten, und wider Erwarten vieler gelang es ihm, die bisherige, sehr angesehene Amtsinhaberin zu schlagen. Sich nun in der Öffentlichkeit als »compassionate conservative«, als mitfühlender Konservativer darstellend, beeindruckte Bush die Texaner durch Reformen im Erziehungswesen, seine Ablehnung eines Waffenverbots und seine offensichtliche Selbstdisziplin derart, daß sie ihn 1998 mit unerhörten 70 Prozent der Stimmen im Amt bestätigten.

Dieser Erfolg zog landesweite Aufmerksamkeit auf Bush, zumal sein Bruder Jeb gleichzeitig zum Gouverneur von Florida gewählt wurde. Er strebte nun die Präsidentschaftskandidatur der Republikanischen Partei an und konnte 2000 auch bald alle anderen Mitbewerber hinter sich lassen. Im eigentlichen Wahlkampf hatte er allerdings gegen seinen Demokratischen Rivalen, den bisherigen Vizepräsidenten Albert Gore, Jr., einen harten Stand. Dieser galt ohnehin bei vielen als Bush intellektuell überlegen. Doch letzterer vermochte sich in drei Fernsehdebatten zu behaupten, zeigte Sachkenntnis und Situationsbeherrschung. Der Wahlausgang war der knappste in der amerikanischen Geschichte, und alles hing zuletzt an der Stimmenauszählung in Florida. Es brauchte eine Entscheidung des Obersten Gerichts in Washington, bis Bush schließlich die 25 Wahlmänner des Staates und damit die Präsidentschaft gewann.

Bush hatte im Wahlkampf versprochen, Steuern zu senken, und im Mai 2001 konnte er auch ein umfangreiches Steuersenkungspaket durch den Kongreß bringen. Aber solche Probleme traten ab der Katastrophe des 11. September in den Hintergrund. Es wurde bald klar, daß die Luftpiraten, welche die Passagierflugzeuge in das New Yorker World Trade Center sowie in das Verteidigungsministerium in Washington gesteuert und dabei an die 3000 Menschen umgebracht hatten, der Verschwörergruppe Al-Qaida um den Saudiaraber Osama bin Laden angehörten. Bush verschrieb sich von nun an dem »Krieg gegen den Terrorismus«. Amerikanisches Militär beseitigte in Afghanistan noch 2001 die dortige Herrschaft der radikalen Taliban, die der Al-Qaida Entfaltungsmöglichkeit gewährt hatten. Ende 2002 stimmte der Kongreß der Errichtung eines Ministeriums für Landessicherheit (Homeland Security) zu, das 22 Dienststellen aus anderen Ministerien und Ämtern zur Terroristenbekämpfung zusammenfaßte. Und im folgenden Jahr gingen die Vereinigten Staaten noch einen großen Schritt weiter.

Schon lange irritierte der irakische Diktator Saddam Hussein die Vereinigten Staaten durch sein menschenverachtendes Regime. Verlangen nach dem irakischen Öl und Sorge um die Sicherheit Israels mochten dann auch eine Rolle spielen bei dem Entschluß, die Herrschaft des Diktators zu beenden. Von Großbritannien und einigen kleineren Staaten unterstützt, griffen im März 2003 jedenfalls gewaltige amerikanische Luft- und Landstreitkräfte den Irak an und besiegten rasch dessen Armee. Saddam Hussein selbst konnte im Dezember festgesetzt werden. Aber es blieben sehr zwiespältige Gefühle. Die völkerrechtliche Basis der Unternehmung wurde von Anbeginn anderwärts, vor allem auch in Frankreich und Deutschland, in Frage gestellt; sogar ein amerikanisches Senatskomitee bestritt später die als Kriegsgrund angegebene Existenz irakischer Massenvernichtungswaffen. Obendrein stellte sich auch vorerst kein durchschlagender Erfolg ein, stand die neue irakische Regierung doch auf wackligen Füßen, eines soliden Rückhalts in der ethnisch gespaltenen Bevölkerung entbehrend und geplagt von fortgesetzten blutigen Anschlägen.

Die militärischen Anstrengungen kosteten enorm viel Geld, und die amerikanische Regierung hätte vielleicht versuchen können, dieses durch Steuererhöhungen mindestens teilweise wieder hereinzubringen. Doch Bush setzte weiterhin auf Steuersenkungen, die seiner Ansicht nach die Wirtschaft stimulieren und auf diese Weise die Staatseinkünfte erhöhen würden. Die Demokraten bestritten die wirtschaftliche Vernunft dieser Maßnahmen. Aber Bushs Popularität sank trotz steigender Staatsverschuldung nicht, zumal die Arbeitslosigkeit, sicher nicht zuletzt durch die Regierungsaktivität, niedrig blieb und die Wirtschaft wuchs. Auch sein gutes Verhältnis zu Rußland – 2002 unterzeichnete Bush in Moskau einen Vertrag zur Reduzierung der Nuklearwaffen – stärkte sein Ansehen, und weite Kreise in der Bevölkerung teilten seine Ansichten über die Notwendigkeit eines Verbots gleichgeschlechtlicher Ehen und die Immoralität der Abtreibung. Als im November 2004 über eine zweite Amtszeit für ihn abgestimmt wurde, schien das Rennen zwar offen, und sein Demokratischer Gegner John F. Kerry konnte auf die Schwierigkeiten im Irak und fortdauernde soziale Ungerechtigkeiten im eigenen Land verweisen. Aber der Wahlausgang, der Bush mit soliden 51 Prozent der Wählerstimmen siegreich sah, erlaubte dem Präsidenten auch in seiner zweiten Amtsperiode die zuversichtliche Fortsetzung seiner bisherigen Politik. Freilich begannen 2005 seine Popularitätswerte in den Umfragen langsam zu sinken. Zwar sicherte ihm die trotz des hohen Staatshaushaltsdefizits fortdauernde Prosperität vorerst noch die Unterstützung durch die Mehrheit der Bevölkerung. Aber die latent weithin doch vorhandene Kritikbereitschaft erhielt dann neue Nahrung durch das anfangs sehr inkompetente Verhalten der Regierung und auch des Präsidenten persönlich während der Flutkatastrophe in New Orleans im Spätsommer 2005.

Lit.: Jon Kraus, Kevin J. McMahon und David M. Rankin, Hgg., *Transformed by Crisis: The Presidency of George W. Bush and American Politics* (2004); Steven E. Schier, Hg., *High Risk and Big Ambition: The Presidency of George W. Bush* (2004); Peter Schweizer und Rochelle Schweizer, *The Bushes: Portrait of a Dynasty* (2004); Bryan Hilliard, *George W. Bush: Evaluating the President at Midterm* (2005).

Präsidentschaftswahlen

Jahr	Zahl der Staaten	Kandidaten	Partei[1]	Anzahl der Wahlmänner[2] in Tsd	Anzahl der Stimmen	Stimmenanteil in Prozent[3]
1789	11	G.Washington	–	69		
		J. Adams	–	34		
		Sonstige	–	35		
1792	15	G. Washington	–	132		
		J. Adams	–	77		
		G. Clinton	–	50		
		Sonstige	–	5		
1796	16	J. Adams	F	71		
		T. Jefferson	DR	68		
		T. Pinckney	F	59		
		A. Burr	DR	30		
		Sonstige		48		
1800	16	T. Jefferson	DR	73		
		A. Burr	DR	73		
		J. Adams	F	65		
		C.C. Pinckney	F	64		
		J. Jay	F	1		
1804	17	T. Jefferson	DR	162		
		C.C. Pinckney	F	14		
1808	17	J. Madison	DR	122		
		C.C. Pinckney	F	47		
		G. Clinton	IR	6		
1812	18	J. Madison	DR	128		
		D. Clinton	F	89		
1816	19	J. Monroe	DR	183		
		R. King	F	34		
1820	24	J. Monroe	DR	231		
		J.Q. Adams	IR	1		

1 Parteien: A: American; AI: American Independent; CU: Constitutional Union; D: Democratic; DR: Democratic Republican; F: Federalist; FS: Free Soil; I: Independent; NR: National Republican; P: People's; Pr: Progressive; R: Republican; S: Socialist; W: Whig.

2 Wahlmänner: Bevor 1804 der 12. Verfassungszusatz in Kraft trat, gab das Wahlmännerkollegium für zwei Kandidaten Stimmen ab. Der Zweitplazierte wurde Vizepräsident.

3 Stimmenanteil: Kandidaten mit weniger als 5 Prozent Stimmenanteil (ab 1824) erscheinen nicht in der Tabelle. Die Summe der prozentualen Stimmenanteile eines Wahljahres ergibt deshalb nicht immer genau 100 Prozent.

Jahr	Zahl der Staaten	Kandidaten	Partei[1]	Anzahl der Wahlmänner[2] in Tsd	Anzahl der Stimmen	Stimmenanteil in Prozent[3]
1824	24	J.Q. Adams	(DR)	84	109	30,5
		A. Jackson	(DR)	99	154	43,1
		W.H. Crawford	(DR)	41	47	13,1
		H. Clay	(DR)	37	47	13,2
1828	24	A. Jackson	D	178	647	56
		J.Q. Adams	NR	83	508	44
1832	24	A. Jackson	D	219	688	55
		H. Clay	NR	49	530	42,4
1836	26	M. Van Buren	D	170	765	50,9
		W.H. Harrison	W	73	740	49,1
		H.L. White	W	26		
		D. Webster	W	14		
		W.P. Mangum	W	11		
1840	26	W.H. Harrison	W	234	1 275	53,1
		M. Van Buren	D	60	1 128	46,9
1844	26	J.K. Polk	D	170	1 338	49,6
		H. Clay	W	105	1 300	48,1
1848	30	Z. Taylor	W	163	1 361	47,4
		L. Cass	D	127	1 222	42,5
		M. Van Buren	FS		291	10,1
1852	31	F. Pierce	D	254	1 601	50,9
		W. Scott	W	42	1 385	44,1
		J.P. Hale	FS		156	5
1856	31	J. Buchanan	D	174	1 833	45,3
		J.C. Frémont	R	114	1 340	33,1
		M. Fillmore	A	8	872	21,6
1860	33	A. Lincoln	R	180	1 866	39,8
		S.A. Douglas	D	12	1 383	29,5
		J.C. Breckinridge	D	72	848	18,1
		J. Bell	CU	39	593	12,6
1864	36	A. Lincoln	R	212	2 207	55
		G.B. McClellan	D	21	1 804	45
1868	37	U.S. Grant	R	214	3 013	52,7
		H. Seymour	D	80	2 707	47,3
1872	37	U.S. Grant	R	286	3 597	55,6
		H. Greeley	D		2 843	43,9
		Sonstige		80		
1876	38	R.B. Hayes	R	185	4 037	48
		S.J. Tilden	D	184	4 284	51

Jahr	Zahl der Staaten	Kandidaten	Partei[1]	Anzahl der Wahlmänner[2] in Tsd	Anzahl der Stimmen	Stimmenanteil in Prozent[3]
1880	38	J.A. Garfield	R	214	4 453	48,5
		W.S. Hancock	D	155	4 414	48,1
1884	38	G. Cleveland	D	219	4 880	48,5
		J.G. Blaine	R	182	4 850	48,2
1888	38	B. Harrison	R	233	5 447	47,9
		G. Cleveland	D	168	5 538	48,6
1892	44	G. Cleveland	D	277	5 555	46,1
		B. Harrison	R	145	5 183	43
		J.B. Weaver	P	22	1 030	8,5
1896	45	W. McKinley	R	271	7 102	51,1
		W.J. Bryan	D	176	6 493	47,7
1900	45	W. McKinley	R	292	7 218	51,7
		W.J. Bryan	D	155	6 357	45,5
1904	45	T. Roosevelt	R	336	7 628	57,4
		A.B. Barker	D	140	5 084	37,6
1908	46	W.H. Taft	R	321	7 675	51,6
		W.J. Bryan	D	162	6 412	43,1
1912	48	W. Wilson	D	435	6 297	41,9
		T. Roosevelt	Pr	88	4 119	27,4
		W.H. Taft	R	8	3 487	23,2
		E.V. Debs	S		901	6
1916	48	W. Wilson	D	277	9 128	49,4
		C.E. Hughes	R	254	8 534	46,2
1920	48	W.G. Harding	R	404	16 143	60,4
		J.M. Cox	D	127	9 130	34,2
1924	48	C. Coolidge	R	382	15 718	54
		J.W. Davis	D	136	8 385	28,8
		R.M. La Follette	Pr	13	4 831	16,6
1928	48	H.C. Hoover	R	444	21 392	58,2
		A.E. Smith	D	87	15 016	40,9
1932	48	F.D. Roosevelt	D	472	22 810	57,4
		H.C. Hoover	R	59	15 759	39,7
1936	48	F.D. Roosevelt	D	523	27 753	60,8
		A.M. Landon	R	8	16 675	36,5
1940	48	F.D. Roosevelt	D	499	27 308	54,8
		W.L. Willkie	R	82	22 321	44,8
1944	48	F.D. Roosevelt	D	432	25 607	53,5
		T. E. Dewey	R	99	22 015	46
1948	48	H.S Truman	D	303	24 106	49,5

Jahr	Zahl der Staaten	Kandidaten	Partei[1]	Anzahl der Wahlmänner[2] in Tsd	Anzahl der Stimmen	Stimmenanteil in Prozent[3]
		T. E. Dewey	R	189	21 970	45,1
1952	48	D. D. Eisenhower	R	442	33 936	55,1
		A. E. Stevenson	D	89	27 315	44,4
1956	48	D. D. Eisenhower	R	457	35 590	57,6
		A. E. Stevenson	D	73	26 023	42,1
1960	50	J. F. Kennedy	D	303	34 227	49,9
		R. M. Nixon	R	219	34 109	49,6
1964	50	L. B. Johnson	D	486	42 676	61,3
		B. M. Goldwater	R	52	26 860	38,5
1968	50	R. M. Nixon	R	301	31 785	43,4
		H. H. Humphrey	D	191	31 275	42,7
		G. C. Wallace	AI	46	9 906	13,5
1972	50	R. M. Nixon	R	521	47 165	60,7
		G. S. McGovern	D	17	29 168	37,5
1976	50	J. E. Carter, Jr.	D	297	40 826	50,1
		G. R. Ford	R	240	39 148	48
1980	50	R. W. Reagan	R	489	43 899	51,6
		J. E. Carter, Jr.	D	49	35 481	41,7
		J. B. Anderson	I		5 719	6,7
1984	50	R. W. Reagan	R	525	52 610	59,1
		W. F. Mondale	D	13	36 451	40,9
1988	50	G. H. W. Bush	R	426	48 881	53,8
		M. S. Dukakis	D	111	41 805	46,1
1992	50	W. J. Clinton	D	370	44 908	43,3
		G. H.W. Bush	R	168	39 102	37,7
		H. R. Perot	I		19 741	19
1996	50	W. J. Clinton	D	379	47 401	50,1
		R. J. Dole	R	159	39 197	41,4
		H. R. Perot	I		8 085	8,5
2000	50	G. W. Bush	R	271	50 459	47,9
		A. Gore, Jr.	D	266	51 004	48,4
2004	50	G. W. Bush	R	286	62 041	50,7
		J. F. Kerry	D	251	59 028	48,3

Präsidenten und Vizepräsidenten

Präsident	Partei[1]	Amtsdauer	Vizepräsident	Kongreß
1. G. Washington	–	30.4.1789–4.3.1797	J. Adams	1, 2, 3, 4
2. J. Adams	F	4.3.1797–4.3.1801	T. Jefferson	5, 6
3. T. Jefferson	DR	4.3.1801–4.3.1805	A. Burr	7, 8
derselbe	DR	4.3.1805–4.3.1809	G. Clinton	9, 10
4. J. Madison	DR	4.3.1809–4.3.1813	ders. († 20.4.1812)	11, 12
derselbe	DR	4.3.1813–4.3.1817	E. Gerry	13, 14
5. J. Monroe	DR	4.3.1817–4.3.1825	D. D. Tompkins	15, 16, 17, 18
6. J. Q. Adams	(DR)	4.3.1825–4.3.1829	J. C. Calhoun	19, 20
7. A. Jackson	D	4.3.1829–4.3.1833	Ders. (28.12.1832 zurückgetreten)	21, 22
derselbe	D	4.3.1833–4.3.1837	M. Van Buren	23, 24
8. M. Van Buren	D	4.3.1837–4.3.1841	R. M. Johnson	25, 26
9. W. H. Harrison († 4.4.1841)	W	4.3.1841–4.4.1841	J. Tyler	27
10. J. Tyler	W	6.4.1841–4.3.1845		27, 28
11. J. K. Polk	D	4.3.1845–4.3.1849	G. M. Dallas	29, 30
12. Z. Taylor († 9.7.1850)	W	5.3.1849–9.7.1850	M. Fillmore	31
13. M. Fillmore	W	10.7.1850–4.3.1853		31, 32
14. F. Pierce	D	4.3.1853–4.3.1857	W. R. King († 18.4.1853)	33, 34
15. J. Buchanan	D	4.3.1857–4.3.1861	J. C. Breckinridge	35, 36
16. A. Lincoln	R	4.3.1861–4.3.1865	H. Hamlin	37, 38
(ders. † 15.4.1865)		4.3.1865–15.4.1865	A. Johnson	39
17. A. Johnson	R	15.4.1865–4.3.1869		39, 40
18. U. S. Grant	R	4.3.1869–4.3.1873	S. Colfax	41, 42
derselbe	R	4.3.1873–4.3.1877	H. Wilson († 25.11.1885)	43, 44
19. R. B. Hayes	R	4.3.1877–4.3.1881	W. A. Wheeler	45, 46
20. J. A. Garfield († 19.9.1881)	R	4.3.1881–19.9.1881	C. A. Arthur	47
21. C. A. Arthur	R	20.9.1881–4.3.1885		47, 48
22. G. Cleveland	D	4.3.1885–4.3.1889	T. A. Hendricks († 25.11.1885)	49, 50
23. B. Harrison	R	4.3.1889–4.3.1893	L. P. Morton	51, 52
24. G. Cleveland	D	4.3.1893–4.3.1897	A. E. Stevenson	53, 54

1 Parteien siehe Erklärungen Seite 269

Präsident	Partei[1]	Amtsdauer	Vizepräsident	Kongreß
25. W. McKinley	R	4.3.1897–4.3.1901	G.A. Hobart († 21.11.1899)	55, 56
ders. († 14.9.1901)	R	4.3.1901–14.9.1901	T. Roosevelt	57
26. T. Roosevelt	R	14.9.1901–4.3.1905		57, 58
derselbe	R	4.3.1905–4.3.1909	C.W. Fairbanks	59, 60
27. W.H. Taft	R	4.3.1909–4.3.1913	J.S. Sherman († 30.10.1912)	61, 62
28. W. Wilson	D	4.3.1913–4.3.1921	T.R. Marshall	63, 64, 65, 66
29. W.G. Harding († 2.8.1923)	R	4.3.1921–2.8.1923	C. Coolidge	67
30. C. Coolidge	R	3.8.1923–4.3.1925		68
derselbe	R	4.3.1925–4.3.1929	C.G. Dawes	69, 70
31. H.C. Hoover	R	4.3.1929–4.3.1933	C. Curtis	71, 72
32. F.D. Roosevelt	D	4.3.1933–20.1.1941	J.N. Garner	73, 74, 75, 76
derselbe	D	20.1.1941–20.1.1945	H.A. Wallace	77, 78
derselbe († 12.4.45)	D	20.1.1945–12.4.1945	H.S Truman	79
33. H. S Truman	D	12.4.1945–20.1.1949		79, 80
derselbe	D	20.1.1949–20.1.1953	A.W. Barkley	81, 82
34. D.D. Eisenhower	R	20.1.1953–20.1.1961	R.M. Nixon	83, 84, 85, 86
35. J.F. Kennedy († 22.11.1963)	D	20.1.1961–22.11.1963	L.B. Johnson	87, 88
36. L.B. Johnson	D	22.11.1963–20.1.1965		88
derselbe	D	20.1.1965–20.1.1969	H.H. Humphrey	89, 90
37. R.M. Nixon	R	20.1.1969–9.8.1974	S.T. Agnew (10.10.1973 zurückgetreten)	91, 92, 93
ders. (9.8.1974 zurückgetr.)			G.R. Ford (ab 6.12.1973)	93
38. G.R. Ford	R	9.8.1974–20.1.1977	N.A. Rockefeller (ab 19.12.1974)	93, 94
39. J.E. Carter, Jr.	D	20.1.1977–20.1.1981	W.F. Mondale	95, 96
40. R.W. Reagan	R	20.1.1981–20.1.1985	G.H.W. Bush	97, 98
derselbe	R	20.1.1985–20.1.1989	derselbe	99, 100
41. G.H.W. Bush	R	20.1.1989–20.1.1993	D. Quayle	101, 102
42. W.J. Clinton	D	20.1.1993–20.1.1997	A. Gore, Jr.	103, 104
derselbe	D	20.1.1997–20.1.2001	derselbe	105, 106
43. G.W. Bush	R	20.1.2001–	R.B. Cheney	107, 108

Personenregister

H

J

K

L

W

Eric J. Hobsbawm im dtv

Das Zeitalter der Extreme
Weltgeschichte des 20. Jahrhunderts
Übers. v. Y. Badal
ISBN 3-423-30657-2

Das »kurze 20. Jahrhundert« aus globaler Perspektive – auf der Basis ungeheuren Kenntnisreichtums wie auch persönlicher Erfahrung präzise analysiert und meisterhaft geschildert von einem der bedeutendsten Historiker unserer Zeit.

»Weit und breit ist kein Rivale von überlegener Kompetenz zu erkennen.«
Der Spiegel

Das Gesicht des 21. Jahrhunderts
Ein Gespräch mit Antonio Polito
Übers. v. U. Rennert
ISBN 3-423-30844-3

Einer der bedeutendsten Historiker unserer Zeit erklärt die Gegenwart aus der Vergangenheit und gibt nachdenkenswerte und weitblickende Antworten auf die wesentlichen Fragen der Zukunft.

»Die Dichte des Gesprächs lohnt jede Leseminute.«
Süddeutsche Zeitung

Ungewöhnliche Menschen
Über Widerstand, Rebellion und Jazz
Übers. v. T. Schmidt
ISBN 3-423-30873-7

Auch unter den »kleinen« Leuten ungewöhnliche Menschen auszumachen, die durchaus etwas in der Geschichte bewegt haben, ist das Anliegen des Autors.

»So macht der Historiker Lust auf Geschichte.«
Der Spiegel

Männer, die Geschichte machten

Manfred Flügge
Heinrich Schliemanns Weg nach Troia
Die Geschichte eines Mythomanen
ISBN 3-423-34025-8

Theodore S. Hamerow
Die Attentäter
Der 20. Juli – von der Kollaboration zum Widerstand
Übers. v. M. Grässlin
ISBN 3-423-34100-9

Eckart Kleßmann
Napoleon
ISBN 3-423-30865-6

Christian Graf von Krockow
Die preußischen Brüder
Prinz Heinrich und Friedrich der Große
Ein Doppelportrait
ISBN 3-423-30659-9

Bismarck
Eine Biographie
ISBN 3-423-30784-6

Churchill
Eine Biographie des 20. Jahrhunderts
ISBN 3-423-30797-8

Siegfried Lauffer
Alexander der Große
ISBN 3-423-34066-5

Christian Meier
Caesar
ISBN 3-423-30593-2

Peter Merseburger
Willy Brandt 1913–1992
Visionär und Realist
ISBN 3-423-34097-5

Shimon Peres
Man steigt nicht zweimal in denselben Fluß
Politik heißt Friedenspolitik
Übers. v. M. Georg
ISBN 3-423-24181-0

Andrew Roberts
Churchill
und seine Zeit
Übers. v. F. Griese
ISBN 3-423-24132-2

Ekkehart Rotter
Friedrich II. von Hohenstaufen
dtv portrait
ISBN 3-423-31078-2

Martha Schad
Ludwig II.
dtv portrait
ISBN 3-423-31033-2

Theo Schwarzmüller
Otto von Bismarck
dtv portrait
ISBN 3-423-31000-6

Zwischen Kaiser und »Führer«
Generalfeldmarschall August von Mackensen
Eine politische Biographie
ISBN 3-423-30823-0

Frauen, die Geschichte machten

Edwin Dillmann
Maria Theresia
ISBN 3-423-31028-6

Françoise Giroud
Das Leben der Jenny Marx
Biographie
Übers. v. S. Koch
ISBN 3-423-30632-7

Hildegard Hamm-Brücher
Freiheit ist mehr als ein Wort
Eine Lebensbilanz 1921–1996
ISBN 3-423-30644-0

Erinnern für die Zukunft
Ein zeitgeschichtliches Nachlesebuch 1991 bis 2002
ISBN 3-423-24254-X

Frauen-Geschichte(n)
Ein historisches Lesebuch
Hg. v. Brigitte Hellmann
ISBN 3-423-30627-0

Gerda Hoffer
Zeit der Heldinnen
Lebensbilder außergewöhnlicher jüdischer Frauen
ISBN 3-423-30701-3

Jean Markale
Isabeau de Bavière
Biographie
Übers. v. W. Grommes
ISBN 3-423-30633-5

Régine Pernoud
Königin der Troubadoure
Eleonore von Aquitanien
Übers. v. R. Heyd
ISBN 3-423-30042-6

Herrscherin in bewegter Zeit
Blanca von Kastilien,
Königin von Frankreich
Übers. v. S. Rott-Illfeld
ISBN 3-423-30359-X

Christine de Pizan
Das Leben einer außergewöhnlichen Frau und Schriftstellerin im Mittelalter
Übers. v. S. Rott-Illfeld
ISBN 3-423-30631-9

Der Prozeß der Jeanne d'Arc
Akten und Protokolle
1431–1456
Herausgegeben von
Ruth Schirmer-Imhoff
ISBN 3-423-30202-X

Martha Schad
Elisabeth von Österreich
ISBN 3-423-31079-0

Nathan Stoltzfus
Widerstand des Herzens
Der Aufstand der Berliner Frauen in der Rosenstraße – 1943
Übers. v. M. Müller
ISBN 3-423-30845-1

20 Tage im 20. Jahrhundert

Herausgegeben von
Norbert Frei, Klaus-Dietmar Henke und Hans Woller

Diese Buchreihe ist die Grundlage der gleichnamigen Fernsehdokumentation der ARD.

Volker R. Berghahn
Sarajewo, 28. Juni 1914
Der Untergang des alten Europa
ISBN 3-423-30601-7

Dietrich Beyrau
Petrograd, 25. Oktober 1917
Die russische Revolution und der Aufstieg des Kommunismus
ISBN 3-423-30602-5

Hans Woller
Rom, 28. Oktober 1922
Die faschistische Herausforderung
ISBN 3-423-30603-3

Jürgen Osterhammel
Shanghai, 30. Mai 1925
Die chinesische Revolution
ISBN 3-423-30604-1

Hans Mommsen
Auschwitz, 17. Juli 1942
Der Weg zur europäischen »Endlösung der Judenfrage«
ISBN 3-423-30605-X

Jost Dülffer
Jalta, 4. Februar 1945
Der Zweite Weltkrieg und die Entstehung der bipolaren Welt
ISBN 3-423-30606-8

Detlef Bald
Hiroshima, 6. August 1945
Die nukleare Bedrohung
ISBN 3-423-30607-6

Dietmar Rothermund
Delhi, 15. August 1947
Das Ende kolonialer Herrschaft
ISBN 3-423-30608-4

Franz Knipping
Rom, 25. März 1957
Die Einigung Europas
ISBN 3-423-30609-2

Robert D. Johnson
Washington, 20. Januar 1961
Der amerikanische Traum
ISBN 3-423-30610-6

Helmut Mejcher
Sinai, 5. Juni 1967
Krisenherd Naher und Mittlerer Osten
ISBN 3-423-30611-4

Norbert Frei
Paris, 13. Mai 1968
Kulturprotest und Gesellschaftsreform
ISBN 3-423-30612-2 (i.Vb.)